KB194464

아름다운

인연으로

만나다

미얀마

차장섭 교수의 역사문화기행

아름다운

인연으로

만나다

미얀마

글·사진 차장섭

역사공간

미얀마는 들판이 언제나 황금빛으로 빛나는 아름다운 나라다. 국토의 한가운 데를 흐르는 에야와디강을 중심으로 넓은 평원이 펼쳐져 있다. 맑은 햇살을 먹고 자란 농작물은 언제나 황금빛으로 빛난다. 그리고 미얀마 어디에서나 볼 수 있는 황금탑은 미얀마 최고의 문화유산으로 또 다른 아름다움이다.

미얀마의 사람들은 참 좋은 사람들이다. 부처님의 나라에서 부처처럼 살아가는 그 사람들은 욕심이 없어 보인다. 하늘에서 허락한 것에 만족하며 행복을 느낀다. 강가에서는 강물처럼 여유롭게 살고 산속에서는 산처럼 당당하게 산다. 평원에서는 황금빛 들판처럼 넉넉한 마음으로 산다. 미얀마 사람을 만나면 순수해지는 자신을 발견하게 된다.

미얀마에서 나는 우리의 오래된 과거를 보았다. 미얀마에 가면 어린 시절 동심으로 돌아간다. 그동안의 삶에서 묻은 속세의 모든 때를 벗어 버리고 아기의 눈동자처럼 맑은 마음을 가지고 추억여행을 하게 된다. 코를 흘리는 어린아이에게서 나의 어린 시절을 보고, 먼지나는 골목길에서 고향을 본다. 이방인에게 자리를 권하며 음식을 내어놓는 사람들에게서 옛날의 인심을 느낀다. 그들은 우리가 경제적인 풍요를 얻는 대신 잃어버렸던 중요한 것을 간직하고 있다. 미얀마는 눈으로 보고, 귀로 듣고, 입으로 먹고, 머리로 생각하는 것 이상으로 가슴으로 느끼게 하는 나라다.

미얀마를 여행하고 글을 쓰면서 많은 사람들의 도움을 받았다. 먼저 미얀마와 관련한 연구서와 안내서의 도움이 컸다. 미얀마 역사와 사회와 관련하여 김성원의 책을 참고하였으며, 미얀마 유적과 관련하여 서성호의 책을 인용하였다. 도널드 스테트너Donald M. Stadtner의 연구서는 미얀마의 문화 유적을 보다 깊이 있게 이해하는 데 좋은 자료가 되었다. 그러나 인용한 부분을 각주를 통해 일일이 밝히지 못하고 참고문헌에 인용한 저서의 목록을 기록하는 것으로 대신하였다. 저자에게 깊은 감사와 양해를 구한다. 그리고 미얀마를 다섯 차례 여행할 때마다 최선을 다해 안내를 맡아준 묘툰우 씨는 나의 가장 가까운 친구가 되었으며, 양곤의 레인보우 호텔은 이국땅에서 우리집 같은 편안함을 느끼게 해주었다. 사진작업의 모든 것은 이종만 교수님께서 자상하게 지도해주셨으며, 시인 손은주님은 정성으로 글을 다듬어 주셨다. 주혜숙 대표님과 역사공간 식구들은 온갖 정성으로 아름다운 책을 만들어 주었다.

가족은 언제나 나의 가장 소중한 응원군이다. 항상 염려와 격려를 보내주시는 어머니와 장모님은 가장 열렬한 애독자이시다. 아내 김해숙과 아들 민재, 딸 윤지는 자료를 찾고 원고를 정리하는 데 도움을 주었다. 특히 역사를 전공하고 있는 아들 민재는 미얀마 마지막 여행에 동행하면서 같은 길을 가는 든든한 동반자임을 느끼게 해주었다.

부처님의 자비로 위대한 미얀마의 영광이 재현되기를 기대한다.

2013년 7월
빨간 양철지붕집 학산재에서 차 장 섭

미얀마의 역사와 문화

II 미얀마의 유적

미얀마의
역사와 문화

I

미얀마의 **역사**

1

고대 도시국가

미얀마에 사람이 살기 시작한 것은 석기시대부터이다. 구석기시대 사람들은 1만 년 전 에야와디강을 중심으로 살았으며 주로 동굴에 거주하였다. 신석기 시대부터 사람들은 곡식을 재배하면서 정착 생활을 시작하였다. 목화를 이용하여 옷을 만들어 입게 되면서 진정한 문화文化라는 개념이 시작되었다. 최근 냐웅간Nyaungan에서 청동기 유물이 발굴됨으로써 미얀마에도 청동기가 존재하였음이 확인되었다. 청동기시대에는 청동으로 만든 도끼, 창, 화살 등 무기와 손잡이가 달린 토기 등을 사용하였다.

　고대 도시국가들은 철기 문화를 배경으로 성립되었다. 고대 도시국가는 일정한 지역에 집단으로 거주하는 부족단위의 공동체로 마을이나 도시를 중심으로 형성되었다. 뚜렷한 정치체계는 없었으며 공동체의 지도자가 왕이 되었다. 그 집단의 영향력이 미치는 곳까지 영토가 되었고 국경 개념도 모호하였다. 미얀마 고대 도시국가는 중북부의 쀼Pyu족 왕국, 남부의 몬족 왕국 그리고 서부의 라카인 왕국 등이 있었다.

쀼족 왕국

쀼족은 티벳-버마족 계통으로 티벳 산맥을 넘어 미얀마 대륙으로 들어왔다. 티벳 산맥에서 발원하는 에야와디강을 따라 내륙 깊숙이 들어와 미얀마 중북부지역에 도시국가를 형성하였다. 쀼족은 문화적으로 상당한 수준에 올라 있

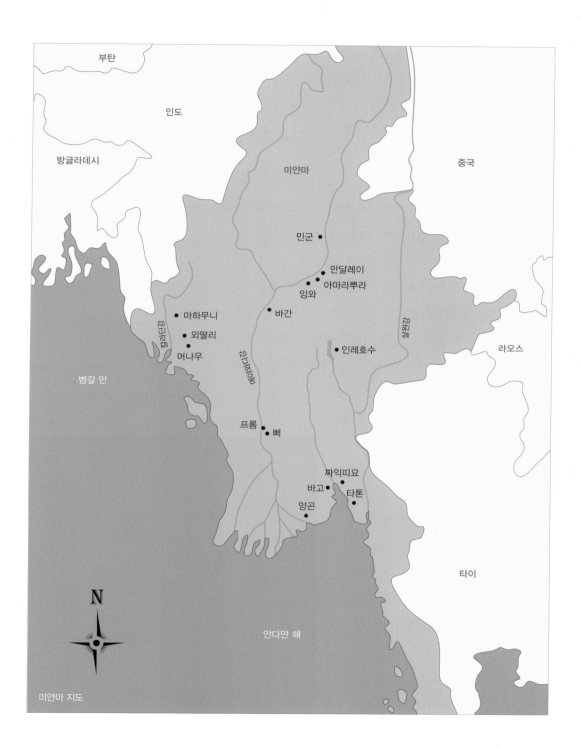

부탄

인도

방글라데시

미얀마

중국

민군 •

만달레이 •
아마라뿌라 •
잉와 •

• 마하무니
• 외딸리
머나우 •

• 바간

친드윈강

이라와디강

살윈강

라오스

• 인레호수

벵갈 만

프롬 •
• 삐

짜익띠요 •
바고 • • 타톤
양곤 •

타이

N

안다만 해

미얀마 지도

었다. 그들은 3세기경에 이미 금과 은으로 동전을 만들어 사용하였으며 불상과 나비, 꽃, 각종 동물 형태의 장식물을 사용할 정도로 금속 공예가 뛰어났다. 7세기경에 그곳을 방문한 중국인들은 그들의 조용하고 평화로운 기질과 종교적 경건함, 높은 문화 수준에 대해 기록하고 있다. 쀼족 왕국은 뜨가웅을 비롯하여 베익따노, 뜨예케뜨야, 한린 등이 있었다.

뜨가웅Thagaung은 미얀마 최초의 왕조이다. 뜨가웅은 미얀마의 역사기록인 『유리궁전왕조사』에 의하면 부처님과 같은 샤카족의 후손들이 미얀마 북부에 건설한 나라이다. 고대 인도의 삔스라릿 지역을 통치하던 왕이 꼬리야 지역을 통치하던 왕의 딸과 혼인을 희망하였다. 그러나 꼬리야 왕은 자신보다 가문이 좋지 못한 삔스라릿 왕의 요청을 거절하였다. 이에 삔스라릿 왕은 군대를 이끌고 꼬리야 왕국을 정복하였다. 그리하여 꼬리야 왕국은 왕족들에 의해 세 개의 소국으로 분할되었다. 이 가운데 하나가 부처님이 탄생한 카필라국이다. 나머지 소국 가운데 하나를 다스리고 있던 아비라자왕은 자신의 부하들을 이끌고 미얀마 북부지역으로 이주하여 뜨가웅을 건설하였다.

뜨가웅은 부처님과 같은 샤카釋迦족의 후손으로 인도에서 이주해 온 것으로 추정되나 전설로 전해지고 있을 뿐 그 실체를 증명해 줄 유적이나 유물은 발견되지 않고 있다.

베익따노Beikthano는 힌두교의 신 '비슈누의 도시'라는 뜻이고 기원전 3세기에 건립되었으며 성곽 유적이 남아 있다. 베익따노는 사각형 모양의 도시국가로 주위에 성을 두르고 성벽을 따라서 호를 파 놓았다. 성의 출입문은 나무로 만들었으며 좌우에

좌불상
7세기, 호모자박물관

미얀마 최초의 왕조 뜨가웅은 부처님과 같은 샤카족으로 인도에서 이주해 온 것으로 추정된다.

는 연료창고가 있었다. 성문의 높이는 6m 정도로 코끼리와 기마부대, 보병들이 드나들 수 있었고 성벽은 벽돌로 만들었으며 높이는 사람의 키 정도였다. 호의 깊이는 3m 정도로 적이 쉽게 접근하지 못하도록 하였다. 베익따노는 고고학적으로 증명할 수 있는 미얀마 최초의 도시국가다.

베익따노는 에야와디강을 통해서 북쪽으로는 로마와 중국, 남쪽으로는 인도와 교역하였다. 특히 인도와는 교역이 활발하여 불교와 함께 힌두교도 성행하였다. 특히 베익따노 지역에서 발견되는 탑 양식이 인도의 탑 양식과 유사한 것은 두 나라 간의 교역이 활발하였다는 것을 보여주는 단적인 근거가 된다.

한린Hanlin은 베익따노가 쇠퇴할 무렵인 2세기경 에야와디강과 무강 사이에 건국되었다. 남북으로 긴 직사각형 모양의 도시국가였던 한린은 육로를 통해 중국, 인도와 교역하였다. 한린이 상당히 발달된 황금의 문화를 가지고 있었음은 구전口傳으로 전해져 내려오는 다음 설화에서 확인할 수 있다.

한린 왕의 남동생인 왕세자가 미소를 지으면 도시 전체에 황금이 쏟아져 내렸다. 어느 날 중국 사신들이 한린을 방문하였을 때 왕은 이들에게 황금을 선물하기 위해 동생에게 미소를 짓도록 하였다. 그러나 바로 이때 동생은 왕비가 왕을 죽이려 한다는 역모를 알게 되었다. 슬픔에 빠진 동생은 왕의 명령에도 불구하고 미소를 지을 수 없었다. 이에 왕은 대노하여 고함을 질렀고 그 소리에 도시 전체가 무너져 내리면서 왕과 왕비, 왕세자마저 묻혀서 죽었다. 이로써 한린 왕국은 멸망하였다고 한다.

뜨예케뜨야Thayekhittaya는 쀼족 왕국들 가운데 가장 규모가 크고 강력한 도시국가였다. '행운의 땅'이라는 의미의 뜨예케뜨야는 대략 3세기경에 건국되어 9세기까지 존재하였다. 현재의 삐Pyay 근처에 타원형의 도시국가를 형성하고 있었다. 성벽의 둘레가 13km에 이르렀으며,

비슈누와 락슈미상
6~7세기, 흐모자박물관
베익따노에는 인도와의 활발한 교역으로 불교와 함께 힌두교도 성행하였다.

보보지 탑
5~7세기, 흐모자

뜨예케뜨야에는 보보지
탑과 같은 독특한 형태의
불교 탑이 있다.

주민들 모두가 성안에 거주하였다. 당시 18개의 주를 지배하면서 이들로부터 조공을 받았다.

뜨예케뜨야는 지리적으로 교역에 유리한 조건을 가지고 있었다. 당시는 지금과 같은 에야와디강의 삼각주가 발달하지 않았던 시기였기 때문에 에야와디강 하구를 통해 인도양과 통하는 관문의 역할을 하였다. 바다로 항해하던 배들이 이 지역까지 올라옴으로써 중국과 인도의 중간역할을 하였다. 그리고 해로를 통해 인도와 말레이 반도를 연결하는 중간 휴기착지의 역할도 담당하였다.

뜨예케뜨야의 종교는 불교가 다수였으나 힌두교와 낫 신앙 등 다양한 신앙들이 혼재되어 있었다. 이들은 보보지, 페야마, 페야지와 같은 독특한 형태의 불교 탑을 만들었으며, 다양한 재료를 이용하여 불상과 낫의 신상, 힌두교 비슈누상 등을 조각하였다. 그러나 뜨예케뜨야는 830년경에 멸망하였다. 종족들 간의 분쟁이 일차적인 원인이며, 중국 난차오의 공격을 받아 완전히 무너진 것으로 추정된다. 이후 쀼족이라는 종족명은 더 이상 사용되지 않았다.

몬족 왕국

몬Mon족은 오스트로Austro – 아시아Asiatic계의 한 분파로 태국으로부터 미얀마 남부로 들어와 고대 도시국가 뚜원나부미Thuwannabumi를 건국하였다. '황금의 땅'이라는 의미를 가진 뚜원나부미는 현재의 타톤Thaton을 중심으로 미얀마 남부 전역으로 세력을 확장하였다. 서쪽으로는 에야와디강 삼각주까지, 동쪽으로는 태국의 서북부지역까지 위세를 떨쳤다.

몬족의 연대기에 의하면 몬족은 미얀마에 최초로 정착한 종족이었다. 미얀마의 상징으로 일컬어지는 양곤의 쉐다곤 탑을 2500년 전 몬족의 조상이 건립하였으며, 미얀마에 최초로 불교를 도입하였다. 특히 후기에 들어와서는 순수 상좌부 불교가 전래되어 세력을 크게 확대하였다.

몬족들은 처음으로 벼 재배 방법을 미얀마에 전수하였다. 고대 미얀마는 대부분 숲으로 우거진 정글로 오늘날의 기름진 에야와디강 삼각주는 형성되지 않아 단지 옥수수, 콩 등을 자급자족하는 정도였다. 벼농사가 현재 미얀마의 주요 산업으로 자리하게 된 것은 바로 몬족의 영향이었다.

한편 뚜원나부미의 중심도시 타톤은 해상 무역도시로 비약적인 발전을 하였다. 몬족은 동남아시아로 진출한 인도인들과 교류하여 문화와 상업을 발전시켰다. 기원전 3세기경에는 해상을 통해 인도 아쇼카왕과 교류하였다. 7세기 해상권을 장악하고 있던 캄보디아의 푸난 왕국이 멸망한 뒤에는 동남아시아에서 가장 강대한 해상강국의 면모를 갖추어 나갔다. 그러나 종족 간의 결집에 실패함으로써 앙코르와 같은 제국을 형성하지 못하고 몬족의 왕국은 하나씩 바간 왕조에 귀속되었다.

라카인 왕국

미얀마의 가장 서쪽에 라카인Rakhine족이 건국한 외딸리 왕국이 있었다. 미얀마 연대기 기록에 의하면 초기 이주민들은 에야와디강을 따라 내려오다가 서부의 산맥을 넘어 현재의 먀욱우Myauku 북부 지역에 거주지를 형성하였다. 끄라단강과 레묘강 사이에 4세기경 외딸리Vesali로 알려진 고대 도시국가가 나타났다. 외딸리는 아난다 산드라Ananda Sandra왕에 의해 건국되었으며, 산드라 왕조에 의해 통치되었다. 이후 라카인 지역의 중심도시가 되었다.

외딸리라는 명칭은 부처님의 유적이 남아 있는 북인도의 중심도시 바이살리Vaisali에서 가져다 붙인 것으로 추정된다. 이는 인도로부터 전해진 불교의 영향으로 생각된다. 외딸리에서는 인도의 아쇼카왕이 사용하였던 나가리 문자가 새겨진 석문과 함께 산스크리트어와 팔리어 석문이 발견됨으로써 불교를 매개로 하는 인도와의 교류가 빈번했음을 알 수 있다.

부처님 열반도, 5~6세기, 마하무니박물관

외딸리 왕국은 불교를 매개로 인도와 활발하게 교류하였다.

바간 왕조

바간^{Bagan} 왕조(1044~1287)는 미얀마의 주종족인 버마족에 의해 건국되었다. 티벳-버마어 계통의 버마족이 본격적으로 미얀마에 이주한 시기는 대략 8~9세기경이다. 그러나 미얀마에는 이전부터 이미 일부 버마족들이 들어와 에야와디강가에 있는 오늘날 바간 지역에 정착하고 있었다. 이들은 당시 미얀마 중북부를 장악한 쀼족 왕국에 종속되어 있었다.

버마족은 638년 도시국가를 형성하였다. 미얀마 연대기에는 바간 왕국이 107년에 건국되었다고 기록하고 있으나 증명할 근거는 없다. 다만 미얀마인들이 원년으로 삼고 있는 638년에 어느 정도의 세력을 갖춘 버마족의 왕국을 뽀빠 소라한^{Popa Sorahan}이 통치하였다. 9세기 말에 쀼족 왕국이 멸망하고 버마족이 대대적으로 유입되면서 바간을 중심으로 하는 바간 왕조가 본격화되었다. 바간 왕조는 난차오의 공격으로 흩어진 쀼족을 흡수하는 동시에 북쪽으로 난차오, 남쪽으로 몬족과 대결하면서 강력한 왕국을 건설하였다.

바간왕조는 1044년 아노라타왕이 즉위하면서 미얀마 최초의 통일 왕국이 되었다. 아노라타왕은 상좌부 불교를 국교로 정해 국민의 정신적 통합을 이룩하였다. 당시 미얀마는 대승불교, 힌두교, 정령신앙 등이 혼재되어 있었다. 아노라타왕은 상좌부 불교를 전파하기 위해 북부 미얀마에 와 있던 몬족 승려 신 아라한^{Shin Arahan}을 영입하였다. 금욕적이고 숭고한 신 아라한의 성품과 설법을 통해 그는 불교도가 되었으며 불교를 국교로 정했다.

아노라타^{Anawratha}왕은 당시 강력했던 몬족의 타톤^{Thaton} 왕국을 정복하고 불경과 승려, 학자, 예술가, 마누하왕과 왕비까지 약 3만 명의 포로를 바간으로

바간 전경
바간을 중심으로 하는 바간 왕조는 미얀마 최초로 통일 왕국을 이룩하였다.

끌고 왔다. 이렇게 타톤에서 이주시킨 예술가와 건축가, 인도에서 초청한 학자들을 중심으로 바간을 상좌부 불교의 중심지로 만들었다. 그는 전 국민을 불교로 정화하고 전쟁에서 승리한 곳마다 승전비 대신 불교식 기원문을 세웠다. 그리고 많은 불교 사원과 유적을 보관할 탑을 건립함으로써 바간의 전성기를 열었다. 그는 타톤을 정복한 후 제일 먼저 쉐산도 탑을 건설하였다. 타톤에서 30마리의 코끼리에 싣고 온 불교 경전을 봉안하기 위해 피타카 타익을 만들었

다. 그리고 미얀마 탑의 전형이 된 쉐지곤 탑을 세웠다.

아노라타왕은 영토를 확장하여 미얀마 통일대제국을 형성한 후 타톤 왕국의
마누하왕에게 불경을 복사하여 보내줄 것을 요청하였다. 그러나 마누하왕은
아노라타왕의 불경 복사본 요청을 야만인에게 줄 수 없다며 거절하였다. 이에
아노라타왕은 타톤 왕국을 직접 진격하여 정복하였다. 타톤 왕국의 정복은 바
간 왕조가 미얀마 전체를 장악한 강력한 지배자임을 상징하였다. 또한 바간으
로 끌고 온 예술가들을 비롯한 포로들로 인해 바간문화의 전성기를 구가할 수
있었다. 타톤 왕국과의 전쟁에서 자신감을 얻은 아노라타왕은 독자적인 불교
문화를 가지고 있던 라카인의 평정에 나섰다. 라카인의 정복에는 성공했으나
라카인 불교의 상징인 마하무니 불상을 가져오는 데는 실패하였다.

아노라타의 정복전쟁은 해외로 확대되었다. 태국을 정복하여 미얀마의 문화
가 태국에 전해지는 계기를 마련하였으며 캄보디아를 정복하여 조공을 받았고
인도네시아의 자바까지 공격하기에 이르렀다.

좌불상
11~12세기, 바간박물관
아노라타왕은 상좌부 불
교를 국교로 정해 국민
의 정신적 통합을 이룩하
였다.

그 즈음 스리랑카는 마드라스 촐라국의 공격을
받고 구원을 요청하였다. 이에 아노라타왕은 군
대를 파견하여 스리랑카를 구원하였다. 마지막
으로 중국 운남성에 자리한 난차오를 공격하였
다. 이로써 난차오가 미얀마를 비롯한 동남아 내
륙으로 침입해 들어오는 것을 방지하였다.

짠싯따Kyansitha왕은 국가 체계를 더욱 공고히
하고 불교문화를 발전시켰다. 바간 주변지역을
정복하여 불교를 전파하는 한편 수많은 탑을 건
립하였다. 인도의 동굴사원을 모방한 아난다 사
원의 경우 직접 백마를 타고 승려와 노동자들을
지휘하여 완성하였다. 그리고 아노라타 이래 계
속된 쉐지곤 탑을 완공함으로써 바간을 동남아

의 불교 중심지로 부각시켰다. 한편 부처님께서 득도하시고 설법하셨던 인도 불교 성지 부다가야를 복구하였다. 이슬람 세력에 의해 폐허가 된 부다가야에 많은 보화와 함께 사신을 보내 마하보디 사원을 재건축함으로써 성지를 복원하였다.

알라웅시뚜Alaungsithu왕은 부처가 되기를 원했다. 그래서 자신의 이름을 '미래의 부처'라는 의미의 알라웅시뚜라 하고 스스로 불교에서 말하는 이상적인 통치자인 전륜성왕이 되고자 하였다. 무게와 도량형을 표준화시키고 전국을 도·시·군으로 구획하여 중앙집권화를 도모하였다. 미얀마의 관습법을 통일 왕국 전역에 적용시켜 법에 입각한 통치를 펴고자 하였다. 이는 아노라타왕 이래 확대된 불법을 통해 국민을 다스림으로써 불교와 왕권의 권위를 동시에 확립하고자 하는 정책이었다.

삼도보계 하강상
12세기, 바간박물관
석가모니 부처님께서는 도리천에 올라 어머니 마야부인에게 설법하고 삼도보계(三道寶階)를 통해 상카시아로 내려 오셨다.

알라웅시뚜는 벵갈Bengal, 스리랑카Srilanka, 말라야Malaya 등을 방문할 정도로 외교에도 진력하였다. 특히 당시 앙코르 왕국의 수리야바르만 2세의 팽창정책을 차단하기 위해 메남계곡에 있던 몬족 국가들로 하여금 앙코르를 선제공격하도록 함으로써 바간이 안전할 수 있도록 유도하였다.

이후 나라뚜, 나라떼인카, 나라빠띠시뚜, 나다웅야 등 여러 왕들은 불교에 대한 신념을 가지고 지속적으로 불교사원을 건축하였다. 왕들뿐만 아니라 신하와 백성들도 당시의 종교적 열정에 동화되어 수많은 탑을 건립하였다. 미얀마 속담에는 바간에 400만 개의 탑이 있다고 전해지고 있다. 그러나 이것은 전설적인 이야기일뿐, 실제는 약 5천 개의 탑이 있었을 것으로 추정된다. 이로써 바간은 상좌부 불교의 중심지인 동시에 동남아 전 지역 불교인들의 순례지가 되었다.

바간 왕조가 융성할 수 있었던 요인은 대내외적으로 다양하다. 첫째, 국왕은 군 통솔권을 장악하여 강력한 군사력으로 국가의 안정을 유지 발전시켰다. 둘째, 불교를 국교로 하여 전 국민이 종교적 열정을 갖게 함으로써 정신적 통일을 달성하였다. 셋째, 관개수로를 개발하여 부족한 강수량을 극복하고 농업생산의 획기적인 발전을 가져왔다. 넷째, 계량단위와 법령을 통일하여 국가 정책

의 일관성과 통일성을 마련하였다. 다섯째, 안다만해까지 이어지는 에야와디 강을 통한 교역이 증가하면서 국내외 무역과 상업이 활성화되었다.

그러나 13세기가 되면서 바간 왕조는 쇠퇴하기 시작하였다. 대내적으로 왕위를 둘러싼 갈등과 허약한 왕들이 이어지면서 지방 영주들의 반란으로 국가 기강이 해이해졌다. 불교는 여러 종파로 분열되고 사이비 승려들이 기승을 부렸다. 무역의 감소와 사원에 과도하게 토지를 기증한 탓으로 세금이 감소하여 국가 재정이 어려워졌다. 대외적으로는 타이족이 메콩강 중류에 스코타이를 건설하여 바간 왕조와 앙코르 제국을 위협하였다. 중국을 정복한 몽골은 동남아 전 지역을 속국으로 만들기 위해 군대를 동원하여 남진하였다. 마침내 1277년 몽골은 조공 바치기를 거부한 바간 왕조를 공격해왔다. 수적으로 절대 우세였던 바간 왕조의 코끼리부대는 몽골의 기마병 전술에 무너지고 말았다.

1287년 바간 왕조는 몰락하였다. 몽골의 재침입을 피해 남쪽으로 피난을 갔던 나라띠하빠띠왕은 바간으로 돌아왔으나 아들 띠하뚜에게 죽임을 당하였다. 이에 몽골군은 별다른 어려움 없이 바간을 정복하였다. 몽골군은 닥치는 대로 사원과 승원, 민가를 불질렀다. 황폐해진 바간은 중국령으로 편입되었다.

한편 바간이 몽골과 전쟁을 치르는 틈을 타 타이 – 샨족의 한 부류인 샨Shan족이 미얀마의 동북부 공원으로부터 중심 내륙으로 대거 남하하여 들어왔다. 바간 왕조의 통제가 무너진 상태에서 남쪽의 몬족이 자신들의 고유 왕국을 재건하였다.

쉐지곤 탑, 11~12세기, 바간
아노라타왕은 미얀마 탑의 전형인 쉐지곤 탑을 건설하였다.

잉와 왕조와 바고 왕조

바간을 정복했던 몽골은 1310년을 전후하여 미얀마의 지배를 완전히 포기하고 물러났다. 이에 따라 미얀마의 중북부에는 샨족이 잉와Innwa 왕조 (1364~1555)를 건국하였고, 남부에는 몬족이 바고Bago 왕조(1287~1539)를 건국하였다. 잉와 왕조와 바고 왕조는 250여 년간 서로 대립하며 경쟁하였다.

잉와 왕국의 망루
잉와 지역에는 왕궁의 성벽 일부와 기울어진 망루만이 남아 있다.

잉와 왕조

바간 왕조를 종식시키고 몽골군을 완전히 몰아낸 띠하뚜는 바간의 북쪽에 있는 삔야에 왕국을 건설하였다. 3년 후 그의 아들은 강 건너에 있는 사가잉에 왕국을 건설하였다. 그러나 두 왕국은 또 다른 샨족인 모샨족의 공격으로 50여 년 만에 멸망하였다.

샨족 출신 따도민뱌Thadawminbya는 잉와를 도읍으로 하는 새로운 왕국을 건설하였다. 삔야와 사가잉에 있었던 두 왕국을 멸망시킨 모샨족은 얼마 되지 않아 자신의 본거지인 고원지역으로 돌아갔다. 북부 미얀마는 통치부재 상태가 되었다. 이때 뜨가웅에 있던 샨족의 지도자 따도민뱌가 현재 만달레이 부근 잉와에 잉와 왕조를 건설하였다. 따도민뱌는 스스로 자신이 바간 왕조를 계승한 왕이라고 주장하며 샨족뿐만 아니라 버마족, 몬족을 하나로 묶는 단일국가를 건설하고자 하였다. 법과 질서를 회복하기 위해 새로운 법을 제정하고 부패하고 타락한 불교의 정화작업을 단행하여 국가의 기틀을 마련하였다.

민찌소와Minkyisowa는 재위 33년 동안 많은 전쟁을 치르면서 잉와 왕조를 안정화시키는 데 성공하였다. 북부지방의 여러 샨족들의 남하를 막는 한편 남부 몬족 왕국과도 화해정책을 폈다. 그리하여 북부 샨족과의 분쟁을 해결하고 남부 몬족의 바고 왕조와 국경을 확정하였다. 그리고 잉와 왕조의 농업 거점인 짜욱세에 둑을 쌓고 메익틸라 호수의 제방을 개선하는 등 많은 수리시설을 개선하였다. 뿐만 아니라 몽골의 침입으로 황폐해진 땅을 다시 개간하여 농경지를 확보하였다.

그러나 40여 년 동안 계속된 잉와 왕조와 몬족의 바고 왕조와의 전쟁은 잉와 왕국의 쇠퇴와 함께 잉와 왕국의 속국으로 있던 미얀마족의 따웅우의 발흥을 초래하였다. 이로써 따웅우는 잉와 왕조를 멸망시키고 새로운 통일 왕국을 건설하는 계기를 마련하였다.

바고 왕조

미얀마 남부의 몬족은 바간 왕조가 와해되자 '하늘에서 떨어진 왕'이라는 의미의 와레루Wareru가 모뜨마를 중심으로 새로운 왕국을 건설하였다. 그리고 바고의 영주였던 응아빠몬Ngappamon은 바고를 중심으로 독립 왕국을 선언하였다. 두 나라는 서로 딸을 보내어 동맹을 맺고 잉와 왕국에 대응하였다. 그러나 와레루는 응아빠몬을 제거하고 단일 몬족 왕국을 출범시켰다. 그는 버마족의 관습법 대신 현재 미얀마 법전의 틀이 된 '와레루 법전'을 편찬하였다. 그가 죽은 후 형제와 조카들 간의 권력 투쟁이 이어졌다.

1353년 왕위에 오른 빈냐우byinnya U는 수도를 바고로 옮기고 본격적인 바고 왕조를 열었다. 그는 쉐다곤을 보수하고 불교를 육성하였으며 몬족의 민족주의를 고양시켰다. 북부 잉와 왕조와 국경을 정해 남부 미얀마의 영역을 공고히 하였다. 그러나 통치 말기부터 시작하여 다음 왕인 라자드릿왕까지 계속된 잉와 왕조와의 40년 전쟁으로 바고 왕조는 적지 않은 피해를 입었다.

쉐모도 탑, 바고
동남아시아에서 가장 높은
탑으로 바고를 상징한다.

그러나 40년 전쟁 후 바고 왕조는 번창하였다. 중북부에 자리한 잉와 왕국은 북쪽의 모샨족의 침입으로 시달렸지만, 남부 해안선을 차지하고 있던 바고 왕조는 인도와 말레이 반도, 중국과의 교역이 증가함에 따라 항구도시가 늘고 부유해졌다. 북쪽에서는 잉와 왕조와 모샨족 간의 갈등이 이어졌고, 동쪽에서는 수코타이, 아유타야, 치앙마이 등 타이족 간의 전쟁으로 바고 왕조에 대한 외부의 위협은 없었다. 따라서 바고 왕조에는 평화가 지속되었고 교역도 증가하였다.

바고 왕조의 전성기는 신소부Shinsawbu여왕과 담마제디Dhammazedi왕의 통치기였다. 신소부여왕은 주변국과 전쟁하기보다는 평화정책을 펴서 공존의 외교정책을 견지하였다. 이전의 바간처럼 바고를 무역의 중심지로 키우는 동시에 새로운 불교의 중심지로 만들고자 하였다. 그리하여 말리카와 무역을 더욱 증진시켜 나가는 동시에 스리랑카와 승려의 왕래를 적극적으로 장려하였다. 한편 신소부여왕은 무역으로 축적한 부를 바간 멸망 이래 침체되었던 파고다 건설과 장식에 투입하였다. 신소부여왕은 쉐다곤 탑을 더욱 웅장하고 높게 쌓는 동시에 자신의 몸무게만큼이나 되는 금을 하사하여 탑을 장식함으로써 현재의 모습과 같은 틀을 마련하였다.

담마제디는 승려 출신답게 종교 발전에 힘을 쏟았다. 자신과 신소부여왕의 몸무게를 합친 것의 네 배에 달하는 금을 하사하여 쉐다곤 탑을 장식하게 하였다. 그리고 스리랑카에 22명의 승려사절단을 파견하여 새로운 계 의식을 미얀마에 도입하였다. 관습법을 하나로 묶어 담마제디 관습법을 펴내 몬족과 버마족이라는 구별을 없애고 모두가 다 부처님을 추종하는 동지이자 바간의 영광을 잇는 한 자손임을 강조하였다.

그러나 담마제디가 죽은 후 내분이 격화되면서 왕국이 분열되었다. 그리고 잉와 왕국에 종속되어 있던 미얀마족의 따웅우가 서서히 힘을 축적하여 잉와 왕국을 멸하고 바고 왕국을 공격하였다. 평화와 번영을 누리던 바고 왕조는 1539년 따웅우 왕조의 뜨빈쉐티왕에 의해 멸망하였다.

따웅우 왕조

따웅우Taung Oo 왕조(1280~1752)는 잉와 왕조와 바고 왕조가 대립하여 양쪽이 약화된 틈을 타 새로운 주도권을 행사하며 마침내 통일 왕조를 열었다. 바간 왕조가 멸망한 이후 버마족은 잉와 왕조과 바고 왕조 사이에 있는 따웅우로 모여들었다. 따웅우는 에야와디강은 물론 바다와는 멀리 떨어져 있었으며 땅은 척박하여 농사에 부적절하였다. 그러나 바고 산맥 한가운데 자리하고 있어서 전쟁의 위협을 피할 수 있는 최적지였다. 분쟁이 계속된 잉와지역에서 많은 버마족이 유입되면서 명목상의 작은 왕국이었던 따웅우는 실질적인 왕국으로서 세력을 갖추게 되었다.

뜨빈쉐티Thabinshwetie왕은 통일 왕국의 기반을 마련하였다. 대담하고 정열적인 전사였던 뜨빈쉐티는 20년 재위기간 동안 끊임없는 전쟁을 통해 미얀마 전역을 통일시키기 위해 노력하였다. 1539년 바고 왕조를 붕괴시켰으며 남부의 모든 몬족 도시를 손에 넣었다. 그리고 샨족과 라카인의 연합군을 격파하고 중부지방의 바간까지 확보하였다. 그는 미얀마의 판도를 다시 버마족 중심으로 바꾸었으나 미얀마의 통일을 눈앞에 두고 코끼리 사냥 중에 독살되었다.

버인나웅Bayinnaung왕은 미얀마 통일을 완성하여 명실상부한 제국을 형성하였다. 버인나웅왕은 뜨빈쉐티왕의 매형이면서 유능한 장군으로 매번 전쟁을 승리로 이끌었다. 국민들의 신망을 바탕으로 왕이 되어 1555년에 잉와 왕조를 멸망시키고 북쪽에 있던 샨족 국가들을 정복하여 바간 왕조 이후 두 번째로 통일국가를 이루었다. 버인나웅은 더 나아가 태국의 치앙마이를 정복하고, 2차에 걸쳐 아유타야를 점령하여 동남아 최강자의 지위에 올랐다. 그는 바고에 새

깐보자타디 왕궁, 바고

미얀마 두 번째 통일 왕
조를 이룩한 버인나웅왕
은 바고를 수도로 정하고
깐보자타디 왕궁을 건설
하였다.

로운 수도를 건설하였으며 그곳으로 밀려든 유럽과 교역을 활발히 하여 번영을 구가하였다.

버인나웅왕은 왕관의 보석을 빼내어 양곤의 쉐다곤, 바고의 쉐모도, 현재 몬주 북부에 있는 짜익티요 등 주요 탑에 나누어 바쳤다. 아울러 쉐다곤 탑의 높이를 더하였으며 쉐모도 탑 주변에 많은 사원을 건설하였다. 특히 '위대한 탑'이라는 의미를 가진 마하제디 탑은 1560년 부처님의 성치聖齒를 안치하기 위한 탑으로 당시 최고의 건축물로 평가받았다.

그러나 버인나웅의 아들 난다버인이 즉위하면서 따웅우 왕조는 급격히 쇠퇴하였다. 아유타야에서 타이족이 반란을 일으키자 난다버인은 다섯 차례에 걸쳐 무리한 원정을 강행하였다. 이 전쟁으로 국력은 쇠퇴하였으며 왕권이 약화된 틈을 타 남부 미얀마에서는 몬족의 반란이 고개를 들었고, 지역의 영주들은 잇따라 독립을 선언하였다. 지역들과 강성해진 라카인의 공격으로 수도 바고는 파괴되었다. 더욱이 서방 제국주의 국가들이 미얀마를 포함한 동남아 공략에 나섬으로써 따웅우 왕조는 위기에 처하게 되었다.

따룬Tharun왕은 1636년 수도를 북부 잉와로 이전하였다. 제국주의 국가들의 공략에 노출되어 있는 항구도시에서 수도를 이전함으로써 동남아로 진출하는 서방 제국주의 세력들 간의 갈등에서 벗어나고자 하였다. 그리고 미얀마 남부 지역에서 일어난 몬족의 반란으로부터 왕실을 보호하기 위한 조치였다. 그러나 따웅우 왕조는 국제 감각을 상실하고 남부 미얀마에 대한 지배력을 포기하면서 급격히 쇠퇴하였다. 1752년 몬족의 왕 빈야달라가 에야와디강을 거슬러 올라와 잉와를 점령하면서 따웅우 왕조는 멸망하였다.

꼰바웅 왕조

미얀마를 또 다시 통일한 사람은 알라웅폐야Alaungpaya이다. '부처가 될 왕'이라는 의미의 알라웅폐야왕은 쉐보의 촌장 출신으로 버마족들의 신망을 바탕으로 왕국을 건설하였다. 그는 쉐보로 쳐들어온 몬족의 공격을 격퇴하고 흩어진 버마족을 규합하여 쉐보를 수도로 하는 꼰바웅Konbaung 왕조(1752~1885)를 세웠다. 그는 잉와와 샨족을 제압하고 태국의 치앙마이까지 복종시켰다. 그리고 미얀마 남부의 항구도시 다곤을 점령하고 그곳의 지명을 '전쟁의 종식'이라는 의미로 양곤이라고 바꾼 다음 쉐다곤 탑 앞에서 승리의 행진을 하였다.

알라웅폐야왕은 북서쪽에 있던 마니푸르를 정복하여 중서부 미얀마를 안정

마하무니 불상
만달레이 마하무니 사원

보도폐야왕은 라카인을 공격하여 라카인 불교의 상징인 마하무니 불상을 강제로 만달레이로 가져왔다.

시킨 다음 남부의 몬족을 공격하여 몬족의 왕국을 점령하였다. 미얀마는 완전히 통일을 이루었으며 영토도 바간 왕조와 거의 같았다. 그러나 태국 아유타야로 도주한 몬족을 정벌하기 위해 아유타야로 진격을 준비하는 도중에 이질에 걸려 죽었다.

신뷰신Hsinbyushin왕은 수도를 쉐보에서 잉와로 옮기고 태국의 아유타야를 정복하였다. 아유타야를 정벌하고 포로로 데려온 예술가, 장인, 의사, 학자, 시인 등에 힘입어 미얀마는 '미얀마 르네상스'라고 일컬을 정도로 문학과 예술의 번성기를 맞이하였다. 그리고 중국과 여러 차례 전쟁을 치른 후 평화협정을 통해 평화관계를 유지하였다. 반면 태국은 아유타야 왕조가 몰락하고 오늘날 태국의 왕조 차크리 왕조가 방콕에서 탄생하는 계기가 되었다.

보도페야Bodawpaya왕은 왕권 강화를 위해 현재 만달레이 아래에 있는 아마라뿌라로 왕실을 옮겨 새로운 수도로 삼았다. 1784년에는 라카인을 공격하여 완전히 미얀마 영토로 편입하였다. 본래 라카인을 정복하겠다는 의도보다는 영국을 견제하기 위한 것이었다. 서구 제국주의 세력들이 본격적으로 동남아로

만달레이성, 만달레이
민돈왕은 국정을 안정시키고 자주성을 회복하기 위해 수도를 만달레이로 이전하였다.

밀려들기 시작하면서 라카인이 영국의 수중에 들어갈 가능성이 높았기 때문이다. 무법천지로 혼란했던 라카인 사람들은 보도폐야 군대를 환영하였다. 그러나 라카인의 자부심이자 자신들 불교의 상징인 마하무니 부처상을 강제로 만달레이로 가져감으로써 라카인의 분노를 유발하였다. 한편 자신의 권위를 세우기 위해 밍군에 세계 최대의 사원과 거대한 종을 만들도록 지시하였다. 그러나 사원은 미완성으로 끝났고 종은 거대함에도 불구하고 장인들의 열정이나 섬세함은 발견하기 어려웠다. 비용 충당을 위해 과다한 세금을 징수하고 강제적으로 노동을 착취함으로써 국민의 원성이 높았기 때문이다.

보도폐야왕은 처음으로 영국과 충돌하였다. 미얀마에 정복당하고 마하무니 부처상마저 빼앗긴 라카인들은 반란을 일으켰다. 반란은 쉽게 진압되었지만 잔존세력들이 국경을 넘어 영국 통치령 아셈Assam으로 도주하였다. 미얀마군이 이들을 뒤쫓아 국경을 넘어 들어가자 영국은 즉각적인 퇴각을 요구하였다. 그러나 이 사건은 다행히 영국군 지휘관이 미얀마 측이 주장하는 긴급추격권을 인정해 주었기 때문에 전쟁으로 발전하지는 않았다.

영국과의 전쟁은 바지도Bagyidaw왕 때 발생하였다. 바지도왕은 대규모 노동력이 투입되는 대사원 건설 등을 중단하고 수도도 전쟁의 이미지를 가진 아마라뿌라에서 잉와로 옮겼다. 그러나 1824년 영국과의 제1차 전쟁이 발발하였다. 영국의 동인도 회사원들이 코끼리 사냥을 하다가 라카인까지 들어오자 미얀마는 이들을 체포하였다. 이를 계기로 영국은 국경을 공격하였고 미얀마가 이에 대응하면서 전쟁이 시작되었다. 영국은 함선을 이용하여 양곤을 점령하고 에야와디강을 따라 잉와 바로 아래 얀다보까지 진격하였다. 2년간 치러진 영국과의 전쟁은 굴욕적인 얀다보 조약으로 마무리되었다. 미얀마는 영국에게 라카인과 뜨닌다리를 할양하는 한편 영국군이 잉와에 주둔하는 것을 허용하였다.

영국과의 2차 전쟁은 바간Bagan왕 때 일어났다. 국제 무역항으로 발전하던 양곤에서 벌금 납부를 거부한 두 영국인 구금 사건과 영국 관료들이 양곤 관청에서 말에서 내리지 않는 무례를 범한 일이 발단이었다. 이 사건은 미얀마에 항구도시를 확보하고자 한 영국에게 빌미를 제공하였고 영국은 사과를 요구하며 굴욕적인 조건을 제시하였다. 바간왕은 영국에 굴복하지 않고 결전을 선택하였다. 이에 영국은 바고를 비롯한 남부의 모든 항구도시를 장악한 후 쁘롬까지 진격하였다. 전세가 불리해지고 수많은 병사가 죽자 왕실에는 강경파와 화친파가 대립하였다. 결국 강경파 바간왕은 폐위되고 화친파인 동생 민돈Mindon이 왕위에 올랐다. 민돈왕이 전선에서 군인들을 철수시킴으로써 전쟁은 영국의 승리로 끝났다. 영국은 기름진 하부 미얀마를 장악하였을 뿐만 아니라 바다로 향하는 모든 지역을 갖게 되었다. 이로써 미얀마는 모든 항구도시를 잃었고 바닷길은 막혔다.

민돈왕은 할 수 있는 모든 방법을 동원해서라도 미얀마의 자주권을 지키고자 하였다. 에야와디강의 항로를 정비하여 교통체계를 확대하고 전국에 전화통신체계를 갖추었다. 산업의 중요성을 인식하여 서양의 전문가들을 초청하여 재래식 채광과 벌채 방법을 개선하고 조폐소 설치와 세무제도를 개선하는 등 국가산업의 근대화에 박차를 가하였다. 인내와 불심으로 대하면 영국도 호응할 것이라는 생각에서 영국에 평화사절단을 파견하여 하부 미얀마를 돌려줄 것을 요구하였으나 그 요구는 받아들여지지 않고 상업조약의 체결과 까렌중의 포기 요구 등으로 오히려 왕실의 위상만 추락하였다.

한편 민돈왕은 불교의 진흥을 통해 국정을 안정시키고 자주성을 회복하기 위해 수도를 만달레이로 이전하고 세계 5차 불교회의를 개최하였다. 인도의 라즈기르, 바이샬리, 파트나, 카슈미르에서 행해진 네 차례의 불교경전 결집에 이은 다섯 번째 불교경전 결집을 추진한 것이다. 민돈왕은 세계에서 가장 거대한 불경을 729개의 하얀 대리석 비석에 새겼다. 이것이 꾸도도 페야Kuthodaw Paya이다.

그러나 미얀마는 다음 왕인 띠보왕에 이르러 멸망하였다. 띠보왕은 프랑스와 독일 등과 통상 및 우호조약을 체결하고자 하였다. 이는 영국으로 하여금 자신들의 경제적 영역이 잠식될지 모른다는 위기감을 갖게 하였다. 마침내 영국은 '봄베이 미얀마 무역회사' 사건을 계기로 미얀마를 공격하였다. 미얀마 목재 수출권을 가진 이 회사가 벌목량을 실제보다 줄여서 보고하다가 벌금이 부과되었다. 미얀마 왕실 법원에서 벌금을 부과했지만 영국의 인도 식민지 총독으로 있던 듀퍼린Dufferin은 자신이 임명한 중재자의 지시를 받으라고 통보하였다. 나아가 미얀마의 외교권을 포기하고 수도 만달레이에 영국군의 주둔을 허락하라는 최후통첩을 보냈다. 띠보왕이 이를 받아들이기로 하였음에도 불구하고 영국군은 만달레이로 진격하여 11일 만에 왕실을 함락하였다. 띠보왕과 왕비는 우마차에 실려 인도 봄베이로 추방되었다. 1885년 꼰바웅 왕조는 무너지고 미얀마는 영국의 식민지로 전락하였다.

영국군 사령부
영국은 만달레이성을 함락하고 이곳에 영국군 사령부를 설치하였다.

영국식민지와 민족주의운동

영국은 미얀마를 영국령 인도의 한 주州로 편입시켰다. 총독은 인도에 있었고 미얀마에는 인도 총독부에서 파견한 영국인 최고 행정관이 다스렸다. 영국은 분할통치정책을 펴 중심부와 산간지역을 구분해서 각각 직접 관리하였다. 이렇게 하여 다수족이자 주종족인 버마족을 견제하였다. 미얀마 왕실을 폐지한 상태에서 영국은 소수 민족들에게 식민지군 입대 기회를 제공한 반면 주종족인 버마족에게는 군 입대 대상에서 제외함으로써 소수민족과의 갈등을 조장하고 버마족의 세력화를 억제하였다.

영국의 식민통치로 미얀마 사회는 서서히 변화하였다. 사원을 중심으로 이루어지던 교육은 영국인이 설립한 학교로 대체되었다. 왕족과 관료 등 기존 지배층이 붕괴되면서 영국 행정부에 의해 임명된 미얀마 관료들이 중산층을 형성하였고 그들의 자녀들은 양곤과 인도, 영국의 대학에 진학하면서 새로운 사회 지도층으로 부각되었다.

산업은 급속하게 근대화되었다. 철도와 도로가 개설되고 에야와디 삼각주를 중심으로 벼농사가 활기를 띠면서 세계 제1의 쌀 수출국이 되었다. 원유를 비롯한 각종 지하자원이 채굴되어 철도와 항로 등의 교통망을 통해 수출하였다. 따라서 항구도시들이 발달하고 상업은 활기를 띠게 되었다. 그러나 미얀마인들의 생활은 전혀 나아지지 않았다. 산업화와 수출 등을 통해 미얀마에 생긴 수입 대부분이 영국과 인도 등 외국으로 빠져 나갔기 때문이다.

1920년 민족주의자와 애국단체들은 '전버마평의회General Council of Burmese Associtions'를 구성하여 미얀마의 자치권을 요구하였다. 1919년 영국이 인도에 자치권을 주기로 한 것을 계기로 미얀마에서도 이같은 요구를 했지만 영국정부는 거부하였다. 전국적인 조직망을 갖춘 전버마평의회는 영국 상품을 불매하자는 원따누Wuntharnu 운동을 전개하였다. 원따누 운동으로 결집된 민족주의 운동은 양곤대학으로 확대되었고 학문의 자유와 대학정관 개정을 요구하는 시위가 점차 영국 지배에 반대하는 정치적인 시위로 바뀌었다.

1923년 영국은 미얀마에 양두Diarchy 체제의 정부형태를 도입하기로 결정하였다. 외무와 국방, 내무, 상업, 재무 등은 총독부가 관할하고 교육과 보건, 농업 등은 선출된 의회정부가 관할하였다. 양두체제정치는 미얀마인들이 직접 정부에 참여하는 길을 열어 놓았다. 그리고 1937년 미얀마는 정식으로 인도로부터 분리되었다. 하지만 영국은 이러한 분리 법안을 버마족이 주로 거주하는 미얀마의 중·하부 지역에 국한시켰을 뿐 국경 지역의 소수민족들은 여전히 영국이 직접 관리하였다.

1930년대에 양곤대학의 젊은 학생들이 민족운동을 주도하였다. 아웅산Aung San과 마웅누Maung Nu를 지도자로 한 이들은 대부분 민족학교를 거쳐 양곤대학

영국식민지 정부청사, 양곤

영국은 미얀마를 영국령 인도로 편입시켜 통치하였다.

에 들어가 미얀마 역사와 문학을 전공한 사람들이었다. 이들은 졸업 후에도 전국을 돌면서 미얀마 독립의 필요성과 강한 민족성을 고취시켰다. 마침내 1935년 정식으로 '우리버마연맹'이라는 의미를 가진 '도 미얀마 아시아용Daw Burma Asiayone'이라는 정치 정당을 만들어 본격적으로 정치의 장에 뛰어 들었다.

1939년 제2차 세계대전이 발발하자 아웅산은 영국에 대한 직접적인 군사적 공격을 감행할 것을 결의하였다. 이때 일본은 아웅산과 연합할 것을 제의하였다. 일본은 중일전쟁과 태평양전쟁을 일으켜 전 세계 공략을 본격화하기 위해서는 인도, 동남아에서 중국으로 진출하는 관문인 버마로드를 입수하는 것이 급선무였다. 일본에서 미얀마 독립을 약속받은 아웅산과 30명의 애국청년은 일본으로 가서 혹독한 군사훈련을 받았다. 이들이 후일 미얀마군의 모체가 되었다.

아웅산이 중심이 되어 조직한 버마독립군은 일본과 연합하여 영국과 전투를 벌였다. 미얀마독립군은 미얀마 젊은이들에게 커다란 반향을 불러 일으켜 많은 수의 신병을 확보할 수 있었다. 그리고 싱가폴 전선이 무너지자 영국군이

양곤항 전경
양곤항은 쌀과 지하자원의 수출로 국제 무역항으로 발전하였다.

인도로 후퇴하면서 1942년 만달레이를 함락하였다. 독립 전쟁은 승리로 마감되었다. 그러나 일본은 독립전쟁이 끝나자마자 미얀마 지배를 노골화하였다. 미얀마독립군을 해산하고 미얀마방위군으로 대체하였으며 아웅산을 사령관으로 임명했지만 일본인 장교들에 의해 통제되었다. 일본의 미얀마 식민 지배는 불과 3년에 지나지 않았지만 그 고통은 영국의 60년 통치보다 더한 것이었다.

아웅산은 일본에 대해 배신감을 느끼고 영국군과 연합하여 일본에 대항하였다. 그는 인도에 있던 영국 총독부와 비밀리에 접촉하는 한편 자신을 따르는 군대와 소수민족을 결집하였다. 마침내 1945년 3월 영국 정부로부터 우호적인 연락을 받은 아웅산은 자신의 군대를 이끌고 일본에 대항하였으며 시민들의 반란이 전국에서 일어났다. 영국은 미얀마 전역의 자유화를 선언하고 영국군이 해방군으로 미얀마에 들어왔다. 아웅산 군대가 영국군에 편입되면서 미얀마 독립을 위한 양국 간의 협조는 긴밀하게 유지되었다.

1947년 1월 27일 영국정부와 미얀마 대표는 미얀마 독립에 합의하였다. 영국은 제헌의회 구성을 위한 선거 실시, 아웅산 내각을 준비내각으로 인정하는 등 미얀마의 독립을 약속하였다. 아웅산은 자신의 비밀 정치조직 반파시스트 민중자유연맹AFPFL을 통해 신정부를 구성하였다. 그리고 제헌의회 구성을 위한 선거에서 200석 가운데 190석을 획득하는 압도적인 지지를 얻었다. 그러나 아웅산은 그를 반대하는 관료들과 새로운 정당을 결성하고 있었던 우소 등에 의해 살해되었다.

영국은 정치적 동요를 막기 위해 당시 제헌의회 의장을 맡고 있던 우누U Nu를 내각수반으로 추천하였다. 우누는 아웅산과 함께 미얀마 독립을 위해 투쟁했던 마웅 누Maung Nu이다. 미얀마에서는 20세 전후까지는 이름 앞에 '마웅'을 붙이고 사회적 지위가 높아지면 이름 앞에 '우'를 붙인다. 우누는 미얀마를 영국연방에서 분리함과 동시에 1947년 10월 17일 정식 독립문서에 영국 수상 크레멘트 에틀리와 함께 서명하였다. 그리고 영국 의회 인준을 거쳐 1948년 1월 4일 미얀마는 독립된 주권국가인 '버마연방공화국'으로 새롭게 출발하였다.

미얀마 독립운동의 영웅
아웅산 장군 동상

버마연방공화국

우누와 불교사회주의

미얀마는 자주 독립국가로 출발하였지만 정치적 혼란은 계속되었다. 독립을 전
후하여 나타난 정치적 견해의 차이는 공화국 출범과 함께 심화되었다. 공산주
의자들은 공산정권의 수립을 요구하며 폭동을 일으켰다. 그리고 꺼인족이 자치
권을 요구하며 꺼인민족방위군을 결성하여 무장 폭동을 이끌었다. 이외에도 샨
족, 몬족, 까친족 등 소수종족들도 자치권을 요구하며 시위를 주도하였다.

초대 수상 우누는 불교에 바탕을 둔 사회주의를 건설하고자 하였다. 서구화
의 영향으로 야기된 가치관의 혼란을 바로 잡을 수 있는 것은 불교사상을 재정
립하는 것이 최선이라고 판단하였다. 실제 우누는 불교의 부흥을 위해 탑의 보
수와 건립에 힘썼을 뿐만 아니라 부처님 탄생 2500주년을 기념하는 제6차 세
계불교대회를 치르기도 하였다. 그리고 불교사상에 기반을 둔 사회주의를 추
구하였다. 미얀마의 사회주의는 서구의 그것과는 다른 불교의 사회윤리와 융
합된 불교사회주의임을 강조하였다.

그러나 우누의 불교식 사회주의에 바탕을 둔 경제정책은 실패하였다. 복지
국가 건설을 목표로 한 국영공장의 건설, 외국계 대기업의 국유화, 토지개혁
등의 정책은 실패하고 정국은 혼란에 빠졌다. 1958년 공산당과 꺼인족이 연합
하여 무장 폭동을 일으키자 내전이 확대되었다. 우누는 사태를 수습하지 못하
고 당시 군사령관인 네윈Ne win에게 내각을 맡기고 물러났다. 2년간 위기관리
내각을 맡은 네윈은 폭동을 진압하고 국정을 안정시키고 선거를 통해 재집권

한 우누에게 정권을 이양하였다.

재집권한 우누는 불교를 국가의 종교로 설정하는 것이 국민국가로의 이행에 최선의 방책이라고 판단하고 불교국교화법 제정을 추진하였다. 그러나 이는 불교를 믿지 않는 종족과 불교를 믿는 종족 간의 불화를 일으켜 무장봉기로까지 이어지게 하였다. 거기에 소수민족의 자치권을 허용하는 법안을 논의하자 연방 분열과 국토 분할을 반대하던 군부의 반발을 샀다. 결국 1962년 네윈이 주도하는 군부 쿠데타로 우누의 불교식 사회주의는 막을 내렸다.

네윈과 버마식 사회주의

네윈은 쿠데타를 통해 정권을 장악한 뒤 혁명위원회를 중심으로 국가를 통치하였다. 독립영웅 아웅산의 계승자임을 자처하며 헌법은 그대로 둔 채 혁명위원회란 이름으로 국가의 모든 입법·사법·행정권을 행사하였다. 혁명위원회 의장인 네윈이 대통령과 수상을 겸임하였으며 위원들이 내각의 각료가 되어 행정부를 장악하였다. 입법부인 국회를 해산하고 사법부도 혁명위원회에서 관할하였다.

네윈은 대내적으로 버마식 사회주의를 주장하였다. 1962년 버마사회주의계획당BSPP을 창당하여 일당 독제체제를 구축하였다. 대부분의 사업체를 국유화하여 정부 주도형 경제정책을 폈다. 그리고 대외적으로 외국의 간섭으로부터 벗어나기 위한 쇄국정책을 채택하였다. 이러한 정책은 독재체제를 구축하는 데는 성공했지만 외교와 경제는 실패로 돌아갔다. 경제난에 대한 항의와 민주화를 위한 시위가 이어졌고 군사정부는 이를 무력으로 진압하였다.

1970년대에 들어와 버마사회주의계획당은 정치·경제·사회에 대한 새로운 활로를 모색하였다. 1971년 국명을 '버마연방'으로 바꾸고 1972년 네윈을 포함한 고위 장성들이 퇴역한 후 정부에 참여하면서 민간정부를 표방하였다. 그

러나 1974년 신헌법 공포를 통해 일당독재를 공고히 하였다. 혁명위원회를 해체하는 대신 그 역할을 버마사회주의계획당이 담당하면서 복수정당제를 금지하였다.

네윈의 독재정치는 출발부터 국민의 저항을 받았다. 1974년 전국으로 확대된 노동자 시위를 시작으로 1975년 노동자와 학생의 연대시위, 1976년 대학생시위 등 국민의 불만이 고조되었다. 결국 이같은 국민의 불만은 1988년 최절정에 이르렀다. 양곤의 한 음악찻집에서 음악신청문제로 주인과 시비를 벌

쉐다곤, 양곤
초대수상 우누는 불교사회주의 건설을 위해 쉐다곤을 비롯한 불교탑을 보수하고 건설하는 데 힘을 쏟았다.

이던 양곤대학 학생을 시위진압 경찰이 구타하면서 시위는 시작되었다. 이에 항의하는 학생들의 시위가 이어졌고, 사상자가 발생하면서 시위는 더욱 확산되었다. 수많은 사람들이 희생되었고 시위는 독재타도로 바뀌었다.

네윈은 당 의장직을 사임하면서 다당제 도입과 국민총선을 약속하였다. 그러나 국민들은 즉각적인 총선실시와 민주화를 요구하며 소위 '8888'날인 1988년 8월 8일 대규모 시위를 전개하였다. 진압군의 발포로 수천 명이 죽거나 다쳤다. 여론에 밀린 정부는 결국 계엄령을 해제하고 즉각적인 총선을 약속하였다.

국가법질서회복위원회

군사령관 소마웅Saw Maung이 중심이 된 군부가 쿠데타 형식을 빌어 정권을 인수하였다. 소마웅은 군인들에 의해 구성된 국가법질서회복위원회SLORC가 정권을 담당하며 자신이 위원회 의장이자 수상이 되었음을 공포하였다. 그리고 총선에 참여할 정당만 인정하고 국민의회 등 기존의 모든 권력기관을 해체함으로써 국가법질서회복위원회가 명실상부의 최고의 권력기관이 되었다.

이 위원회는 국명을 버마Burma에서 미얀마Myanmar로 바꾸었다. 영국에 의해 불렸던 지역 이름들도 모두 미얀마식으로 바꾸는 등 민족적 색채를 강조하며 새로운 면을 보여주려고 애썼다. 그리고 아웅산 수지 여사를 국가내란 음모죄 명목으로 가택연금시키고 활동을 제한하였다.

1990년 제헌의원을 선출하는 총선이 실시되었다. 총선은 군부와 구여권을 중심으로 하는 민족연합당NUP과 수지 여사와 반체제 단체들이 결성한 민주국민연합NLD의 대결이었다. 총선 결과는 민주국민연합이 제헌의석 485석 가운데 392석을 차지하는 압승이었다. 그러나 정권을 장악하고 있던 국가법질서회복위원회는 국가내란죄를 적용하여 민주국민연합 소속 의원들을 구속하고 헌법을 만드는 국회의 활동을 제한하였다. 결국 1988년 미얀마 민중항쟁은 네윈의 독재체제를 붕괴시키고 다당제 총선까지 치렀지만 민주주의 상징인 민선정부의 구성에는 실패하고 말았다.

1991년 국가법질서회복위원회는 헌법이 제정될 때까지 위원회가 정권을 유지한다고 발표하였다. 그리고 기존의 사회주의 노선을 포기하고 자본주의 경제체제로 전환하면서 국제사회와 교류의 폭을 넓혀갔다. 1997년에는 아세안에 가입함과 동시에 위원회 명칭을 '국가평화발전위원회'로 바꾸어 개혁의지를 표명하였다. 2006년 딴슈웨Than Shwe 군부정권은 막대한 경비를 들여 수도를 양곤에서 미얀마 중부지방으로 이전하였다. 새로운 수도의 명칭은 '왕의 도시'라는 의미로 네삐도Naypyidaw라고 하였다.

2010년 11월 7일 미얀마는 총선을 실시하였다. 군부정권의 후원을 받는 USDP가 80%의 의석을 획득하였다. 군부정권은 퇴진하고 신헌법에 따라 5년 연임의 대통령으로 테인 세인이 의회에서 선출되었다. 테인 세인 대통령은 아웅산 수지 여사를 비롯한 정치범 석방, 소수민족 반군들과 평화협정 타결, 민주화와 개혁·개방 정책들을 추진하고 있다.

미얀마 어린이
맑고 밝은 미얀마 어린이들은 미얀마의 미래이다.

미얀마의 **종교**

불교

불교의 전래

미얀마 불교 전래 설화는 다양하다. 뜨가웅 왕국의 건국 설화, 터예킷터야의 부처님 순례 설화, 쉐다곤 탑의 건립 설화, 아쇼카왕에 의한 불교 전파 등이 그것이다. 이는 미얀마 불교 전래가 한 번에 이루어진 것이 아님을 반영한 것이다. 미얀마의 경우 민족과 지역을 달리하면서 여러 번에 걸쳐서 불교가 들어왔다.

첫째, 미얀마 최초의 왕조인 뜨가웅Thagaung을 부처님의 샤카족이 건국하였다는 것이다. 인도의 샤카족은 육로를 통해 미얀마에 도착하여 뜨가웅을 건설하였다. 설화에 의하면 뜨가웅은 부처님 탄생 이전과 이후 두 번에 걸쳐 건국이 이루어졌다.

뜨가웅의 1차 건국은 부처님 탄생 이전인 기원전 850년경에 이루어졌다. 부처님이 탄생하기 이전에 샤카족의 내분이 있었다. 카필라바스투의 아비라자 왕자는 군대를 이끌고 육로를 통해 미얀마로 와서 중부 에야와디강 유역에 정착하였다. 그곳에 뜨가웅이라는 도시국가를 건설하고 왕이 되었다.

아비라자Abhiraja 왕에게는 두 명의 왕자가 있었는데 왕위 계승을 두고 분쟁이 일어났다. 형 칸 라자기Kan Rajagyi는 동생에게 패하여 남부 미얀마로 내려가 친드윈강 어귀에 있는 꾸보Kubo 계곡에 나라를 세웠다. 그의 아들 차우판다웅대에 이르러 나라가 번성하자 라카인Rakhine으로 가서 왕이 되었다. 동생 칸 라잔게Kan Rajange는 부왕의 왕위를 계승하여 뜨가웅을 통치하였다. 31대 빈나카왕에 이르러 중국 운남성과 지금의 샨주에서 내려온 종족들에 의해 뜨가웅은 멸

기도

미얀마 불교는 민족과 지역을 달리하면서 여러 차례에 걸쳐 전래되었다.

망하였다. 빈나카왕은 왕비를 남겨두고 도망가다가 죽음을 맞이하였다.

뜨가웅의 2차 건국은 부처님께서 탄생한 이후에 이루어졌다. 부처님이 탄생하고 태자로서 젊은 시절을 보낸 부처님의 나라 카필라바스투는 부처님이 살아계시는 동안 서쪽에 있던 코살라국에게 멸망하였다. 코살라국 프라세나짓Prasenajit왕의 아들 비루다카Virudhaka왕은 카필라바스투를 공격하여 정복하였다. 코살라국의 비루다카왕이 서로 우호관계를 유지하고 있던 카필라바스투를 공격하게 된 데는 사연이 있었다.

코살라국의 프라세나짓왕은 샤카족의 공주와 혼인하고자 하여 카필라바스투에 사신을 보내 그 뜻을 알렸다. 샤카족은 천민 출신으로 왕위에 오른 프라세나짓왕에게 공주를 시집보내는 것을 망설였다. 그리하여 말리카Mallika라는 여종을 공주인 양 꾸며 시집보냈다.

이후 프라세나짓과 말리 부인 사이에는 비루다카라는 아들이 태어났다. 왕자의 나이가 8살이 되자 프라세나짓왕은 왕자를 외가인 카필라바스투로 보내 궁술을 익히게 하였다. 그때 마침 샤카족은 부처님과 제자들을 모시기 위해 성안에 새로운 강당을 세우고 꽃과 보배로 사자좌를 장식하고 있었다. 그곳에서 활쏘기 연습을 하고 있던 왕자는 호기심에 그곳 강당에 들어가 새로 장식한 사자좌에 앉아 보았다. 이를 본 샤카족 사람들이 '이 거룩한 집에 계집종의 자식이 무엇하러 들어왔느냐'고 꾸짖었다. 결국 비루다카 왕자는 출생의 비밀을 알게 되었고 자신이 왕위에

불상, 신뷰메 사원, 만달레이 민군
석가모니 부처님의 샤카족이 미얀마 최초의 왕조인 뜨가웅을 건국하면서 불교가 전래되었다는 설화가 있다.

오르면 반드시 샤카족에게 보복할 것을 결심하였다.

마침내 왕위에 오른 비루다카왕은 자신이 당한 모욕을 보복하기 위해 군대를 동원하여 카필라바스투로 진격하였다. 부처님은 이같은 사실을 알고 카필라바스투로 향하는 길가의 그늘 없는 마른 나무 숲에 앉아 이를 만류하였다. 그러나 비루다카왕은 이후에도 계속하여 카필라바스투를 공격하여 마침내 샤카족의 카필라바스투는 멸망하였다.

이때 살아남은 카필라바스투의 다자라자왕은 소수의 샤카족을 데리고 육로를 통해 미얀마로 이주하였다. 그리고 제1차 뜨가웅 왕국의 마지막 왕 빈나까의 왕비와 결혼하여 제2차 뜨가웅 왕국을 건설하였다.

둘째, 부처님께서 미얀마를 순례하시며 터예킷터야에서 예언을 하셨다는 설화가 전해진다. 부처님께서 보드가야에서 깨달음을 얻은 지 얼마 되지 않아 미얀마의 상인 마하퐁과 슐라퐁 형제가 부처님을 위하여 향나무로 승원을 짓기로 서원하였다. 부처님께서는 500나한을 이끌고 미얀마를 순례하시며 때가 되면 이곳에 불교가 융성하리라 예언하셨다. 부처님께서 미얀마 각지를 순례하다가 포우산 정상에서 제자 아난다에게 말씀하셨다.

"나의 열반 후 101년이 지나면 다섯 가지의 징후가 나타날 것이다. 대지는 지진으로 갈라지고 큰 강이 생기고 커다란 호수가 출현할 것이다. 그 사이로 뽀빠산이 융기하며 터예킷터야 일대의 해안이 말라버릴 것이다. 두더지가 사람이 되어 도시와 왕국을 건설할 것이다. 그리고 이 왕의 시대부터 나의 가르침은 오래도록 이 땅에서 번영할 것이다."

셋째, 부처님께 봉밀을 공양하고 받아온 머리카락을 봉안한 후 쉐다곤 탑을 건립했다는 설화이다. 부처님께서는 인도 부다가야에서 성도하신 후 7일마다 자리를 옮겨 가면서 7주 동안 깨달음을 얻은 금강보좌 주변에 머물러 계셨다. 칠칠일七七日, 즉 49일 동안 해탈의 환희를 느끼면서 바로 그곳에 머물러 계셨다. 매 주마다 부처님께서 머물렀던 자리에는 다양한 상징들이 만들어져 있었다.

부처님으로부터 불발을 받
는 두 상인
쉐다곤, 양곤

인도 보드가야에서 득도
하신 부처님께서 상인이
바친 곡물가루와 꿀에 대
한 보답으로 머리카락 여
덟 개를 뽑아 주셨다.

　일곱째 주에 부처님은 라자야타나Rajayatana 숲에서 법의 즐거움을 누리고 계
셨다. 그때 타푸사Tappussa와 발리카Bhallika라는 두 상인이 수레에 물건을 싣고
부처님 앞을 지나가고 있었다. 오백 대의 수레를 끌고 앞장 서 가던 소 두 마리
가 갑자기 멈추더니 꼼짝하지 않았다. 당황하여 주위를 살피던 두 상인은 숲
속 나무 아래에서 햇빛처럼 찬란한 성자를 발견하였다. 두 상인은 자신들의 양
식인 곡물 가루와 꿀을 부처님께 바치며 귀의하였다. 부처님은 이들에게 기원
을 하였다.

　"지금 보시하는 것은 먹는 이가 기력을 차릴 수 있도록 함이니, 장차 보시하
는 자는 좋은 빛깔을 얻고 힘을 얻고 기쁨을 얻고 편안하고 상쾌하며 병이 없
이 마침내 오래 살게 하리라. 언제나 부처님을 받들고 가까이 하여 미묘한 말
씀을 듣게 되고 진리를 보며 증과를 얻어 원한 바가 완전히 갖춰지리라."

기원을 마친 부처님께서 식사를 끝내자 두 상인은 부처님의 발밑에 머리를 대고 공손히 예배하며 부처님과 법에 귀의하여 최초의 우파사카가 되었다. 우파사카를 한자로는 우바새優婆塞라고 쓰는데 집에서 생활하면서 불교에 귀의하고 출가 수행자를 공양하는 신도, 즉 재가신자在家信者를 말한다.

한편 이 두 상인은 미얀마 몬Mon 왕국의 오칼라Okkala 마을에 사는 형제였다. 부처님은 이들이 바친 곡물 가루와 꿀에 대한 보은의 마음으로 자신의 머리카락 여덟 개를 뽑아 주었다. 이들은 과거 삼불의 유물이 봉안되어 있던 미얀마 양곤의 씽구타라 언덕에 부처님에게서 받아온 머리카락을 안치하고 스투파를 건립하였다. 이것이 바로 쉐다곤Shwedagon이다.

넷째, 인도의 아쇼카왕이 보낸 불교사절단에 의해 불교가 도입되었다는 것이다. 인도의 아쇼카왕은 부처님께서 열반 하신 후 약 200년이 지난 시기에 인도 최초로 통일제국을 건설하였다. 아쇼카왕은 기원전 260년경 불교로 개종한 후 불경을 깊이 공부하고 불교 유적지를 순례하였다. 부처님의 탄생지인 룸비니를 비롯하여 그의 불교 유적지 순례는 256일의 긴 여행을 시작으로 10년 동안 계속되었으며 전국에 84,000개의 불탑을 건립하였다.

아쇼카왕은 목갈라풋타 팃사Moggalaptta tissa, 目鍵連帝須 장로와 1,000명의 비구들을 소집하여 제3차 경전결집을 행하였다. 그리고 불교사절단을 외국에 파견하였다. 아쇼카왕은 인도 통일전쟁인 칼링가 전쟁 이후 전쟁의 처참한 모습에 참회를 하며 다시는 전쟁을 하지 않을 것을 맹세하였다. 무력에 의한 정복이 아닌 정신적인 감화에 의한 정복만이 진정한 정복이라고 확신하였다. 그래서 아쇼카왕은 아시아, 유럽, 아프리카의 대륙을 정신적으로 정복하기 위해 불교 사절단을 파견하였다. 사절단은 가까이는 스리랑카와 미얀마를 방문하였으며 멀리는 시리아, 이집트, 마케도니아까지 파견되었다.

목갈라풋타 팃사는 신통력을 갖춘 소나Sona와 웃타라Uttara 장로를 미얀마에 불교사절단으로 파견하였다. 두 사람은 미얀마 남부 뚜원나부미Thuwannabumi에 도착하였다. '황금의 땅'이라는 의미를 가진 뚜원나부미는 현재의 타톤Thaton으로 짐작된다. 두 사람은 먼저 신통력으로 왕실의 남자 아이들을 잡아 먹는 나찰녀羅刹女를 물리쳤다. 그리고 범망경梵網經을 통하여 원주민들을 교화하였다. 범망경은 어부가 그물로 많은 고기를 건져 올리듯 부처님의 가르침은 세상의 모든 견해를 건져 올려 바르게 한다는 것이다.

몬족에 의해 건설된 고대 도시국가 뚜원나부미Thuwannabumi는 수도 따톤을 중심으로 불교의 발전을 이루었다. 후일 바간 왕조의 아노야타왕이 전 미얀마를 통일하면서 이 지역의 불교는 미얀마 전역에 전파되었다.

불교의 발전

바간 왕조는 미얀마 최초의 통일국가이다. 아노라타Anawratha왕은 미얀마의 통일을 이룩한 다음 상좌부 불교를 도입하여 국교로 삼았다. 미얀마에는 일찍부터 상좌부 불교를 비롯하여 대승불교와 밀교가 들어왔고 힌두교의 여러 신앙도 함께 들어왔다. 그리고 정령신앙 낫Nat이 민중 사이에 뿌리 깊게 자리하고 있었다. 이같은 신앙적 혼돈 상태는 국가 운영에 큰 걸림돌이었다. 아노라타왕은 인종과 언어 그리고 생활문화의 차이를 넘어 보편적인 정치이념으로 상좌부 불교를 선택하였다. 불교를 국가의 통치 이념으로 삼아 불교의 보편주의적 평등사상에 따라 자비로 백성을 통치하고자 하였다.

아노라타왕은 상좌부 불교 승려 신 아라한Shin Arahan으로부터 상좌부 불교와 불교 경전에 대해 설명을 들었다. 불교 경전의 필요성을 느낀 왕은 몬족의 타톤 왕국에서 경전을 구할 수 있음을 알게 되었다. 타톤 왕국의 마누하왕에게 경전을 보내 줄 것을 요청하였으나 거절당했다. 이에 아노라타왕은 타톤 왕국을 정벌하고 그곳에서 승려 500명과 함께 경전을 32마리의 코끼리 등에 싣고 돌아왔다.

아노라타왕은 상좌부 불교 경전을 받아들여 체계화함으로써 비구승들의 편의를 도모하였다. 또한 그때까지 전해온 다양한 종류의 경전들을 팔리어 경전으로 통일하였다. 이렇게 해서 상좌부 불교는 국가에서 정식으로 인정하는 국교國敎가 되었다. 그 결과 미얀마족 왕조는 상좌부 불교를 국가의 내부에 채용하여 승가僧伽의 뛰어난 장로를 왕사王師로 임명하여 나라의 어려운 일이 있을 때나 의사 결정이 필요할 때면 그들의 의견을 청취하여 지침으로 삼도록 하였다.

이후 짠싯따Kyansitha왕 등은 독실하게 불교를 신봉하면서 바간 주변에 수많은 탑을 건립하였다. 불탑이나 불전 혹은 동굴사원의 건립은 바간 왕조가 몽고군에 멸망할 때까지 계속되었다. 아난다 사원과 쉐지곤 탑을 비롯한 5,000여 개에 이르는 사찰이 건립됨으로써 바간은 동남아 불교의 중심지가 되었다.

바고 왕조는 남부 미얀마에 건국한 몬족 국가였다. 신소부Shinsawbu여왕에 이

아난다 사원, 바간
바간 왕조에서 불교를 국교로 정하고 많은 탑과 사원을 조성함으로써 바간은 동남아 불교의 중심지가 되었다.

스님

바고 왕조의 담마제디왕은 분열된 교단을 통일하여 청정한 승단을 구성하였다.

어 왕위에 오른 승려 출신 담마제디Dhammazedi왕은 불교 개혁을 단행하였다. 바간 왕조 때부터 상좌부 불교는 마람마 승가僧伽와 시할라 승가로 분열하여 대립하고 있었다. 담마제디왕은 이들 각파를 통합하고 상좌부 교단을 재통일하였다. 그는 즉위 직후 수도 바고에 각 파의 장로들을 소집하여 교단의 개혁을 시도하였다. 그는 승단의 여러 가지 악습보다도 교단이 여러 파로 분열되어 성직자들의 의식조차 하나로 화합하지 못하는 것이 가장 큰 문제라고 생각했다.

그는 스리랑카에 22명의 승려사절단을 파견하여 새로운 수계의식을 미얀마에 도입하였다. 바고 서쪽에 청정한 결계지結界地를 설치하여 이곳에서만 수계를 받게 함으로써 은밀한 곳에서 행해지던 수계를 금지하였다. 이와 같이 바른 수계를 받는 자만이 정식 승려로 인정받도록 하여 종래 제각기 달랐던 수계의 방법을 통일함으로써 지역성, 민족성의 특성을 초월한 종교 발전에 기초를 제공하였다. 결국 이는 각 계파의 통일을 촉진함과 동시에 청정하지 못한 승려들을 정화하는 데 큰 성과를 가져왔다.

미얀마를 재통일한 것은 꼰바웅Konbaung 왕조였다. 민돈왕은 제5차 불교경전 결집을 단행하였다. 그는 불교의 진흥을 통해 국정의 안정과 자주성을 회복하고자 하였다. 그리하여 수도 만달레이에 2,400명의 장로들을 모아 세계 5차 불교경전 결집을 거행하였다. 이는 삼장 원전의 모든 것을 교합 편찬 결집한 것으로 1871년 4월 15일에 시작하여 150일간 진행되었다. 그리고 권위 있는 학승들의 감독 아래 교정된 개정판 경전은 장인들에 의해 흰 대리석판에 새겨졌다. 그것은 율장律藏 11매, 논장論藏 208매, 경장經藏 410매 등 총 729매로 구성되었다. 이들 석판을 안치해 놓은 것이 바로 만달레이 언덕 기슭에 있는 꾸도 사원Kuthodaw Paya이다.

영국 식민지시대의 불교는 미얀마 민족주의 운동의 중심 역할을 담당하였다. 1906년에 결성된 '청년불교도연맹YMBA'은 대학생들이 중심이었으나 지도자는 우 옷뜨마U Ottama 장로와 우 위자라U Wissara 장로였다. 이들은 민족 해방

• 63

과 반영反英운동을 적극적으로 추진하다 숨진 이 시대의 위대한 순교자였다.

불교는 민족주의 운동에 민중을 끌어들여 조직화하는 데 기여하였다. 영국 식민지 정부의 정책에 반대하는 민중 사이에 충만해 있던 반영감정은 승려가 지도자로 등장하면서 비로소 대중 운동이 될 수 있었다. 승려가 민족주의 운동의 지도자가 될 수 있었던 것은 미얀마 승려의 카리스마적 존재감과 전국적인 조직망을 갖춘 승가僧伽의 조직력 때문이었다. 보다 근본적인 것은 불교와 민족주의 대중 운동이 사상적으로 서로 일치하였기 때문이다. 즉 불교는 만민평등을 내세우고 사회 이념으로써 인종 차별, 계급 차별을 비난해왔다. 그러므로 대다수 국민이 불교도인 미얀마에서 불교가 민족주의운동을 주도하는 것은 당연한 것이라 하겠다.

미얀마는 1848년 1월 4일 영국의 식민 지배에서 벗어나 완전한 독립공화국

동굴사원 내부, 바간

바간 왕조에서 시작된 동굴사원은 미얀마에서 지속적으로 건립되었다.

이 되었다. 불교는 자주독립을 추구하고 획득하는 과정에서 중요한 역할을 하였다. 그리고 독립 후 미얀마 정치에도 커다란 영향을 미쳤다. 정부는 헌법에 '국가는 연방 공민公民의 최대 다수가 받드는 신앙으로써 불교의 특수적 지위를 인정' 하였다. 1950년에 설치한 종교성宗敎省은 불교대학의 설립, 불교 교사의 양성 등 폭넓은 원조를 주선하였다.

　미얀마 정부는 1951년 헌법 조항에 기초하여 불교 진흥을 목적으로 '불교평의회'를 결성하였다. 그리고 부처님 열반 2500년 기념사업으로 불교경전 결집을 추진하였다. 1954년 5월 17일 제6차 경전 결집을 위한 회의가 개최되었다. 우누 수상은 개회식에서 독립 이후 미얀마 정부가 취해 온 불교 진흥을 위한 활동을 보고하였다. 이어서 2,500명의 승려를 비롯해 승가에 소속된 사람들이 결집해서 엄정히 경전을 편찬할 것을 표명하였다.

꾸토도 사원, 만달레이
꼰바웅 왕조 민돈왕은 제5차 불교경전 결집을 단행하고 이를 석판에 새겨 꾸토도 사원에 안치하였다.

경전결집회의는 1954년 5월부터 1956년 5월까지 2년에 걸쳐 개최되었다. 결집의 바탕은 1871년 민돈왕이 대리석에 새겨놓은 미얀마 문자판 팔리어 경전이었다. 미얀마판 팔리어 경전을 근본으로 하여 초고를 만들고 스리랑카판, 타이판, 캄보디아판 등을 참조하여 수정·보완 작업을 진행하였다. 최종 편찬 및 교정위원에는 미얀마 국내뿐만 아니라 스리랑카, 타이 등의 대장로들도 참가하였다. 2년 이상에 걸쳐 합송合誦된 경전은 40책의 삼장三藏으로 정리되었다. 이외에도 주석서, 학생용 교재 등 123권의 근대적 형태의 책이 출판되었다. 이것은 학문적으로 가치가 매우 높은 것이다. 이처럼 제6차 경전결집은 정치적·종교적으로 중요한 의의를 가진다. 불교도의 결속을 가져왔을 뿐만 아니라 상좌부 불교의 성공적인 포교에도 크게 공헌하였다.

1947년의 헌법에서 불교는 특수적 지위를 승인받고 있었다. 그 후 승가를 중심으로 한 불교도들은 정부의 불교진흥정책에 편승하여 국교화를 추진하였다. 1961년부터 미얀마에서는 헌법상 불교를 국교로 하자는 정치적 움직임이 일어나기 시작하였다. 그러나 정부는 국교화 움직임에 적극적인 태도를 보이면서도 비불교도에 대한 배려에서 이를 저지하는 모습도 함께 보여 주었다. 제3차 헌법 개정에서 불교의 국교화는 일단 실현되었다. 그리고 제4차 개정에서는 비불교도들의 신앙의 자유를 인정하였다.

미얀마 상좌부 불교의 특징

미얀마의 불교는 상좌부 불교다. 부처님께서 열반하신지 100년이 지나 인도 불교 승단에서는 처음으로 분열이 일어났다. 계율에 대한 새로운 진취적인 해석을 취한 채 정통 장로교단에 대항하는 계율 수정주의자들이 나타난 것이다. 그 결과 인도 바이샬리에서 제2차 경전결집이 이루어졌다. 그러나 바이샬리 비구들은 이를 인정하지 않았다. 계율에 대한 해석을 두고 불교 교단은 보수적인 상좌부上座部와 진보적인 대중부大衆部로 갈라지게 된 것이다. 상좌부 비구들은 어떠한 계율도 바뀌어서는 안된다고 주장한 반면, 대중부 비구들은 어떤 계율은 바뀌어야 한다고 주장하였다. 이후 상좌부 불교는 10여 개로 분파되었으며 대중부는 대승불교로 발전하였다.

꽃 공양,
아난다 사원, 바간

상좌부 불교는 석가모니
부처를 완벽한 스승으로
서 깊이 공경하는 마음을
가진다.

상좌부 불교는 남방불교, 소승불교라고도 한다. 불교는 전파한 지역을 기준으로 남방불교와 북방불교로 구분하는데 남방불교는 스리랑카, 미얀마, 타이, 라오스 등 동남아 지역이다. 북방불교는 중국, 한국, 일본 등 동북아시아 지역이다. 불교의 또 다른 하나의 구분은 소승불교와 대승불교로 구분하는데 소승불교라는 명칭은 대승불교 측에서 붙인 것이다. 소승불교는 스스로 아라한이 되어 열반하는 것을 최상의 목표로 삼고 다른 중생의 이익을 고려하지 않은 편협한 가르침이라는 뜻에서 작은 수레, 즉 소승小乘이라고 불렀다. 대승大乘은 깨달음을 향해 가는 커다란 수레라는 뜻이다. 깨달음의 뜻을 품고서 노력하면 출가出家와 재가在家를 불문하고 동일한 깨달음에 도달한다는 것이다. 자리自利 위주의 소승불교에 대한 반성으로 출가자와 재가자가 함께 하는 불교를 모색한 것이 대승불교다. 지역을 기준으로 하는 남방불교나 대승불교에서 비하하는 의미로 사용되는 소승불교라는 용어를 사용하는 것은 정확한 개념이 될 수 없다. 결국 미얀마 불교를 지칭하는 용어는 상좌부 불교로 보는 것이 바람직하다.

상좌부 불교는 보수 장로들의 교단이라는 뜻이다. 상좌부 즉 테라와다Theravada에서 테라Thera는 장로라는 의미이며 와다vada는 논설論說이라는 뜻이다. 상좌부 불교는 불교가 보수파와 개혁파로 분열되었을 때 다른 이설異說을 물리치고 종래의 전통을 중요시하는 보수적인 장로 교단이다. 따라서 상좌부 불교는 부처의 가르침에 대한 해석에서 보수적이고 정통적인 경향을 띠고 있다.

상좌부 불교는 부처가 설한 원래의 교리와 수행을 자신들이 가장 충실하게 지키고자 노력

동자승, 인레
상좌부 불교는 자기 수행을 통해서 완전한 성인 아라한이 되는 것이 목표이다.

하고 있다. 그래서 그동안 많은 대내외적인 변화에도 불구하고 초기 불교에 가까운 사상과 생활을 보존하고 있다. 그들은 초기 불교의 순수하고 바른 경전을 엄격하게 전승해 왔으며 상좌부 불교의 전통은 팔리어로 정리된 경전에 의하여 오늘날까지 전해지고 있다. 따라서 팔리어 경전은 그 내용뿐만 아니라 주석서까지도 거의 동일하다. 대승불교가 수많은 종파로 나뉘어져 경전에 대한 해석도 다양한 것과는 대조적이다.

상좌부의 불교는 역사적 인물로서의 석가모니 부처에게는 완벽한 스승으로서 깊이 공경하는 마음을 지니고 있지만, 대승불교의 사원에서 숭배하는 신격화된 다양한 부처와 보살은 받들지 않는다. 진리 그 자체로서 부처 즉 법신法身과 부처의 시현으로서 시방삼세에 여러 부처의 존재를 믿는다. 특히 삼신불 신앙을 믿는데 법신불, 보신불, 화신불이 그것이다. 그리고 신앙적 실천의 주체로써 보살을 강조하였다. 소승의 아라한을 대신하는 보살은 중생 모두가 해탈에 이를 때까지 스스로 열반에 들기를 거부하고 중생들 속에서 함께 수행하며 그들의 해탈을 위해 노력하는 존재다. 대승불교의 보살신앙과 다불多佛 사상은 자력 신앙을 중시하던 불교를 타력 신앙으로 바꾸어 놓았다.

상좌부 불교는 자기수행을 통하여 깨달음에 이른 완전한 성인 곧 아라한阿羅漢이 되는 것이다. 석가모니를 중심으로 제자들은 승가僧伽를 조직해 함께 모여서 생활하며 아라한이라는 성인聖人을 목표로 수행하는 것이 초기 불교의 모습이었다. 시간이 흐르면서 출가한 승려들은 부유한 재가신자들이 제공한 사원寺院에 거주하였다. 그리고 더욱 더 개인적 수행에 몰두하면

동자승, 인레
상좌부 불교는 오직 부처님의 가르침에 충실한 사람만이 깨달음을 성취할 수 있다고 생각하였다.

서 형이상학적 이론을 추구하는 교학적教學的 불교가 되었다. 특히 상좌부 불교에서는 재가자의 역할과 출가자의 역할을 명확하게 구분하고 있으며, 재가 생활을 하면서 깨달음에 도달한다는 것은 불가능하다고 보고 있다. 재가신자들은 불교를 믿음으로써 얻을 수 있는 것은 승려와 사원에 제공하는 물질적인 보시布施에 따라 보다 나은 업보를 받을 수 있다는 것뿐이었다. 출가 승려들의 개인적인 수행과 현실과 동떨어진 추상적인 논쟁은 재가신자들을 불교와 더욱 멀어지게 하였다. 이는 결국 또 다른 형태의 불교, 즉 대승불교를 잉태하였다.

상좌부 불교와 대승불교는 석가모니를 어떻게 바라볼 것인가? 이들이 추구하는 이상理想은 무엇인가? 깨달음을 어떻게 얻을 것인가? 깨달음을 얻을 수 있는 존재는 누구인가? 하는 점에서 서로 다른 견해를 가지고 있다.

첫째, 불교를 창시한 석가모니 부처를 서로 다르게 이해하고 있다. 상좌부 불교는 석가모니 부처를 인간적인 스승으로 간주하는 데 비해 대승불교는 석가모니 부처는 보편적 진리가 이 땅에 나타난 영원한 존재로 신과 비슷한 존재로 인식하였다.

둘째, 이들이 추구하는 이상理想 또한 달랐다. 상좌부 불교는 깨달음을 얻은 사람으로 더 이상 배울 것이 없고 또 윤회마저 끊어버린 아라한을 목표로 삼았다. 그러나 대승불교는 깨달음을 성취하도록 결정된 존재이자 자비와 사랑 그리고 자기희생을 근본으로 삼는 보살菩薩을 이상으로 삼았다.

셋째, 이들은 깨달음에 대하여 전혀 다른 해석을 내리고 그에 따른 수행방법 또한 크게 차이가 있다. 상좌부 불교는 엄격한 계율의 실천과 개인적인 수행을 통해 깨달음을 구하는 방식을 선택하였다. 반면 대승불교는 부처를 향한 믿음과 헌신 그리고 모든 중생들을 향한 사랑과 자비의 실천을 통해서 깨달음을 얻는다고 믿었다.

넷째, 이들은 깨달음을 얻을 수 있는 존재는 누구인가에 대한 시각 차이가 있다. 상좌부 불교는 오직 부처의 가르침에 충실한 몇몇 사람들만이 깨달음을 성취할 수 있다고 생각하였다. 그러나 대승불교는 모든 중생들이 부처가 될 수

스님, 인레

미얀마에서 출가한 승려를 폰지라고 부른다. 덕을 갖춘 자라는 뜻이다.

있는 성품, 즉 불성佛性을 가지고 있기 때문에 누구나 깨달음을 얻을 수 있다고
주장하였다.

　결국 상좌부 불교는 개인의 수행에 치우쳐 법을 논하지 않고 보편적인 진리
와는 괴리되는 개인의 체험을 중시하는 모순에 빠졌다. 반면 대승불교는 종교
적 성향을 지나치게 강화함으로써 세속화되었다.

미얀마 사회와 불교문화

미얀마에서 출가한 승려를 폰지pongyi라고 부른다. 덕을 갖춘 자라는 뜻이다.
그들이 거주하는 승원을 짜웅chaung이라 하는데
일반 거주지에서 좀 떨어져 있다. 출가 수행자
중심의 상좌부 불교는 철저하게 출가자出家者와
재가자在家者를 구분한다. 그러나 미얀마 상좌부
불교에서는 출가자와 재가자를 구분하지 않는
이중구조를 가지고 있다. 미얀마 남자들은 일생
에 한 번 승원 생활을 하는 것을 희망하며 실제
실행되고 있다. 그들은 불교의 교리나 세계관을
배우는 것 이상으로 계율에 따라 불교도로서 행
동양식을 몸에 익힌다. 그것은 환속 후의 생활
에서도 그들의 행동을 규율하는 배경이 되고 있
다. 이 점에서 승원 생활은 세속 생활과 크게 동
떨어져 있지 않으며 출가와 재가의 연속성을 나
타내준다.

　미얀마의 불교는 일상생활 속에 살아 있다.
태어나서 7일이 지나면 태어난 요일에 맞게 이

신뷰의식
마하무니 사원, 만달레이

신뷰의식은 출가의식이
다. 부처님이 태자시절 출

름을 짓고 5세 때 유치원격인 사찰의 예비학교에서 예절과 불교적 생활규범을 배운다. 9세에서 10세 사이에 출가의식인 씬뷰의식을 치름으로써 비로소 불교도로서 완전한 인격체로 인정받게 된다.

부처님의 태자시절 유성출가喻城出家의 모습을 모방하여 얼굴에는 화려한 화장을 하고 몸에는 온갖 치장을 한 다음 백마를 타고 사원으로 간다. 사원에 들어가 삭발하고 바리대를 받으면 출가자가 된다. 이 순간부터 부모와는 떨어져서 한 철을 지내게 되는데 이때 불교의 기본예절과 기초적인 규범 등을 몸에 익히게 된다. 부모를 비롯한 가족과 친척들은 자랑스러운 표정으로 축복을 지켜본다.

미얀마에서는 성인이 되면 정식 비구로 출가하는데 출가와 환속이 자유롭다. 출가를 하였다가 환속을 하는 것이 전혀 흠이 되지 않는다. 오히려 출가의 수행경력을 결혼이나 취업할 때 요구하는 경우가 있을 정도다. 특히 출가의 경력이 없으면 공무원 응시 자격을 주지 않는다. 누구나 잠시 승려생활을 하고 언제든지 집으로 돌아가 사회인으로 살아간다. 이는 출가를 불법을 이해하여 하나의 올바르고 도덕적인 인간으로 살아갈 수 있도록 하는 인간 교육의 수련으로 생각하는 부분이 있기 때문이다.

승려는 수련승修鍊僧과 영속승으로 구분된다. 수련승은 초심자로서 수련을 하기 위해 승원에 들어와 생활하는 승려로 꼬잉koyin이라고 한다. 이들은 신뷰의식을 거쳐 주로 우안거의 시기에 승원 생활을 경험하는데 대체로 단기간 승원에 머무르게 된다. 그러나 그

가하던 모습을 모방하여 얼굴에는 화려한 화장을 하고 몸에는 온갖 치장을 한 다음 백마를 타고 사원으로 들어간다.

들은 재가불자로서 지켜야 할 오계五戒, 즉 살생殺生, 투도偷盜, 음행淫行, 망언妄言, 음주飮酒를 삼가는 것뿐만 아니라 정오 이후에는 음식을 금할 것, 높은 곳에 앉는 것을 금할 것, 개인적인 장식품의 사용을 금할 것, 노래나 춤을 보고 듣는 것을 금할 것, 돈의 취득과 사용을 금할 것 등 10조의 계율을 철저하게 지켜야 한다.

　영속승永續僧은 만 20세가 넘어 정식으로 비구계를 받은 승려로 우바진upazin이라고 한다. 영속승은 마음가짐부터 의식주에 이르기까지 철저히 227계의 계율을 지켜야 한다. 이렇게 계율을 지키며 20안거 이상을 환속하지 않으면 비로소 '사야도'라는 명칭을 사용하여 스승으로서 존경할 만한 지도자로 인정받게 된다. 정부기관으로 종교성宗敎省이 있고 원로스님들로 구성된 원로회의가 있다. 이들은 절대적인 지위를 가지고 사부 대중을 이끌게 된다.

탁발

승려의 하루는 탁발로 시작한다. 동트기 전 새벽부터 발우를 들고 음식을 탁발한다.

승려의 하루 일과는 탁발로 시작된다. 오후 불식不食을 하는 관계로 하루에 한 번 있는 탁발의식은 사찰에서는 가장 큰 종교적 의식이며 재가자에게는 누구나가 수행자들에게 보시공덕을 쌓을 수 있는 기회를 갖는 시간이다. 매일 동트기 전 이른 새벽부터 9시경까지 모든 승려들이 발우를 들고 집집마다 음식을 탁발하는데 이른 새벽임에도 불구하고 길가에 나와 기다리는 수많은 재가 신자들의 정성으로 탁발은 아무 어려움이 없다. 상좌부 불교에서는 채식을 고집하지 않는다. 부처님 당시부터 승려는 걸식 수행자의 신분으로 아무 음식이나 소중히 공양해야 하는 것이 본분이기 때문이다.

미얀마에는 비구니 스님이 없다. 비구에 비해 비구니 스님들이 지켜야 할 계율은 훨씬 많고 엄격하였다. 계율을 중요시하는 상좌부 불교와 남녀 불평등의 문화가 깊은 동남아에서 비구니 스님들이 계율을 지키는 것은 더욱 어려웠다.

다만 삭발을 하고 분홍빛 승복을 입은 '띨라신'이 있다. 띨라신은 모두 여성이지만 스님으로 인정받지 못한다. 비구 스님들이 탁발하는 시간을 피해 조금씩 탁발하여 생활하거나 사찰에서 수행하며 절의 잡일을 맡아서 하기도 한다.

미얀마 상좌부 불교는 계율을 중요시하고 개인수행을 주로 한다. 개인 수행법으로 비파사나 수행법이 유명하다. 비파사나 수행법은 몸과 마음 안에서 일어나는 모든 현상들을 마음으로 주시하여 존재의 실상을 파악하는 명상법이다.

부처님께서 열반하신지 6개월이 지난 후 마하카사파는 500명의 장로 비구들과 함께 라즈기르에서 제1차 불교경전 결집을 하였다. 그런데 마하카사파가 경전결집을 위해 500명의 아라한을 선택할 때 아난다는 아라한과阿羅漢果를 증득하지 못하여 모임에 동참할 수 없었다. 결집의 날을 앞두고 그는 칠엽굴의 서북쪽에서 수행에 정진하였다. 불현듯 부처님 제자 푼나Punna, 富樓那의 옛말이 떠올랐다. '아난다, 모든 고뇌와 번민은 '나'를 집착함에서 생깁니다. '나'라는 집착은 모습을 바꾸어 가며 끊임없이 스스로를 얽어맵니다. 그 집착이 얇은 백태처럼 지혜의 눈을 가리고 있는 것입니다. 아난다, 그 집착은 너무 미세해서 쉽게 알아 볼 수 있는 것이 아닙니다.' 아난다는 고뇌의 뿌리를 찾아냈다. 새벽 먼동이 틀 무렵 아난다는 마침내 아라한이 되었다. 이때 며칠 만에 깨달음에 이를 수 있었던 아난다의 수행법은 비파사나Vipassana 수행법, 즉 관법觀法이었다.

불상,
마하무니 사원, 만달레이
미얀마의 개인 수행법으로 비파사나 수행법이 유명하다.

띨라신

미얀마에는 비구니 스님이 없다. 삭발하고 분홍빛 승복을 입은 띨라신은 스님으로 인정받지 못한다.

뽀빠산, 바간

정령신앙 낫

낫 신앙의 역사

낫Nat은 주인이라는 뜻으로 산스크리트어 나따Natha에서 유래되었다. 모든 자연현상과 만물에 그것을 관장하는 주인 즉 낫이 깃들여 있다고 믿었다. 그 주인을 섬기고 기원을 하면 주인이 관장하는 일에서는 피해를 입지 않을 것이라고 생각하였다. 낫은 원시신앙 가운데 정령을 숭배하는 애니미즘animism적인 성격을 띤 것이다.

낫은 미얀마의 토속신앙이다. 불교가 도입되기 전에 원주민들은 자연물을 숭배하는 낫 신앙을 믿었다. 미얀마의 주 종족인 버마족은 티베트나 중국 국경의 산악지역으로부터 생활이 보다 편리한 남부의 비옥한 땅을 찾아 큰 강을 따라 내려오면서 정착하였다. 중남부 미얀마에 정착하기 전까지 버마족은 연못이나 강, 나무, 돌, 숲, 바람에도 정령이 깃들여 있다고 믿고 숭배하였다.

미얀마 사람들은 길흉화복吉凶禍福을 포함한 모든 인간 행위가 스스로의 주체적인 의지에 의해 나타나는 것이 아니라 일종의 정령인 낫에 의해 결정된다고 믿는다. 자기가 바라는 대로 상황을 전개하기 위해서는 언제나 낫의 비위를 상하지 않게 경배하고 기원해야 한다. 낫의 비위를 잘 맞추어 주면 낫은 인간에게 물질적 풍요와 지위상승, 무병장수를 가져다주며 언제 닥칠지 모르는 위험도 막아준다고 믿는다. 반대로 낫의 비위를 거스르면 화를 입는다고 생각하였다. 그래서 낫은 부처만큼 정성으로 경배하는 대상이 되었다.

낫은 4세기경 띤리짜웅왕에 의해 정리되어 통일성을 가지게 되었다. 낫은 각 지방마다 다양한 종류와 형태가 모셔졌으며 시간이 흐르면서 새로운 낫들이 생겨났다. 미얀마 연대기에 의하면 띤리짜웅왕은 현재의 바간 지역 가까운 곳에 있는 19개 마을을 통합하여 띠리비자야 왕국을 건립하였다. 그는 국민 공동체의 정체성을 확립하기 위해 통일된 신앙의 필요성을 절감하였다. 이를 위해 수많은 종류의 낫을 정리하였다. 즉 스가나무의 정령 마하기리Mahagiri 낫을 모든 낫의 상부에 두어 나머지 낫을 통솔하도록 하였다.

11세기 중엽 미얀마 최초의 통일 왕조인 바간 왕조을 건립한 아노라타왕은 37낫을 정립하였다. 아노라타왕은 바간 왕조에 상좌부 불교를 국교로 정해 국민의 정신적 통합을 이루고자 하였다. 당시 미얀마는 대승불교, 힌두교, 정령신앙 등이 혼재되어 있었기 때문이다. 그러나 불교가 국민들에게 널리 퍼져 있는 낫신앙을 완전히 퇴치할 수는 없었다. 따라서 불교가 낫 신앙을 포용하는 정책을 강구하게 되었다.

아노라타왕은 쉐지곤 탑에 37낫을 함께 봉안하였다. 그는 자신의 노력에도 불구하고 국민들 생활에 깊숙이 뿌리박혀 있는 낫에 대한 믿음을 완전히 뿌리 뽑기에는 역부족이라는 사실을 인식하였다. 따라서 기존의 낫들을 36낫으

낫상, 뽀빠산, 바간
낫은 미얀마의 토속신앙으로 정령을 숭배하는 애니미즘이다.

낫상, 마누하 사원, 바간
바간 왕조의 아노라타왕
은 다양한 낫을 37낫으로
정리하였다.

로 정리하고 이를 관장하는 낫들의 왕 드자민을 만들었다. 드자민은 힌두교의
인드라Indra 신이며 불교의 수호신 제석천帝釋天이다. 힌두교의 천신으로 불교의
수호신이 된 제석천을 낫 신앙의 왕으로 상정함으로써 낫을 불교의 수호신으
로 만들었다. 그리고 부처님 유골을 모신 쉐지곤 탑 주위에 37낫을 함께 배치
하여 부처님을 수호하도록 하였다.

　낫 신앙은 불교가 도입된 뒤에도 변함없이 미얀마인들 사이에 신앙의 대상
이 되었다. 현재까지 미얀마의 낫 신앙과 불교는 상호 보완관계를 유지하며 공
존하고 있다. 불교가 현세를 초월하여 내세를 지향하는 것과는 대조적으로 낫
신앙은 오로지 현세의 상황에만 관여한다. 그리고 불교에서 금지된 향락적, 쾌
락적 욕구를 낫에서는 수용함으로써 오히려 불교의 순수성이 유지된다고 볼
수 있다.

낫 신앙의 형태와 의식

낫당은 낫을 모시고 있는 신당神堂이다. 각 마을에는 마을을 수호하는 정령, 즉 낫을 모신 낫당이 있다. 낫당은 유와ywa라고 불리는 마을의 변두리나 마을과 들의 경계선인 도daw에 자리하고 있다. 낫당에는 단을 만들어 낫상을 모시고 금잎, 초, 꽃 등 제물을 바친다. 이외에도 큰 나무의 기둥에 새집과 같은 작은 낫당을 마련하거나 기둥에 흰색과 붉은색의 끈을 묶어 정령이 사는 곳임을 나타낸다. 마을 낫당과는 별도로 가정집에도 집을 수호하는 낫을 모시고 있다. 불교도 가정에서는 집안의 동쪽에 불상을 모시고 예불을 드림과 동시에 방 입구의 반대편 구석 기둥에 집의 수호신을 상징하는 코코넛 야자를 매달아놓았다. 붉은 천으로 감싸인 코코넛 야자는 가정을 수호하는 마하기리 낫이다.

낫상, 뽀빠산, 바간
뽀빠산은 미얀마 낫 신앙
의 중심이다.

낫당에서는 낫상을 모시고 제사를 지낸다. 낫에게 제사 지내는 것은 오래되었지만 낫상을 만들어 제사 지내는 것은 그리 오래되지 않았다. 낫상을 만들기 시작한 것은 바간 왕조 이후로 추정된다. 낫 경배 사상이 널리 퍼지면서 낫음악이 만들어짐과 동시에 낫상도 제작된 듯하다. 낫상은 스가나무로 만드는 것을 원칙으로 하지만 요즘은 구하기 쉬운 티크나무로 제작하는 것이 일반적이다. 제작된 낫상은 영매사靈媒師인 낫거도에 의해 혼령을 불어넣은 제사를 지내고 낫당에 모셔진다.

마을 수호신을 모신 낫당에는 일 년에 한번씩 정기적으로 제물을 바친다. 그 시기는 4월 중순경으로 농사일이 거의 끝나고 미얀마력으로 새해를 맞이하는 때이다. 이때 띤잔Thingyan이라는 미얀마 최고의 '물의 축제'도 함께 열린다. 마을의 여자 장로들이 영매사인 낫거도를 초빙하여 낫당에서 마을 수호에 대한 감사의 제물을 바친다. 한편 가정집의 수호신에 대해서는 우안거가 끝나는 9월경에 제물을 바치고 낫의 상징인 코코넛 야자열매도 새 것으로 바꾼다.

사람들이 낫의 도움을 받으려고 할 때는 낫과 인간을 연결하는 중간자를 통해 낫에게 소원을 빌어야 효력이 있다고 믿었다. 이러한 신과 인간의 중간자 역할을 하는 사람이 낫거도이다. 원래 낫거도라는 말은 낫과 결혼한 여성이라는 뜻이나 실제 낫거도는 여성보다 남성이 많다. 그래서인지 남성 낫거도는 여장을 하였다.

낫 신앙의 종류

낫이라 불리는 정령은 나무, 돌, 바람 그리고 물 등 자연물에 존재하는 것에서부터 고유의 전설을 가진 것에 이르기까지 그 종류는 많고 다양하다. 이들은 대개 자연령, 수호령, 악령의 세 가지 유형으로 분류할 수 있다. 자연령自然靈이 일으키는 복福이나 화禍는 정령이 사는 자연물이나 그 주위에서 인간이 행한 것이 원인이 된다. 금지사항을 위반하였거나 자연물에 해를 입혔을 경우 정령은 인간에게 벌을 내린다. 수호령守護靈은 인간이 제물을 바치지 않는 등 의무를 소홀히 하였을 때 불행을 가져다준다. 악령惡靈은 갑자기 죽음을 당한 자의령自意靈으로 무서운 힘을 가지고 인간에게 재앙을 가져다준다.

전통적으로 경배하는 낫은 자연현상과 밀접한 관계를 가지고 있다. 마하기리, 따웅지쉰, 쉰퓨, 쉰뇨낫 등은 산山의 수호신이다. 이들 낫은 일상생활과 밀접하다. 이를테면 집, 토지, 건물 들을 매매하는 경우를 비롯하여 집안일과 관련하여 기원할 때는 마하기리 낫을 집안에 모셔두고 경배한다. 이 외에 마흐네미, 마쟈우, 마따레쪼 등은 아이들을 위한 낫들이며, 냐웅친오, 먀욱벳쉰마, 아나욱미페야낫 등은 질병과 관련된 낫이다. 점성술과 마법을 섭렵하고자 하는 자는 만달레이보도 낫에게 의지하고, 아름다워지고자 하는 여성들은 똥반흘라 낫에게 경배한다.

낫의 수는 처음에는 36개였다. 36이라는 숫자는 세계를 4 또는 4의 배수로 나누는 힌두교와 불교의 세계관에 기초한 것이다. 4세기경 띤리짜웅왕은 36에 스가나무의 정령 마하기리Mahagiri낫을 더하여 37개 낫으로 정리하였다. 그리고 바간 왕조의 아노라탸왕은 36개 낫에 드자민을 더하여 37개 낫을 정립하였다.

드자민은 힌두교의 인드라Indra 신이며, 불교의 수호신 제석천帝釋天이다. 힌두교에서 인드라는 천신으로 모든 신들의 우두머리이다. 그리고 불교에서 힌두교의 인드라를 제석천이라는 법과 질서를 지키는 선신善神으로 만들었다. 미얀마의 낫 신앙에서는 힌두교의 인드라, 불교의 제석천을 낫들의 지배자로 만들었다.

마하기리는 스가나무의 낫 마웅띤데였다. 마웅띤데는 낫당에 모셔지면서 '거산巨山'이라는 의미의 마하기리라는 이름으로 숭배되었다. 마하기리는 4세기경 띤리짜웅왕에 의해 모든 낫의 지배자가 되었다. 그리고 바간 왕조 아노라탸왕에 의해 드자민에게 그 자리를 내주었으나 19세기 꼰바웅 왕조의 민돈왕에 의해 37낫 가운데 제1낫으로 상향 조정되었다. 일반인들이 마하기리 낫을 경배할 때 화상치료에 효과가 있는 코코넛 열매를 바친다. 이것은 마하기리가 스가나무에 묶여 불에 타 죽었다는 전설에서 유래한다.

기원

낫 신앙은 불교가 현세를 초월한 내세를 지향하는 것과는 대조적으로 현세의 일에만 관여한다.

3

미얀마의 **건축**

건축의 종류

미얀마 유적의 대표적인 건축물은 왕실건축과 불교건축이다. 왕실건축은 벽돌로 만들어진 정방형의 도성과 목재로 지어진 왕궁으로 구분된다. 성곽은 가로세로가 같은 정사각형으로 만들고 정중앙에는 우주의 중심인 수미산 모양의 왕궁을 배치하였다. 성벽 주위에는 외적의 침입을 막을 수 있는 해자를 팠다. 이는 수미산 주변에 있는 우주의 바다를 상징한다. 성벽 각 방향마다 일반적으로 3개씩 12개의 문이 있으며 문루門樓는 사각뿔 모양의 피아탓pyattat으로 장식하였다.

왕궁은 정무공간, 생활공간, 보조공간 등 세 부분으로 구성되어 있다. 왕궁의 전반부는 정전을 비롯한 정무공간이다. 정전은 국왕의 접견실이며 통치의 중심으로 지붕은 7층짜리 피아탓을 만들었다. 금으로 장식된 피아탓은 높이 솟아 국왕의 위엄을 높일 뿐만 아니라 이를 통해 하늘의 지혜가 왕에게 이어짐을 상징한다. 중반부는 국왕의 침전을 비롯한 생활공간이다. 3층 지붕으로 된 침전은 국왕이 일상적인 생활을 하는 동쪽 방과 침대가 있는 국왕이 잠을 자는 서쪽 방 두 곳으로 구성되어 있다. 그리고 후반부는 왕비의 침전 및 왕실에 종사하던 궁녀와 시종들의 숙소가 배열되어 있다.

왕실 건축은 거의 남아 있지 않다. 왕조가 바뀔 때마다 왕조의 권위를 상징하는 도성都城과 왕궁王宮이 건설되었다. 새로운 도성과 왕국을 건설할 때는 이전의 도성과 왕궁을 해체하여 재료로 사용하였다. 이전 왕조의 부흥을 막고 새로운 수도를 건설하는 데 비용을 줄임과 동시에 기존의 자재를 사용함으로써 시간을 절약할 수 있는 이점이 있다. 바간을 비롯하여 만달레이 등에 있는 왕

만달레이 왕궁, 만달레이

왕궁은 정무공간, 생활공간, 보조공간 등 세 부분으로 구성되어 있다.

궁은 최근에 복원한 것이다.

불교건축은 탑塔, 사원寺院, 수도원修道院 등으로 구분된다. 우리나라의 경우 불상을 모신 불당과 부처님을 상징하는 탑, 그리고 스님들이 머무는 승원을 한 장소에 건립하여 하나의 사원을 구성한다. 이와는 달리 미얀마는 탑과 사원, 수도원을 각각 다른 지역에 독립되게 건축하였다. 뿐만 아니라 미얀마에서는 탑과 사원의 구분이 모호한 경우가 많다. 이는 사원의 꼭대기에 탑형의 돔을 설치하였기 때문이다. 따라서 탑 안으로 사람이 들어갈 수 있는지 없는지가 탑

바간 전경, 바간
불교건축은 탑, 사원, 수도원 등으로 구분된다.

과 사원을 구분하는 기준이 된다. 탑塔은 탑 속에 성유물聖遺物 등이 꽉 차 있어서 안으로 사람이 들어 갈 수 없는 것이다. 사원寺院은 탑 아래쪽에 공간을 만들어 불상을 모셨으며 순례자들이 안에 들어갈 수 있도록 되어 있다. 미얀마의 스님들은 사원에 머물지 않고 별도의 수도원에 거주하면서 수행한다.

탑은 제디Zedi라고 하며 부처님의 성유물을 모시기 위한 것으로 부처님께서 열반하신 후 다비식에서 나온 사리를 모신 무덤 즉 스투파stupa에서 유래하였다. 세계 불교국가마다 탑의 명칭과 모양, 크기는 다르지만 그 기원은 동일하다. 미얀마의 탑도 마찬가지로 부처님의 성유물을 모시고 숭배하기 위하여 건축되었다. 탑 속에 모셔진 성유물은 다양하다. 그 중에서 최고는 부처님의 치아나 머리카락, 사리 등이다. 이는 부처님 몸의 일부이기 때문에 부처님과 마찬가지로 성스러운 존재였다. 그리고 부처님께서 직접 사용하셨던 바루와 같은 물건이나 금, 나무 등 다양한 재료로 만든 불상을 봉안하기도 하였다. 이외에도 부처님의 제자들이나 고승들과 관련된 유물과 불경 등을 넣기도 하였다.

탑에 성유물이 봉안되면 다시는 볼 수가 없다. 탑 내부에 공간이 없는 복발형의 구조물이기 때문에 바깥에서 숭배하는 것만 가능하다. 미얀마에서는 탑을 숭배하는 방법으로 탑돌이는 거의 하지 않는다. 탑돌이는 탑을 시계방향으로 돌면서 탑 속에 안치된 유물의 기운을 받는 것으로 불교국가에서 흔하게 행해지는 탑돌이가 미얀마에서 거행되었다는 기록은 찾기 어렵다. 이곳에서는 탑을 향해 기도하거나 성유물이 안치된 부분까지 올라가서 기원하였다. 계단은 기어서 올라갈 정도로 좁고 가파르다. 이것은 신에 대한 두려움을 가지고 인간이 보다 겸손해지도록 하기 위한 장치다.

사원은 파야Paya라고 한다. 파야는 탑으로 번역되기도 하지만 포괄적 개념으로 사원이라 볼 수 있다. 사원은 중앙탑이 기준이 되고 중앙탑 안으로 들어갈 수 있는지의 여부에 따라 제디Zedi와 파토Pato로 나뉜다. 제디는 탑이 꽉 차 안으로 들어갈 수 없는 순수한 탑인데 파토는 탑 아래쪽에 공간을 만들어 불상을 모시고 순례자들이 들어갈 수 있는 탑형 사원이다. 그래서 사원을 넓은 의미에서 파야라고 부른다.

　사원은 불상을 모시기 위한 건축물로 내부에 거대한 불상을 모시고 예불을 드릴 수 있는 공간을 마련하였다. 신도들은 직접 불상을 모신 성소로 들어와 예불을 드렸다. 사원 입구인 전실前室에 들어서면 불상을 모신 공간인 성소聖所가 중앙에 있다. 성소는 조각과 벽화로 장엄하게 장식되어 있다. 그리고 중앙의 성소 주변을 복도와 회랑으로 둘렀다.

　수도원은 짜웅Kyaung이라고 한다. 스님들이 머물며 수행하는 공간이다. 미얀마를 최초로 통일한 바간 왕조의 아노라타왕이 불교를 국교로 정하면서 승려들이 머물며 수행할 수 있도록 수도원을 만들었다. 바간시대 수도원은 넓은 부지에 대부분 사원이나 탑을 두고 성직자들을 위한 방과, 설교를 위한 방, 그리고 수도사들과 원장이 머무는 건물이 있었다. 그리고 부속건물로 도서관이 있었다. 바간 왕조를 지나 후대로 가면서 수도원은 사원이나 탑과는 떨어진 별도의 공간에 단독으로 지어지기 시작하였다.

　한편 우민Umin이라고 하는 동굴형태의 수도원도 있다. 지하로 굴을 파거나 절벽 한쪽을 잘라내서 만든 석굴형 수도원이다. 내부의 기본평면은 작은 방을 나란히 배치하고 이들을 터널로 연결하였다. 작은 방은 명상실이다. 내부에는 벽화를 그리는 것이 일반적이다. 방은 좁고 어둡지만 홀로 수행하는 승려들에게는 최고의 장소였다.

건축의 재료

미얀마 건축의 재료는 벽돌, 목재, 석재 등이었다. 재료의 선택은 건축물의 크기와 용도, 재료를 구할 수 있는 주변 환경 등이 주로 고려되었다. 불교건축 가운데 성유물을 모신 탑과 불상을 안치한 사원 등은 대부분 벽돌을 사용하였다. 그리고 왕궁이나 수도원 같이 사람들이 거주하는 공간은 일반적으로 목재를 사용하였다. 석재는 탑이나 사원 가운데 특수한 경우에 국한되어 있었다.

파야톤주, 바간
불교건축 가운데 탑과 사원은 거의 벽돌로 지어졌다.

벽돌은 미얀마 건축의 가장 중요한 재료였다. 탑이나 사원 등을 건축하는데 벽돌 한 장 한 장은 헌신과 희생의 척도였다. 바간에 있는 담마야지카Dhamma Yazika를 건축하는 데는 600만 장 이상의 벽돌이 소요되었다. 벽돌 가운데는 기증자의 이름과 직함이 새겨져 있기도 하고 제작된 마을과 도시의 이름이 찍혀 있는 것들도 자주 발견된다.

벽돌은 흙을 구워서 만들었다. 벽돌을 굽던 가마는 물과 재료를 구하기 쉬울 뿐만 아니라 운송에도 용이한 에야와디강 주변에 주로 분포하고 있다. 벽돌은 다양한 크기로 만들어 바간의 경우 평균 크기가 36×18×6cm이다. 벽돌을 쌓을 때는 접착제로 얇은 진흙 모르타르를 사용하였다. 대부분의 벽돌 건축물에 모르타르를 얇게 사용하여 외관은 미려하지만 견고성에는 문제가 있다. 특히 모르타르는 수분을 흡수하여 물과 함께 씻겨나가는 단점이 있어서 벽돌 건축물이 지진 등 외부의 충격에 약할 수밖에 없었다.

스투코stucco는 벽돌 건축물의 외장재이다. 골재나 분말, 물 등을 섞어 벽면에 바르는 미장 재료이다. 일종의 회반죽으로 굳고 나면 딱딱해져 건물의 방화성과 내구성을 높이고 외관을 아름답게 한다. 스투코는 두 가지 기능을 담당하였다. 첫째는 벽돌 건축물의 보호 역할이다. 벽돌을 쌓을 때 접착제로 사용한 모르타르는 수분에 약해서 외부로 노출된 벽 이음새는 비 피해를 입

벽돌사원, 바간
벽돌은 미얀마 건축의 가장 중요한 재료이다.

기 쉬웠다. 따라서 스투코를 두껍게 입힘으로써 수분과 강렬한 햇볕으로부터 건축물을 보호하였다. 둘째는 장식 역할이다. 벽돌로 탑이나 사원을 건축하면 구조적인 변화는 줄 수 있지만 표면은 단순해질 수밖에 없다. 여기에 석회같이 굳는 성질의 스투코를 바른 후 수작업이나 틀을 이용하여 화려한 장식을 할 수 있다.

스투코는 두 단계로 칠해졌다. 우선 외벽을 전체적으로 완벽하게 칠한 다음 입체적인 장식이 필요할 경우 덧칠을 하였다. 주형틀을 사용되기도 하였으나 대부분의 경우 나무나 금속도구를 이용한 수작업을 진행하였다. 이처럼 미얀마 건축의 조형미는 벽돌이 담당했고 외부는 스투코로 화려하게 장식했으며 내부는 프레스코화로 종교적 의미를 더했다.

석재石材를 사용한 석조건물은 흔치 않다. 석재는 견고하지만 채취와 운반, 가공 등에 많은 노동력과 경비가 필요하다. 그래서 건축물 전체를 석재로 만든 경우는 찾아보기 어렵다. 석조 건축물로는 바간에 있는 쉐지곤Shwezigon 탑과 난파야Nanpaya 사원을 들 수 있다. 이들 건축물은 사암砂岩을 벽돌 크기로 잘라서 사용하였다. 이같은 방식은 비용이 많이 들어 희소성과 진귀함을 나타낸다. 불교 탑 가운데 가장 오래된 인도의 산치대 탑이 돌을 벽돌처럼 잘라서 만든 소위 모전석탑模塼石塔 이다. 미얀마를 대표하는 쉐지곤 탑은 산치

술라마니 사원, 바간
스투코는 벽돌 건축물의
외장재이다.

대 탑과 같은 방식으로 건설한 것으로 생각된다. 난파야는 미얀마에서 드물게 남아 있는 힌두교 사원이다. 인도의 힌두교 사원들이 석조건물인 것의 영향을 받은 것으로 생각된다.

　석재는 건축물에 부분적으로 사용하는 것이 일반적이었다. 길고 얇은 돌을 벽과 벽 사이로 연결시켜 위쪽의 구조물을 지지하는 데 사용하거나, 크고 다듬어지지 않은 돌을 바깥 벽돌과 안쪽 벽돌 사이에 넣어 보강재로 사용하였다. 이렇게 사용된 석재는 스투코나 벽화에 가려져 보이지 않는다. 이외에도 석재는 바닥포장, 출입구, 문지방, 인방引枋, 문설주 등에 사용되었다. 회랑의 바닥재나 문지방은 사람의 발길이 닿아 마모되기 쉽기 때문에 석재를 사용하는 것이 유리하였다. 인방과 기둥 등에 사용되는 석재는 하중을 버티면서도 화려한 장식을 할 수 있었다. 이들 역시 대부분 사암이었다.

난파야 사원, 바간

힌두교 사원인 난파야는 석재를 사용한 석조건물이다.

바간 왕궁, 바간(좌)
바가야 수도원, 잉와(우)

왕궁이나 수도원 등 사람
이 사는 곳은 거의 목재
로 지어졌다.

목재木材는 일찍부터 건축자재로 사용되었다. 특히 민가나 왕궁, 수도원의 거주지 등 사람이 사는 곳은 대부분 목재로 건축되었다. 목재는 구하기 쉽고 가공이 용이할 뿐 아니라 견고하다. 그러나 화재에 취약하고 내구성이 약해서 오래 보존하는 데는 어려움이 있다. 따라서 왕궁은 현존하는 것이 없으며 수도원의 경우 19세기에 지어진 건물만이 일부 남아 있을 뿐이다. 특히 사람이 사는 곳을 목재로 건축하는 이유는 지진과 같은 외부 충격을 벽돌에 비해 훨씬 더 잘 흡수하므로 인적인 피해를 최소화 하고자 하는 의도도 있었다.

목재는 문과 같은 건축의 한 부재로 사용되기도 하였다. 현존하는 유적에서 사원의 출입문은 거대한 목재로 만들어졌으며 앞쪽에는 뛰어난 미얀마 목각기술이 표현되었고 그 위에 금칠을 하였다. 바간 왕조 시대의 것은 남아 있는 것이 없으나 후대 콘바웅 왕조 때의 뛰어난 조각으로 장식된 문들을 통해 당시의 모습을 짐작할 수 있다. 이외에도 목재는 화려한 장식이 필요한 인방引枋, 불상의 좌대, 국왕의 왕좌, 불상 등을 만드는 데 사용되었다. 주로 사용된 나무는 티크를 비롯하여 백단향, 장미목 등이다.

한편 도기陶器는 탑이나 사원의 장식으로 사용되었다. 점토를 구워서 만드는 도기는 바간 왕조 때인 11세기 초부터 장식 재료로 이용되었다. 특히 유약을 발라 광택이 나는 도기는 벽돌 가마에서 생산되었다. 햇빛에 빛나는 도기는 사원의 바깥벽 하단과 위쪽 테라스 안에 일정한 간격으로 배치하여 건축물 외관에 포인트 역할을 하였다. 모양은 곡선형, 사각형, 원형이 주를 이루었다. 색깔은 세월이 흘러 하얗게 바랜 것도 있지만 녹색 유약을 칠해 만든 것이 일반적이고 노란색 유약을 사용하기도 하였다.

도기판은 주로 자타카이다. 자타카는 부처님의 전생을 한 장면으로 압축해서 표현함으로써 불교 설화의 함축적이고 예술적인 모습을 보여준다. 초기의 자타카 도기는 유약 처리를 하지 않았으나 11세기 이후부터 가열방식의 발전과 구리성분의 결합을 통한 가마기술의 발달로 녹색으로 유약처리 되었다.

건축의 구조와 양식

내부 공간이 없는 탑

탑은 시기와 장소에 따라 다양한 형태로 건설되었다. 첫째, 쀼Pyu 양식이다. 쀼
족은 버마족보다 앞서 미얀마 중북부에 베익따노, 한린, 뜨예케뜨야 등의 도시
국가를 형성하였다. 이들의 종교는 불교가 다수였으며 종형鐘形의 탑을 만들었

탑 전경, 바간
탑은 내부 공간이 없는
복발형의 구조물이다.

다. 종형은 인도의 복발형 탑의 변형이다. 불교 초기의 탑은 인도의 산치대 탑에서 보듯이 바루를 엎어 놓은 듯한 반구형의 복발형 탑이었다. 이것이 미얀마로 오면서 종 모양으로 변형되었다. 쀼족 왕국 뜨예케뜨야에 건설된 보오보오지Bawbawgyi 탑은 5~7세기에 건설된 것으로 미얀마에 남아 있는 탑 가운데 가장 오래된 것으로 생각된다. 바간에도 종형의 탑들이 남아 있는데 이는 바간 왕조가 들어서기 이전에 건설된 것으로 추정된다. 바간의 에야와디 강변에 자리한 로카난다Lokananda와 부파야Bupaya가 그것이다.

둘째, 바간Bagan 양식이다. 미얀마 최초의 통일 왕조인 바간 왕조는 원추형圓錐形의 탑을 조성하였다. 3층으로 된 기단부 위에 원추형의 본체를 세우고 상부에는 왕관을 세우듯 우산 모양의 티Hti 장식을 하였다. 원추형의 탑은 미얀마 남부에 있던 몬족의 타톤 왕국의 영향을 받았다. 아노라타왕은 타톤 왕국을 정복하고 불경과 승려들을 데려와 쉐산도 탑을 건설하였다. 그리고 이를 모델로 쉐지곤 탑을 건설하였다. 특히 쉐지곤 탑은 이후 건설된 미얀마 탑들의 전형적인 모델이 되었다.

셋째, 샨Shan 양식이다. 샨족은 미얀마 동북부 산악지대인 샨Shan주에 거주하였다. 이들은 전통적으로 소브와sawbwa라는 부족장 체제를 중심으로 살았기 때문에 통일성보다는 독립성이 강하다. 따라서 하나의 통일 왕국은 건설하지 못하였지만 그들 고유의 문화를 가지고 있었다. 16세기 중엽 버인나웅왕이 불교를 전파하면서 그들 고유의 탑을 건설하였다. 샨 양식의 탑은 바늘모양이다. 탑의 하부에서 상부에 이르기까지 가파른 경사를 보이는 샨 양식은 원추형인 바간 양식의 변형이다. 원추형의 바간 양식을 산악지대인 샨주에 맞게 변화시킨 것이다. 인레 호수가의 인데인In Dein이나 까꾸Kakku 등에서 볼 수 있듯이 바늘 모양의 가늘고 높은 탑을 숲처럼 집중적으로 배치하는 것이 샨 양식의 특징이다. 한편 바간 양식의 또 다른 변형의 형태는 라카인 지역에서도 나타난다. 미얀마 서부에 일찍이 라카인 왕국을 건설하였던 이들은 인도와 교류하면서 불교를 도입하였다. 샨 양식이 가늘고 높이가 높은 바늘형이라면 라카인 양식

부파야, 쀼 양식(좌)
쉐지곤, 바간 양식(우)

까꾸, 샨 양식(좌)
마하무니,
만달레이 양식(우)

은 낮고 두툼한 원통형으로 서로 대조적이다.

넷째, 만달레이Mandalay 양식이다. 만달레이 양식은 18~19세기 꼰바웅 왕조에서 유행한 것으로 피아탓Pyattat이라 불렀다. 피아탓은 위로 올라갈수록 크기가 줄어드는 사각뿔 형태이다. 7층이나 9층 등 여러 층으로 이루어진 탑은 화려하게 장식되어 있으며, 각 층의 처마끝은 하늘을 향해 솟아 있다. 바간 양식의 탑이 벽돌 구조인 것과는 대조적으로 목재를 사용하여 건설하였다. 사각뿔 피라미드형의 만달레이 양식은 남인도의 힌두교 사원이나 부처님께서 득도하신 인도 부다가야에 있는 마하보디 사원의 영향을 받은 것으로 생각된다.

탑은 기단부와 탑신부, 상륜부의 세 부분으로 구성되어 있다. 미얀마의 전형적인 탑은 바간 양식의 원형 탑이다. 바간의 쉐지곤에서 시작된 원추형의 탑은 미얀마에서 가장 선호하는 탑의 형태이다. 이를 기준으로 미얀마 탑의 구조를 살펴보면 여러 단의 기단 위에 탑의 본체를 세우고 그 위에 본체보다 높은 상륜부를 올렸다.

기단부基壇部는 탑의 기본 받침대이다. 기단은 땅을 상징하는 사각형으로 하는 것이 일반적이다. 그러나 예외적으로 오각형이나 팔각형, 또는 원형인 경우도 있다. 기단은 세 개 층으로 구성되어 있으며 위로 올라가면서 줄어드는 피라미드 형태이다. 1층 기단에는 벽감을 만들어 불상을 모시거나 부처님의 전생담 자카타를 조각한 도기로 장식하기도 한다. 각 층의 모서리에는 탑이나 항아리 모양 등 다양한 형태의 구조물을 장식으로 배치하였다. 기단이 사각형이나 팔각형일 때는 탑의 본체가 대부분 원형이므로 탑의 본체와 기단을 자연스럽게 연결하기 위해 모서리 부분을 들쑥날쑥한 모양의 리덴트식으로 처리하였다. 한편 기단에는 계단을 만들어 사람들이 올라갈 수 있도록 하기도 하고 각 단에 테라스를 만들어 탑을 돌아 볼 수 있도록 한 경우도 있다.

탑신부塔身部는 탑의 몸체 부분이다. 탑의 형태를 결정하는 탑신부는 종형鐘形, 원추형圓錐形, 피라미드형 등이 있다. 종형과 원추형의 본체에는 장식이 최대한 절제되고 금칠이 되어 있어 엄중하고 묵직한 느낌을 준다. 그리고 중간이나 윗부분에 나뭇잎이나 연꽃잎 모양의 띠 장식을 둘러 변화를 주었다. 반면 피라미드형은 본체 전체에 불상을 모신 벽감을 만들어 화려하고 현란한 느낌을 준다.

상륜부相輪部는 첨탑형식의 장식이다. 뾰족한 창끝 모양이나 연의 씨앗 모양으로 되어 있다. 탑신부와는 연꽃잎 장식 띠를 기준으로 구분된다. 상륜부는 하늘을 찌르는 듯 위로 길고 뾰족하게 만들어 하늘과 탑이 연결되는 듯한 이미지를 연출한다. 상륜부에는 단순한 탑신부와는 달리 나뭇잎과 연꽃잎, 띠 장식 등을 여백 없이 가득하게 배치하였다. 가장 윗부분에는 왕관을 씌우듯 우산장식인 티Hti를 씌운다. 티는 여러 단으로 이루어져 있으며 수많은 보석이나 종들을 달아서 화려하게 장식하였다. 티는 샨 양식, 미얀마 양식, 빠오 양식 세 가지로 구분된다. 미얀마 양식은 위가 둥근 복발형이고 빠오 양식은 원뿔형이며 샨 양식은 두 가지 유형의 복합형이다.

불상을 모실 수 있는 사원

사원은 사람이 들어가는 구조물인 하부구조와 이를 기단부로 하여 상부에 올려진 탑을 중심으로 하는 상부구조로 구성된다. 사원의 외부는 멀리서 보면 전체가 하나의 탑으로 보이나 내부는 들어가는 입구 전실前室과 불상을 안치하고 그 앞에서 예불을 드릴 수 있는 주실主室로 구분된다. 내부에는 중앙 불상을 중심으로 내부를 돌 수 있도록 회랑이 마련되어 있다. 좁고 높은 회랑의 좌우 벽에는 벽감을 만들어 불상을 모시거나 불교적 내용의 벽화를 그렸다. 이같은 양식은 인도의 영향으로 보인다.

초기 사원은 입구가 하나인 단층 구조이다. 대부분 정사각형 모양이지만 직사각형의 건축물도 있다. 천장은 높지 않으며, 외벽은 특별한 장식 없이 마치 벽을 뚫어 만든 것 같은 작은 창문만 나 있다. 내부는 어두운 편으로, 작지만 무겁고 장엄한 분위기를 연출하였다.

나가욘 사원, 바간 초기(11세기 말)

아난다 사원, 바간 중기(12세기 초)

탓빈뉴 사원, 바간 중기(12세기 중)

술라마니 사원, 바간 후기(12세기 말)

후기 사원은 복층 구조로 정중앙을 중심으로 동서남북 네 방향으로 문이 나 있다. 후기 사원은 초기와 마찬가지로 정사각형 모양이지만 천장이 높은 단층이나 복층 구조이다. 멀리서 보면 커다란 상자 위에 탑이 올라가 있는 것처럼 보인다. 외벽에 테두리를 장식한 큰 창문이 나 있어 내부는 밝은 편이다. 특히 주 출입문인 동쪽 문은 다른 문들과 달리 현관이 돌출되어 있는 곳이 많다. 복층 구조의 사원은 외부나 내부에서 사람이 올라갈 수 있는 테라스가 있다. 테라스 난간의 모서리와 중간 중간에 작은 탑들을 세워 장식하였다.

사원의 규모가 커지고 높아짐에 따라 하중도 커졌다. 따라서 하중을 입구와 통로, 예불 장소, 불상을 안치한 곳 외에는 거대한 벽돌기둥벽으로 천장을 받쳤다. 네 면에 부처가 안치된 경우에는 중앙에 견고한 벽돌기둥벽을 세웠고 부처가 정중앙에만 안치된 경우에는 부처 주위의 통로와 예불 장소를 제외한 곳에 서너 개의 벽돌기둥벽을 세웠다. 그 결과 사원의 규모는 커졌지만 사원 내의 실제 공간은 좁아졌다.

사원의 상부에 설치된 탑은 시카라형과 원추형, 그리고 사각뿔형으로 구분된다. 시카라shikara형은 산스크리트어로 산봉우리라는 뜻으로 북인도 사원 건축에서 사용되었다. 꼭대기로 올라가면서 점점 작아지는 형태로 바간에 있는 나가욘 사원을 시작으로 아난다 사원이 상부에 시카라 형식의 탑을 올린 대표적인 사원이다. 이후 바간의 술라마니, 탓빈유, 틸로밀로 등 많은 사원에서 이 같은 양식을 채택하였다. 사각뿔형은 남인도 사원건축에서 주로 사용하던 형식이다. 미얀마에서는 바간의 쿠바욱지 사원을 비롯하여 마하보디 사원 등에서 이같은 양식을 채택하였다. 원추형 상부구조는 바간 양식의 탑과 같은 모양으로 미얀마 고유의 형식으로 생각된다.

스님들이 수행하는 수도원

수도원은 스님들이 머물며 수행하는 승원僧院으로 불상을 모신 불당佛堂과 설법을 듣는 강당講堂 그리고 개별적으로 수행하는 선당禪堂으로 구성되었다. 이 외에도 책을 보관하는 장서각과 물건을 보관하는 창고 등이 있다. 이 가운데 중심 건물인 불당과 강당은 하나의 건축물로 만들어졌다.

바간시대 수도원은 벽돌구조건물과 목조건물이 합쳐져 있었다. 불상을 모시고 있는 불당은 벽돌로 만든 장방형의 구조물이다. 강당은 나무로 만든 파빌리온pavilion 형태다. 파빌리온은 기둥과 지붕만 있고 벽체가 없는 우리나라 누정과 같은 형태이다. 현재 바간에는 목조건물은 남아 있지 않다. 다만 벽돌로 만든 장방형의 불당 건물이 남아 있는데 그 외벽에는 사각형의 구멍이 있다. 이 구멍은 목재로 강당을 짓는데 필요한 도리라고 하는 옆으로 연결하는 목재를 끼우던 곳이다. 이러한 흔적을 통해서 벽돌로 지은 불당과 목재를 이용하여 파빌리온 형태로 지은 강당이 하나의 건물이었음을 알 수 있다.

짠지타 우민, 바간
승려들이 수행했던 선원은 석굴사원 형태가 많다.

담마얀지 수도원, 바간
바간시대 수도원은 벽돌로 지어졌다.

쉐산도 수도원, 만달레이
바간시대 이후 수도원은 대부분 목조건물로 지어졌다.

승려들이 수행하던 선당禪堂은 석굴사원 형태가 많다. 이는 인도에서 승려들이 수행하였던 비하라Vihara 석굴의 영향으로 보인다. 석굴은 내부가 시원하고 조용하여 수도 생활을 하기에 적합하다. 또한 오랜 우기에도 비가 새지 않으며 어두운 것이 오히려 집중력을 향상시켜 준다. 그러나 미얀마에는 석굴을 만들기는 좋은 암산이 많지 않다. 따라서 벽돌을 사용하여 석굴 사원 형태의 선당을 만들었다. 이것이 우민Umin이다.

바간에 있는 짠지타Kyanzitta 우민은 대표적인 선당으로 붉은 벽돌로 만든 동굴이다. 남쪽에 있는 담장 문을 내려서면 사각형의 마당이 있고 정면에 건물이 있다. 건물의 정면에는 창문은 전혀 없이 출입문만 네 개 있을 뿐이다. 출입문은 크기가 작을 뿐만 아니라 북쪽으로 나 있기 때문에 동굴 안으로 빛이 전혀 들어올 수 없는 구조다. 양쪽 날개 부분에 한 칸 규모의 작은 건물이 마련되어 좌우 대칭을 이루도록 하였다.

바간 왕조 이후 수도원은 대부분 목조건물로 지어졌다. 그리고 불당과 강당을 하나의 건물로 짓고 내부를 동쪽 방과 서쪽 방으로 구분하여 동쪽은 불상을 모신 불당으로 서쪽은 설법을 하는 강당으로 사용하였다. 현재 남아 있는 목조 수도원 가운데 대표적인 것은 만달레이의 쉐난도Shwenando 수도원이다. 이 수도원은 1880년에 지어진 고상식高床式 건물이다. 고상식은 1층 기단부에 여러 개의 기둥으로 누마루를 만들고 그 위에 건물을 짓는 수상가옥과 같은 형태이다. 이같은 건축은 짐승의 침입을 막고 아울러 더위를 식힐 수 있게 만들어진 열대지방의 전형적인 가옥 형태이다. 지붕은 밖에서 보면 3층으로 되어 있지만 내부는 서로 통하는 1층으로 되어 있다. 안으로 들어서면 수도원은 불당인 동쪽 방과 강당인 서쪽 방으로 되어 있다. 이같은 형식은 후기 미얀마 수도원의 전형적인 구조이다.

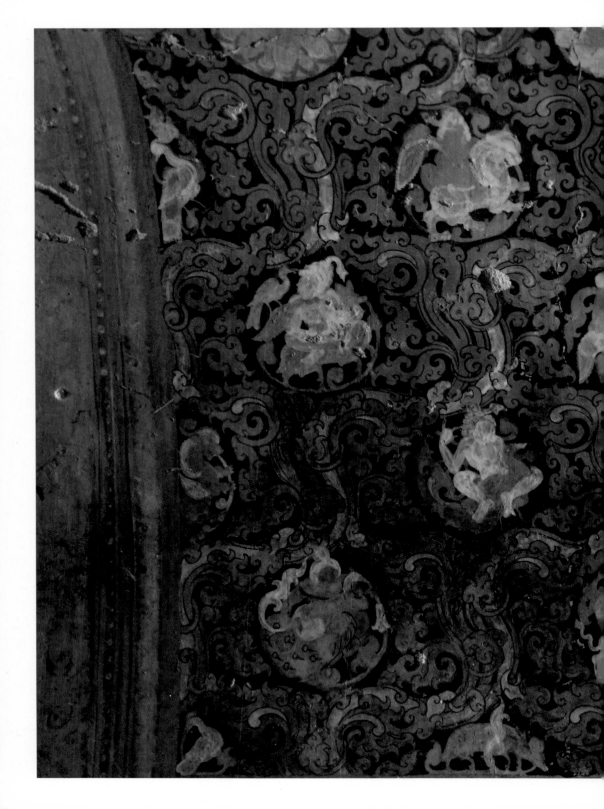

미얀마의 미술

조각

불교사원에서 회화와 조각은 뼈와 살과 같은 존재다. 모든 사찰에는 벽화와 문양이 새겨진 벽돌, 그리고 불상 조각상이 있다. 미얀마는 불교국가라는 통일성과 다수의 민족으로 이루어진 다양성이 공존한다. 미얀마의 역사 속에서 몬족, 쀼족, 미얀마족과 샨족 등 다수의 민족이 흥망을 되풀이 하면서 각각 다른 특징을 가진 독자적인 문화를 남겼다. 다민족에 의한 다양한 전개를 나타내고 있는 미얀마 미술은 버마족에 의해서 건국된 바간 왕조 시대(1044~1299)가 그 중심에 있다.

　　종교예술에서 조각은 예배나 숭배를 위한 중요한 요소로 둥근 새김인 환조丸彫와 돋을새김인 부조로 구분된다. 신상神像은 주로 환조로 제작되며 이야기나 장식은 부조로 제작된다. 미얀마의 조각 역시 사원에 모신 불상은 환조로 제작되었으며 사원 외부나 내부 벽은 부조로 장식하였다.

불상의 종류

미얀마의 불상은 소승불교 불상이다. 우리나라와 같은 대승불교 불상은 부처상과 보살상으로 구분된다. 부처는 해탈의 경지에 이르러 중생을 교화하고 이끌어 주는 깨달은 자이다. 보살은 해탈에 앞서 중생을 구제하고 궁극적으로 부처가 되기 위해 기원 수도하는 자이다. 부처상과 보살상은 머리와 옷 모양으로 구분된다. 부처상의 머리는 나발형이며 옷은 단순한 법의法衣이다. 반면 보살의

불상, 마하무니 사원, 만달레이

미얀마의 불상은 소승불교의 불상으로 시간적 관념에서 과거불, 현세불, 미래불로 구분된다.

머리는 보관형이고, 옷은 화려한 천의天衣이다. 그러나 미얀마 소승불교에서는 보살의 개념이 없고 보살상도 없다. 보관을 쓴 불상이 있지만 보살이 아니라 부처상이다.

미얀마의 소승불교에서 부처상은 시간적 관념에서 구분하는 반면 대승불교에서는 공간적 관념에서 구분한다. 공간적 관념의 부처상은 사바세계를 관장하는 석가모니불, 극락세계를 관장하는 아미타불, 연화장 세계를 관장하는 비로자나불, 유리광 세계를 관장하는 약사여래불 등이다. 시간적 관념의 부처상은 과거불過去佛 28불과 미래불인 미륵불이다.

미얀마 불교에서 과거불은 28불이다. 불교에서는 석가모니 부처님 이전에 이미 3세 10방에 많은 부처가 출현하였다고 한다. 그리고 미래에는 도솔천에서 천인을 구제하고 계시는 미륵불이 출현하여 이 사바세계의 중생을 구제한다는 것이다. 원시불교와 팔리어 경전에서는 과거불을 7불과 25불, 28불 등

와불, 쉐다곤, 양곤
과거불은 28불이며, 이 가운데 석가모니불은 현세불로 분류되기도 한다. 미래불은 미륵불이다.

으로 이야기하고 있다. 우리나라 불교에서는 과거 7불을 논하는 반면 미얀마 불교에서는 과거 28불을 논한다. 과거 25불은 1) 연등불Dipankara, 2) 교진여불Kondanna, 3) 길상불Mangala, 4) 선의불Sumana, 5) 리바다불Revata, 6) 소비다불Sobhita, 7) 최상견불Anomadassi, 8) 연화불Paduma, 9) 나라다불Narada, 10) 연화상불Padumuttara, 11) 선혜불Sumedha, 12) 선생불Sujata, 13) 희견불Piyadassi, 14) 의견불Atthadassi, 15) 법견불Dhammadassi, 16) 의성불Siddharttha, 17) 저사불Tissa, 18) 불사불Phussa, 19) 비바시불Vipassi, 20) 시기불Sikhi, 21) 비사부불Vessabhu, 22) 구류손불Kakusandha, 23) 구나함모니불Konagamana, 24) 가섭불Kassapa, 25) 석가모니불Gautama 등이다. 과거 28불은 25불 앞에 1) 작애불Tanhankara, 2) 작혜불Medhankara, 3) 작의불Saranankara을 더하여 28불이라 한다. 그리고 과거 7불은 19번째 비바시불Vipassi부터 시기불Sikhi, 비사부불Vessabhu, 구류손불Kakusandha, 구나함모니불Konagamana, 가섭불Kassapa, 석가모니불Gautama을 말한다.

석가모니불은 현세불로 분류하기도 한다. 색신으로는 과거불이나 법신과 색신을 동일시하면 현세불이 되기 때문이다. 그리고 미륵불Maitreya은 미래불이다. 부처님 불멸 후 56억 7천만 년 후 용화수 아래로 내려와 중생을 제도하는 부처님이다.

미얀마의 불상은 외형적인 모습으로 구분할 수가 없다. 사원 내에 배치된 위치와 순서를 통해서 구분한다. 사원 내에 한 개의 불상이 배치되어 있을 경우 석가모니불이다. 네 개의 불상이 동서남북에 배치되어 있는 경우 동쪽은 구류손불Kakusandha, 남쪽은 구나함모니불Konagamana, 서쪽은 가섭불Kassapa, 북쪽은 석가모니불Gautama이다. 5개의 불상이 배치되어 있을 경우에는 주 출입문을 기준으로 시계방향으로 구류손불, 구나함모니불, 가섭불, 석가모니불 그리고 미래불인 미륵불이다. 28개의 불상이 일렬로 배치되어 있는 경우에는 왼쪽에서 오른쪽으로 순서가 정해지며 가장 오른쪽의 불상이 석가모니불이다. 그리고 사원의 벽면에 빙 둘러서 28불이 배치되어 있는 경우에는 주 출입문을 들어와 시계방향으로 순서가 정해지며 마지막이 석가모니불이다.

불상의 양식

불상의 양식은 공간적 측면과 시간적 측면으로 구분해 볼 때 공간적 불상의 양식은 지역마다 약간의 차이가 있었다. 라카인 지역에서는 사람보다 몇 배의 크기로 부처상을 만들었다. 쀼족은 실제 사람보다 작게 불상을 제작한 반면 몬족은 실제 사람의 크기와 같은 크기로 제작하였다. 한편 시간적 미얀마 불상의 양식은 바간 왕조를 기준으로 세 시기로 구분된다. 불교 도입 초기 불상, 바간 왕조와 전성기 불상, 바간 왕조 이후의 불상이다.

불교를 처음으로 도입한 고대 도시국가는 중북부의 쀼족 왕국, 남부의 몬족 왕국, 그리고 서부의 라카인 왕국 등이 있었다. 이 가운데 쀼족 왕국이 있었던 에야와디강 중류 프롬Prome의 타예키타야Thayekhittaya 유적에서 불상이 발굴되었다. 미얀마 초기의 탑인 보오보오지 탑이 있는 이곳에는 출토된 석조좌불상은 7세기 후반에 제작된 것으로 낮은 육계와 나발 하나하나를 크게 표현하였는데 이것은 남인도의 영향을 받은 것으로 추측된다. 이 좌불상은 역삼각형으로 조화를 이룬 상반신에 선정인의 손 모양을 하고 있다.

불상의 전성기는 바간 왕조 시기다. 최초로 통일 왕국을 건설한 아노라타왕은 불교를 국교로 정하여 정신적 통일을 이룩하였다. 그리고 남부 미얀마에 있던 몬족의 타톤 왕국을 정복하고 데려온 승려, 학자, 예술가, 건축가들로 하여금 불교 사원과 탑을 건설하고 불상, 벽화 등을 조성하게 하였다. 이로써 바간은 미얀마 불교미술의 중심지가 되었으며, 불상은 전성기를 맞이하였다.

바간의 사원에는 본존으로 석가모니불을 단독으로 모시거나 현겁 과거 4불을 동서남북에 모셨다.

좌불상, 6~7세기,
타예키타야

미얀마 초기 불상은 육계가 낮고 나발을 하나하나 크게 표현하였다.

좌불상
7~8세기, 타예키타야
미얀마 초기불상은 남인
도의 영향을 받았다.

아난다 사원은 중심에 기둥을 만들고 동쪽에 구류손불, 남쪽에 구나함모니불,
서쪽에 가섭불, 북쪽에 석가모니불을 배치한 현겁 과거 4불을 최초로 모신 사
원이다. 이는 석가모니 부처님을 과거불의 연속선에 있는 것으로 표현함으로
써 미래에도 지속적인 부처님의 출현을 기원하는 의미를 가지고 있다. 사원 내
부에는 가운데 기둥을 중심으로 주위에 두 개의 회랑이 있다. 회랑에는 탄생에
서 열반에 이르는 석가모니 부처의 일대기를 만들어 불감 속에 배치하였다. 룸
비니의 탄생, 보드가야의 성도成道, 바라나시의 초전법륜初傳法輪, 쉬라바스티의
천불화현千佛化現, 바이샬리의 미후봉밀獼猴奉蜜, 라즈기르의 취상조복醉象調伏, 상
카시아의 삼도보계강하三道寶階降下 구시나가라의 열반涅槃 등이다. 이는 석가모니
일대기의 모습이 모셔진 회랑을 한 바퀴 돌면 불교성지를 순례하는 것과 같은
의미를 가질 수 있도록 불교성지를 시각적으로 보여주기 위한 것이다.
　　바간 왕조의 불상은 당당하고 자연스러운 모습이다. 인도 팔라 왕조의 영향을 받은 것이다. 연꽃좌 위에 결가부좌하고 법의法衣는 편단우견偏袒右肩에 기초하여 옷자락을 왼쪽 어깨부터 가슴 앞쪽에 걸치고 있으며 세세하게 주름을 낸 옷자락을 아래로 늘어뜨리고 있다. 대체로 얼굴은 둥글며, 작게 만들어진 나발을 머리부분 전체에 두고 육계는 그다지 크게 표현하지 않았다. 눈썹 꼬리를 끌어올려 길게 찢어진 양 눈을 반쯤 뜨고 작은 입 언저리를 잡아당기고 양쪽의 귓볼을 극단으로 늘어뜨려서 표현한 것이 특징이다. 상반신은 당당하며, 허리는 하반신과 균형을 이루어 자연스러운 모습이다. 수인手印은 오른손을 내리고 촉지인을 하고 있는 것이 많다.

불상을 만든 재료를 기준으로 분류하면 불에 구운 전불塼仏, 청동불靑銅佛, 목불木佛, 석불石佛 그리고 대형 벽돌로 쌓은 사원의 중심 기둥에 회반죽으로 완성한 벽돌공법의 불상이 있다. 전불은 부처상의 형태를 만든 다음 불에 구운 것으로 불탑 건립 때 법사리法舍利로서 탑 안에 모시는 것을 목적으로 만들어졌기 때문에 크기가 10~20cm 정도로 작다. 청동불도 법사리로서 만들어진 것으로 20~30cm 정도로 전불보다는 한 단계 크다. 목불과 석불은 크기가 1미터 전후로 사원 내의 본존상 혹은 벽면 내외에 설치된 감실 안에 모셔지는 상으로 만들어졌다.

바간 왕조의 멸망 이후 불상의 양식에 변화가 생겨났다. 머리를 크게 표현하면서 몸체와 비율이 맞지 않아 균형이 흐트러졌다. 아울러 나발이 생략되고 얼굴도 콧방울이 넓어진 큰 코와 좌우로 당겨진 입 언저리가 강조되도록 만들어졌다. 최근에 알려진 1293년에 제작된 청동불 좌상이 전형적인 바간 왕조 이후 불상 양식이다.

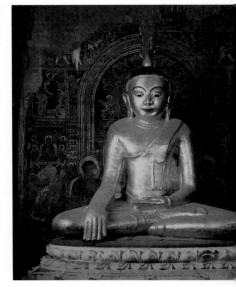

좌불상, 바간 왕조, 로카테익판 사원, 바간

바간 왕조의 불상은 당당하고 자연스러운 모습이다.

신상의 양식

미얀마 사원은 외부에 다양한 장식을 통해 장엄함을 더하였다. 벽면이나 기둥의 모서리는 부조로 장식하였으며 사원의 입구나 건물의 모서리는 환조로 동물상이나 신상神像을 배치하였다. 동물상이나 신상은 사원을 수호하고 순례객을 보호할 뿐만 아니라 그 자체로서 숭배의 대상이 되기도 하였다.

사원이나 탑, 수도원 그리고 왕궁을 장식하는 동물상이나 신상은 다양하다. 동물상이나 신상은 불교뿐만 아니라 힌두교와 토속신앙인 낫신앙과 밀접한 관계를 가지고 있었다. 다웅은 공작새이다. 미얀마인은 자신들이 태양의 후손이라고 믿었으며 공작새는 태양과 닮아 민족의 상징이 되었다. 공작새 부조는 보통 머리와 가슴만을 표현하고 정면을 향하도록 되어 있다. 공작새를 나무에 조각 하기도 하고 벽돌을 쌓고 그 위에 스투코로 장식하기도 하였다. 출입구나 창문부의 박공면에 장식된 공작새는 가슴을 내밀고 머리는 정형화되어 있어서 눈이나 입은 조각하는 경우가 드물었다. 한편 토끼는 달을 상징하였다.

좌불상, 바간 왕조(1293), 호주 빅토리아 박물관
바간 왕조 멸망 후 불상은 머리와 몸체의 비례와 균형이 맞지 않는다.

함사Hamsa는 힌두교 창조의 신 브라흐마가 타고 다니는 백조이다. 힌두교는 일찍이 남부 미얀마를 통해 들어왔다. 특히 몬족의 중심지이며 바고 왕조의 수도였던 바고Bago는 함사가 도시의 상징이다. 바고의 옛 지명은 '함사의 도시'라는 의미로 함사와티Hamsavati였다. 전설에 의하면 부처님께서 바닷가 작은 모래 언덕에 백조 암수 두 마리가 앉아 있는 것을 보고 이곳에 거대한 도시가 들어설 것을 예언하였다고 한다. 이후 825년 몬족 왕국은 수도를 타톤에서 함사와티로 옮겼다. 당시에 몬족의 두 왕자가 타톤에서 이 지역

좌불상, 쉐다곤, 양곤
불상을 만드는 재료는 청동불, 목불, 석불, 벽돌불 등이 있다.

으로 왔을 때 수컷이 암컷을 등에 태우고 서 있는 것을 보았다. 이것을 상서로운 징조라 여긴 왕자들은 섬 주변에 왕국의 수도 '함사와티'를 건설하였다.

칼라Kala는 힌두교와 불교에서 흔히 볼 수 있는 가면같은 형상물이다. 그 모습이 우리나라 귀면 기와에 새겨진 도깨비와 흡사해서 우리에게는 친숙하다. 사원으로 들어가는 입구 기둥 표면에 부조된 칼라는 사원을 지키는 수호신이다. 힌두교 전설에 의하면 칼라는 식욕이 매우 강하여 시바에게 살아 있는 제물을 먹게 해달라고 하였다. 시바가 이 말에 노하여 '네 몸을 먹으라'고 명령하였다. 칼라는 자기의 몸을 먹었지만 머리는 먹을 방법이 없었다. 시바는 칼라의 남아 있는 머리를 문 위에 올려놓고 자신의 엄한 모습과 자비로운 모습의 양면을 보여주고 있다. 칼라의 머리는 사자모습을 하고 있으며 둥근 두 눈은 앞으로 툭 튀어 나와 있고 날카로운 어금니를 드러내며 으르렁대는 형상으로 아래턱이 없는 것이 특징이다. 미얀마에서는 빌루라고 하며 꽃을 먹는다. 빌루는 모든 것을 게걸스럽게 먹어 없애는 존재이기에 사원에 들어오는 모든 잡귀를 먹어 없애라고 보통 사원 입구에 장식한다.

키나라Kinnara와 키나리Kinnari는 불교 신화와 힌두교 신화에 나오는 머리, 몸, 팔은 사람이며 날개, 꼬리, 발은 백조이다. 키나라는 남성이며 키나리는 여성이다. 둘은 결코 헤어지지 않고 영원히 사랑하는 연인의 상징이다. 그리고 그들은 천상의 음악가로 춤과 노래, 시로 유명하며 아름다움과 우아함, 교양의 상징이다. 특히 미얀마의 샨주에서는 그들의 춤이 유명하다.

마카라Makara는 힌두교 신화에 나오는 바다 생물이다. 반은 악어와 같은 지상 동물의 모습이며 꼬리부분은 물고기와 같은 수생동물이다. 마카라는 물의 신이며 갠지즈강의 여신 강가Ganga가 타고 다니는 것이다. 따라서 힌두교 사원과 불교 사원의 입구를 지키는 역할을 하기도 한다. 긴 코를 가진 악어 형상의 마카라는 산스크리트어로는 '바다 용'의 의미이지만 힌두어로는 악어라는 의미이다. 주로 출입문 박공면이나 계단 입구 소맷돌에 장식되어 잡귀를 막는 역할을 하였다.

함사, 파토도지 사원,
아마라뿌라(좌)

함사는 힌두교 브라흐마가
타고 다니는 백조이다.

칼라,
틸로민로 사원, 바간(우)
칼라는 빌루라고도 하며
무서운 얼굴로 사원을 수
호한다.

키나라, 쉐난도 수도원,
만달레이(좌)

키나라는 반조반인으로
키나라는 남성이며 키나
리는 여성이다.

마카라, 짜욱도지 사원,
아마라뿌라(우)

악어 형상을 한 마카라는
출입문이나 계단 소맷돌에
장식되어 잡귀를 막는다.

친테,
아난다 사원, 바간(좌)

친테는 상상속의 사자로
8사원의 출입구를 지킨다.

마녹티하,
짜욱도지 사원, 바간(우)
마녹티하는 사람 몸통 하
나에 사자 엉덩이 둘을
합한 형상이다.

로카낫,
아난다 사원, 바간

로카낫은 사원의 주 출입
구 기둥에 조각되며 우
리나라 보살상을 연상시
킨다.

친테chinte는 상상속의 사자이다. 사자는 백수의 왕으로 사원의 주 출입구를 지키는 수호신이다. 특히 불교에서 사자는 불법을 지키는 최고의 수호신으로 부처님의 설법을 사자후로 표현하기도 한다. 미얀마의 사자상은 엉덩이를 땅에 붙이고 앉아서 오가는 사람을 맞이하는 전형적인 동양 사자상이다. 서양의 사자상이 언제든지 공격할 수 있도록 일어서서 입을 벌리고 포효하면서 공격의 자세를 취하고 있는 것과는 대조적이다.

마녹티하Manokthiha 는 사람 몸통 하나에 사자의 엉덩이 둘을 합한 모양이다. 일반적으로 남성의 몸이며 다리는 도합 6개에 이른다. 사원이나 탑의 모서리에 배치하기 위해 이같은 형상이 만들어진 것으로 생각된다. 건물의 외부에 배치하는 것이 일반적이지만 지붕이나 테라스에 장식된 경우도 종종 찾아볼 수 있다.

나가Naga는 뱀신이다. 몸통 하나에 여러 개의 머리를 가진 모습이다. 물의 신으로서 물에 축적된 에너지를 지키는 나가는 신비적이며 두려운 존재인 동시에 불사不死의 상징이다. 불교에서 나가는 무찰린다 용왕으로 표현된다. 석가모니 부처님께서 득도하신지 6주째가 되었을 때 비가 내리고 찬바람이 불었다. 이때 무찰린다 용왕이 부처님의 몸을 일곱 겹으로 감고 머리로 우산처럼 덮어서 비바람을 막아 주었다.

한편 토나야는 나가와 유사하지만 작은 몸에 네 개의 발을 가지고 있는 것이 특징이다. 악귀를 몰아내기 위한 출입문 장식으로 이용되는데 나가에 발이 달린 형태여서 우리나라의 용과 모습이 유사하다.

로카낫Lokanat은 사원의 주 출입구 기둥에 조각되며, 연꽃을 쥐고 왕관을 쓴 모습이다. 낫 신상 중 하나로써 출입문 양쪽에 부드럽고 온화한 자세로 서 있다. 우리나라 사찰의 보살상을 연상시킨다. 로카 낫의 역할은 우리나라 사찰 입구를 지키고 있는 금강역사와 같다.

박공면 장식, 틸로민로 사원, 바간
스투코로 장식된 여러 신상들은 사원을 수호한다.

회화

사원이나 수도원 내부 장식은 벽화, 벽감에 배치된 조상, 첨가 장식물 등으로 분류할 수 있지만 벽화가 가장 중요한 위치를 차지한다. 벽화는 불교의 세계관을 바탕으로 내부를 장엄하게 장식할 수 있기 때문이다. 천장에는 일련의 작은 불상이나 천상의 존재, 또는 원문양을 반복해서 그려 넣어 천상의 세계를 표현하였다. 천장과 이어지는 내벽의 상단에는 연속되는 나뭇잎 장식이나 빌루의 목걸이 장식을 하였다. 사방 벽면에는 과거 28불, 부처의 전생담, 석가모니 부처의 생애를 그려서 역사의 공간으로 만들었다. 벽의 하단은 꽃이나 기하학적 디자인으로 장식하였다. 한편 불상을 모신 광배에는 보리수나무 등 다양한 문양을 배치하여 불상의 장엄함을 더 높였다.

벽화의 기법과 기능

벽화는 벽면의 회반죽이 건조된 뒤 그림을 그리는 건식-프레스코 기법으로 그려졌다. 이 기법은 회반죽이 마르기 전에 색을 입히고 굳어지면 벽면과 그림이 고정되는 습식-프레스코와는 차이가 있다. 벽돌로 쌓아 올린 바간 건물의 벽면은 먼저 진흙으로 한 겹을 균일하게 덮었으며 진흙의 접착을 용이하게 하기 위해 벽돌의 표면에 끌로 결을 새겼다. 흙이 굳어지면 가는 모래를 섞은 회반죽을 얇게(1~3mm) 덧바른다. 그림은 표면의 회반죽이 건조된 후에 그려졌다. 화가들은 밝은 황토색이나 옅은 황색과 같은 밝은 톤으로 시작해 붉은 황토색,

벽화, 난다삔야 사원, 바간
사원이나 수도원의 내부장식의 중심은 벽화이다

설법도, 타약폐 사원, 바간

벽화는 회반죽이 건조된 뒤 그림을 그리는 건식─프레스코 기법으로 그려졌다.

주황, 초록, 남색 계열과 같은 어두운 톤으로 그림을 그려나갔다. 인물의 눈이나 꽃을 표현하기 위해서는 석회에 흰색 염료를 섞어 사용하기도 하였다.

벽화의 구도를 잡기 위해 거대한 내부 벽을 가로 세로 격자 줄로 측정하고 색이 먹여진 실을 벽에 튕겨서 표시했다. 격자를 통해 벽에 그려진 표가 작품의 틀이 되었으며 이러한 틀은 필요에 따라 그 크기가 매우 다양했다. 격자는 비례와 균형을 맞추고 중심을 잡는 데 중요한 역할을 하였다. 마른 석회벽 위에 격자가 그려지고 나면 격자 틀의 사각형 안에서 형상의 윤곽이 그려졌다.

다음 단계는 색을 입히는 것이었다. 그림들은 시작 단계에서는 흐리게 색을 입히고 좀더 짙은 색으로 흐린 윤곽을 한 번 더 덧칠한다. 이와 같이 밑그림을 바탕으로 덧칠하여 작품을 만들어 나갔다. 그런데 크기의 차이를 통한 선 원근법과 색채의 선명하고 흐린 차이를 통한 색채 원근법이 사용되지 않았다. 다만 대상들을 겹치는 방법으로 원근을 표현하였으며 크기의 사실적인 비율은 자주 무시되었다.

미얀마 사원의 벽화는 감상보다는 공덕을 쌓기 위한 공양의 의미가 더 컸다. 벽화가 그려진 사원이라 하더라도 실내는 매우 어둡다. 특히 바간을 중심으로 하는 사원의 벽화는 촛불이나 횃불을 밝히더라도 상당수의 작품들이 너무 높은 곳에 위치하여 사실상 감상하기가 매우 어렵게 되어 있다. 이는 벽화의 기능이 대중을 교화하거나 수도승의 수행을 돕기보다는 벽화제작 그 자체로서 공덕을 쌓는 것이 더욱 중요시되었기 때문이다. 사원이나 탑들이 공덕을 쌓기 위해 지어진 것과 마찬가지다.

벽화의 양식

미얀마 사원의 벽화는 인도 팔라 왕조(750~1200)의 영향을 받았다. 11~13세기에 걸쳐 번창했던 팔라 왕조는 인도 북동부 비하르Bihar 지방에서 시작하여 방글라데시와 미얀마 서부 해안지역인 아라칸으로 뻗어 나갔다. 인도 팔라 왕조의 미술은 미얀마 바간 왕조의 건국과 시기를 같이 하면서 미얀마 회화 발전의 기반이 되었다. 미얀마의 회화의 양식은 바간 왕조를 기준으로 바간 왕조 초기 회화, 바간 왕조 전성기 회화, 바간 왕조 이후의 회화 세 시기로 구분된다.

바간 왕조 초기 회화는 인도 팔라 왕조시대 야자수잎 그림의 영향을 강하게 받았다. 11세기말에서 12세기 초에 그려진 초기 회화는 평면적이다. 그것은 벽면을 단순히 그림과 불상을 배치하기 위한 평면으로 인식하였기 때문이다. 그리고 명암법을 통한 입체감이나 거리감을 주는 원근법을 전혀 사용하지 않았다. 뿐만 아니라 벽면을 그림이나 문양으로 가득 채워 여유를 느낄 수 없도록 하였다.

바간 왕조 전성기 회화는 인도의 영향에서 벗어난 완전한 미얀마 양식이다. 12세기 말부터 나타나기 시작한 전성기 회화는 사원 내부 벽면을 평면으로 인식하지 않고 건축학적 개념으로 인식하였다. 이는 벽화를 보다 입체적으로 표현하기 위한 것이다. 벽면에 진짜 기둥처럼 보이는 그림을 그려 내부를 장식하고 여러 가지 사물을 겹치게 그림으로써 입체감을 표현하고자 노력하였다. 그리고 전성기 회화에는 당대의 풍요로운 상상력의 단면을 보여주는 기발함과 참신함 그리고 해학이 있다. 이는 작품에 대한 자신감과 여유를 반영한 것이다.

바간 왕조가 멸망하고 수도가 옮겨가면서 미얀마 벽화의 전성기는 마감되었다. 그러나 이후에도 지속적으로 벽화는 그려졌다. 숱한 지진으로 긴 세월 방치되었던 사원이 재건되면서 기존의 벽화 위에 부처의 그림을 덧그리기도 하였다. 17~18세기 콘바웅 왕조시대 벽화는 일상생활에서 영감을 얻어서 초기 그림에 비해 더 자연스러운 모습을 보인다. 그리고 19세기 중반부터 유럽의 양식이 미얀마 미술에 접목되면서 원근법과 명암법 등이 도입되었다.

벽화의 주제

벽화는 조각과 마찬가지로 불교경전에 바탕을 두고 있다. 벽화의 주제는 팔리어 경전과 소승불교의 전통을 반영하고 있다. 보살의 그림 등 일부 대승불교의 요소가 없지는 않으나 대체적으로 미얀마 벽화의 주제와 도상은 소승불교의 맥락을 유지하고 있다. 특히 벽화 아래 여백에 비문碑文을 기록하여 벽화의 장면이 팔리어 경전의 어떤 대목과 장면을 나타내는지를 명확하게 알려주고 있다.

벽화의 주제는 불상과 부처님의 생애를 표현한 팔상도, 부처님의 전생담인 자타카, 과거 28불을 비롯하여 다양한 동물과 식물 등이 있다. 사원의 천장은 천상의 세계를 상징하는 곳으로 부처님의 족적이나 연꽃을 중앙에 배치하고 주변에 꽃이나 꽃문양을 그렸다. 그것은 부처님께서 설법할 때 기적을 일으킬 때마다 하늘에서 꽃비가 내렸기 때문이다. 그리고 불상의 뒤쪽 광배에는 보리수나무를 그렸다. 부처님께서 보리수나무 아래에서 득도하셨음을 상징적으로 보여주는 것이다. 불상 좌우에는 아라한이나 제자상을 배치하였다.

과거 28불은 벽화의 주요한 주제 가운데 하나였다. 미얀마에서는 과거에 깨달음을 증득하고 많은 사람들을 깨달음의 길로 인도했던 과거 28불佛을 숭배한다. 과거로부터 현재까지 출현한 부처님을 숭배함으로써 미래에 새로운 부처님이 출현하기를 기원하는 것이다. 과거 28불은 각기 다른 시대에 살며 가르침을 베풀었다. 이들은 공통적으로 스승의 가르침 없이 자력으로 깨달은 분들이기 때문에 동시대에 두 부처는 있을 수 없다. 이들은 수명도 달랐고 깨달음을

구바욱지 사원 벽화, 바간

바간 왕조 전성기 회화는 인도의 영향에서 벗어난 완전한 미얀마 양식이다.

우팔리테인 벽화, 바간

전성기 회화에는 풍부한 상상력과 참신함 그리고 해학이 있다.

짜욱도지 벽화, 아마라뿌라
17~18세기 꼰바웅 왕조시대 벽화는 일상생활에서 영감을 얻어 그려졌기 때문에 자연스럽다.

포윈따웅 벽화, 몽유와
19세기 중반부터 유럽 양식이 도입되면서 벽화에 원근법과 명암법이 나타난다.

얻을 당시 수행했던 나무도 달랐다. 석가모니불이 보리수 아래에서 성불했다면 가섭불은 니그로다 나무, 구나함모니불은 오잠바라수, 구루손불은 사리사수 등이다. 벽화의 순서는 왼쪽부터 오른쪽으로 이어진다. 가장 오른쪽이 과거 28불의 마지막인 석가모니불이다.

벽면에는 부처님의 전생담인 자타카^{jataka}를 그렸다. 자타카는 부처님의 전생담을 모은 경전으로 팔리어로 된 소승불교 경전에 전해지고 있다. 자타카는 서분^{序分}과 본분^{本分}, 후분^{後分}으로 구성되어 있다. 서분은 부처님 전생의 유래를, 본분에서는 부처님 또는 제자들이 전생에 어떤 일을 했는지를 나타낸다. 후분은 전생의 그가 현재의 누구라는 것을 밝히고 있다. 특히 본분은 부처님의 전생에 대한 이야기를 시로 소개하고 시에 설명과 주석을 덧붙이는 형식으로 되어 있다. 자타카는 인도에서 전래되고 있던 전설과 민간설화를 모아 발전시킨 것으로 대중들에게 매우 친숙하고 재미있는 이야기들이다. 따라서 자타카는 문학과 조각, 회화의 소재로 애용되었다. 특히 인도의 산치대 탑에 자타카 내용을 부조로 조각하면서 주변 여러 불교국가에서도 벽화나 부조로 표현되었다. 미얀마에서는 547개의 자타카가 벽화나 테라코타로 묘사되었다.

벽화의 또다른 주제로 부처님의 일생을 8개의 그림으로 표현한 팔상도^{八相圖}를 그렸다. 부처님이 도솔천에서 흰 코끼리를 타고 잠자는 마야부인의 옆구리로 들어가 잉태되는 도솔래의상^{兜率來儀相}, 룸비니 동산에서 마야부인의 오른쪽 옆구리로 탄생하는 비람강생상^{毘藍降生相}, 왕궁의 성문을 빠져나가 거지와 노인, 병자, 수행자 등을 보면서 출가를 결심하는 사문유관상^{四門遊觀相}, 왕궁을 떠나 출가하는 유성출가상^{踰城出家相}, 보리수나무 아래에서 수행하는 설산수도상^{雪山修道相}, 마귀 마라의 항복을 받고 득도한 수하항마상^{樹下降魔相}, 바라나시 녹야원에서 처음으로 설법한 녹원전법상^{鹿苑傳法相}, 구시나가르 사라쌍수 아래에서 열반하신 쌍림열반상^{雙林涅槃相}이 그것이다.

부처님의 생애 이외에도 부처님 생존시 보여주었던 8대 기적을 묘사하기도 하였다. 바이샬리에서 원숭이들이 부처님께 꿀을 공양한 미후봉밀^{獼猴奉蜜}, 라

과거불,
480번 사원, 바간

벽화의 주제는 팔상도, 전생담과 함께 과거 28불 등이 있다.

전생담,
1077번 사원, 바간

전생담인 자타카는 주로 사원의 벽면에 그려졌다.

즈기르에서 취하여 난폭해진 코끼리 날라기리의 공격을 막은 취상조복醉象調伏, 어머니 마야부인에게 설법을 하시고 도리천에서 다시 지상 상카시아로 내려오신 삼도보계강하三道寶階降下 등 다양한 모습을 그림으로 그렸다. 한편 벽화의 주제 가운데 석가모니께서 보드가야 보리수 아래에서 성불 하신 후 7주 동안 머무신 일을 그림으로 그리기도 하였다.

다양한 식물이나 동물을 그렸다. 불상을 안치하고 불상의 뒤쪽의 광배光背에는 나가와 공작새를 그렸다. 벽면에는 장식으로 사슴, 원숭이, 말, 코끼리, 사자 등이 그려졌다. 사슴은 부처님께서 전생에 사슴의 왕으로 태어나 국왕의 식사를 위해 죽게 된 암사슴을 대신해 죽고자하는 희생의 모습을 보여 주었다. 그리고 부처님께서 처음으로 설법한 곳이 바로 사슴동산 즉 녹야원이다. 원숭이는 부처님께서 바이샬리 대림정사에 계실 때 꿀을 공양하고 목욕을 할 수 있도록 연못을 팠다. 말은 부처님께서 출가하실 때 말 칸타카를 타고 성문을 빠져 나왔다. 코끼리는 부처님께서 도솔천에서 흰 코끼리를 타고 마야부인의 몸속으로 들어간 인연을 가지고 있다. 그리고 사자는 백수百獸의 왕으로 부처님을 수호하였다. 그리고 천장과 벽의 경계선이나 벽의 하단에는 연꽃을 비롯한 다양한 꽃문양을 그려 내부를 장엄하게 장식하였다.

삼도보계 하강도, 구바욱지 사원, 바간

미얀마의 유적 II

1

미얀마의 관문
양곤

양곤

양곤Yangon은 미얀마의 관문으로 양곤강 하구에 자리하고 있다. 강을 통하여 내륙과 연결되어 있으며 이곳을 통하여 바다로 나아갔다. 양곤은 안단만이 있는 남부 해안과 30km 거리에 있어서 배의 입출항이 자유로운 천혜의 항구도시이다. 오늘날에는 미얀마로 들어가는 모든 하늘길이 이곳에 있다. 특히 강이 만들어낸 기름진 델타지역은 도시의 경제적 기반이 되었다. 양곤은 미얀마의 시작이며 끝이다.

전설속의 양곤은 매우 오래된 도시다. 미얀마 남부에 몬족이 세운 고대 도시 국가 뚜원나부미Thuwannabumi의 오칼랍파Okkalapa왕 당시 이곳에 오칼라라는 마을이 있었다. 이 마을 출신 상인 형제가 배를 타고 인도로 건너가 득도하신 석가모니 부처님께 공양을 올리고 8개의 머리카락을 가져왔다. 이것을 모시기 위해 쉐다곤 탑을 건설하였다. 그러나 역사 속에서 양곤은 오랜 세월 동안 다곤Dagon이라는 이름의 바닷가 조그만 어촌에 불과하였다.

양곤은 바고 왕조부터 서서히 항구로 개발되기 시작하였다. 바고는 계속 밀려드는 모래로 인해 해면이 얕아지자 양곤을 비롯한 주변 지역을 국제적인 항구로 준비하게 되었다. 그리고 신소부여왕은 쉐다곤을 지금의 모습처럼 건립하고 쉐다곤을 바라볼 수 있는 곳에 침실을 만들어 그곳에서 숨을 거두었다.

미얀마를 재통일하여 꼰바웅 왕조를 수립한 알라웅페야Alaungpaya 왕은 1755년 몬족이 지배하고 있던 남부 미얀마를 공격하였다. 우선 바고에 앞서 항구도시 다곤을 점령하였다. 그리고 지명을 '전쟁의 종식'이라는 의미인 양곤으로 바꾸고 쉐다곤 탑 앞에서 승리의 행진을 하였다. 그리고 알라웅페야왕은 몬족의 수도 바고를 공격하여 파괴하였다. 이후 양곤은 바고를 대신하여 미얀마 남부의 중요한 국제적인 항구도시로 발전하였다.

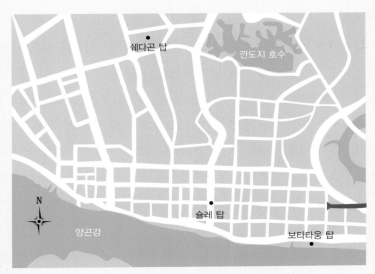

양곤 지도

　양곤은 영국에 의해서 본격적으로 개발되기 시작하였다. 1852년 영국과 미얀마의 2차 전쟁이 영국의 승리로 종식되면서 하부 미얀마는 영국령이 되었다. 영국은 도로와 철도를 건설하고 양곤항을 중심으로 인도와 영국을 연결하는 국제적인 항로를 개설하였다. 특히 미얀마에서 생산되는 티크 목재를 이용하여 무역선을 수리하기 위한 조선소를 건설하였고 그로 인해 양곤은 상업이 발달하여 국제적인 무역항으로 발전하게 되었다.

　두 차례 미얀마와의 전쟁에서 승리한 영국은 양곤을 중심으로 조선소와 공장 등을 건설하였다. 일자리를 찾아 전국에서 양곤으로 모여들었고 영국인들이 데려온 값싼 인도 기술자들로 인해 인구가 폭발적으로 늘어났다. 1885년 영국은 자연스럽게 양곤을 식민지의 수도로 정하였다. 미얀마의 새로운 주인이 된 영국은 슐레 탑을 중심으로 계획도시를 건설하였다. 그리고 도시 이름을 랭군^{Ranggoon}으로 바꾸었다.

　양곤은 1948년 영국으로부터 독립한 후에도 수도로서 역할을 담당하였다. 미얀마는 '버마연방공화국'이라는 이름의 독립된 주권국가로 출발하였지만 정치적인 혼란은 계속되었다. 소수민족의 분리 요구와 공산주의자들과의 갈등으로 도시 발전은 침체되었다. 1962년 네윈을 중심으로 하는 군부가 정권을 장악하면서 미얀마식 사회주의를 채택하였다. 군부독재와 사회주의경제는 발전을 가로막는 요인이 되었으며 끝없는 민주화를 요구하는 시위를 촉발시켰다. 1989년 소마웅Saw Maung을 중심으로 하는 군부가 쿠데타 형식을 빌어 정권을 인수하였다. 최고 권력기관인 국가법질서회복위원회SLORC는 민족적 색채를 강조하며 새로운 면을 보여주기 위해 국명을 버마Burma에서 미얀마Myanmar로 바꾸고 랭군을 식민지 이전의 이름인 양곤으로 바꾸었다. 2006년 딴슈웨Than Shwe 군부정권은 막대한 경비를 들여 수도를 양곤에서 네삐도Naypyidaw로 이전하였다.

오늘날 양곤은 인구 600만의 미얀마 최대의 도시로 120년간 유지되어 온 수도로서의 역할은 끝났지만 여전히 미얀마 제1의 도시다. 교육과 교통, 상업의

깐도지 호수

카라윅 배가 있는 깐도지 호수는 양곤을 더욱 풍요롭고 아름다운 도시로 만든다.

중심지이며 국제공항과 국제무역항을 통해서 미얀마의 관문역할을 하고 있다. 그리고 쉐다곤을 비롯한 술레, 보타타웅 등의 불교사원과 힌두교사원, 기독교 사원, 회교사원 등이 공존하는 종교의 도시인 동시에 문화의 도시다.

양곤은 '동양의 정원'이라 불릴 만큼 숲과 호수가 있는 아름다운 도시이다. 싱가포르가 양곤을 모델삼아 도시계획을 수립할 정도로 양곤은 동남 아시아의 여러 도시들과는 다른 아름다움이 있다. 도심의 일부를 제외하고 넓은 도로 주변으로는 가로수들이 우거져 있다. 도심 중앙에 자리한 깐도지 호수와 인야호수는 양곤을 더욱 풍요롭고 맑은 도시로 만든다. 영국 식민지시대에 만들어진 빅토리아식 건축물과 다양한 종교사원, 새로 지어진 현대식 건축물이 공존하는 양곤은 과거와 현재 그리고 미래가 공존하는 역동적인 도시이다.

양곤 항
국제무역항으로 미얀마의 관문 역할을 한다.

미얀마 최고의 탑 쉐다곤 탑

Shwedagon Paya

쉐다곤은 미얀마 3대 불교성지 가운데 하나이다. 만달레이 마하무니 사원의
불상은 미얀마 불상 가운데 최고이며, 짜익띠요는 산 정상에 있는 기이한 형상
의 바위로 미얀마에서 가장 성스러운 곳이 되었다. 세계에서 탑이 가장 많아서
탑의 나라로 불리는 미얀마에서 최고의 탑인 쉐다곤은 미얀마 불교성지 가운
데 가장 성스러운 곳이다.

쉐다곤은 해발 58m의 떼인코따라Theinkottara언덕 위에 있다. 그곳은 낮은 언
덕에 불과하지만 양곤강 하구 평지에 자리한 양곤에서는 그 의미가 다르다. 양
곤은 평지이다. 평지 가운데 자리한 언덕은 도시의 중심축이 된다. 더욱이 언
덕 위에 있는 높이 98m의 쉐다곤은 양곤 어디에서나 볼 수 있는 탑이다. 낮에
는 햇빛에 반사되어 황금빛으로 빛나고 밤에는 조명을 받아 등대 불처럼 빛을
발한다.

쉐다곤은 몬족 왕국의 오깔라파왕에 의해 2500년 전 건립되었다고 전해진
다. 전설에 의하면 남부 미얀마의 싱구타라Singuttara 언덕 근처에 몬족이 세운
고대 도시국가 뚜원나부미Thuwannabumi의 오칼랍파Okkalapa왕이 살고 있었다.
싱구타라 언덕에는 지팡이 바루, 가사 등 과거 삼불三佛의 유물이 안치된 성스
러운 곳이었다. 그런데 과거불이 출현한지 이미 5000년이 지나서 새로운 부처
가 나타나 새로운 유물이 첨가되지 않으면 이 언덕은 곧 그 영광과 은총을 상
실하게 되어 있었다. 국왕을 비롯한 많은 사람들이 예불을 드리고 참선과 기도
로 시간을 보냈다. 마침내 인도의 부다가야에서 성불 직전의 석가모니의 환영
幻影이 나타났다. 석가모니는 왕에게 자신이 곧 성불할 것이며 소원을 들어주겠

쉐다곤 전경
쉐다곤은 세계에서 탑이
가장 많은 미얀마에서도
최고의 탑이다.

다고 약속하였다.

　바로 그때 오칼라Okkala 마을에 살던 상인 타푸샤Tapussa와 발리카Bhalika 형제
가 인도 부다가야를 지나가고 있었다. 두 상인은 성불하신 석가모니 부처님을
만나 귀의하였다. 그리고 곡물가루와 꿀을 바쳤다. 부처님은 이에 대한 보답으
로 자신의 머리카락 여덟 가닥을 뽑아 주었다. 상인은 고향으로 돌아와 왕에게
머리카락이 든 상자를 바쳤다. 상자를 열자 찬란한 빛이 하늘 높이 치솟았다.
이 빛을 받은 장님은 눈을 떴고 귀머거리는 소리를 듣게 되었으며 앉은뱅이는
일어나 걷게 되고 벙어리는 말문을 열었다. 왕은 부처님의 머리카락을 성스러
운 언덕, 지금의 떼인코따라Theinkottara언덕에 묻고 9m 높이의 탑을 건립하였
다. 이후 쉐다곤은 200여 년이 지나고 폐허가 되어 돌보는 사람없이 방치되었
다. 인도를 통일한 아쇼카왕이 동남아 각국에 파견한 불교 포교단이 주관하여

탑을 재건하였다.

쉐다곤은 고고학적으로 몬족에 의해 6세기에서 10세기 사이에 건립되었을 것으로 추정된다. 쉐다곤이 미얀마 역사서에 본격적으로 등장하는 것은 11세기 이후부터이며 바고 왕조의 담마제디왕이 1485년에 건립한 비석에 관련 기록들이 남아 있다. 11세기 중엽 바간 왕조의 아노라타왕은 타톤 왕국을 정복하고 바간으로 돌아오는 길에 다곤의 쉐다곤 탑에 들러 경배하였다. 쉐다곤이 본격적으로 보수되고 웅장한 모습을 갖추어간 것은 1372년에 바고 왕조를 건국한 버냐우 Byinna U 왕이 쉐다곤을 18m 높이로 재건축하면서이다. 버냐쟌왕은 탑의 높이를 90m로 올렸으며 신소부여왕 때에 이르러 사원 주위를 확장하고 탑의 규모를 증대시켜 현재 쉐다곤의 모습을 갖추었다. 담마제디왕은 자신의 몸무게 만큼의 금을 네 번이나 보시하여 탑의 외부를 금박으로 입혔다. 왕들이 자신의 몸무게에 해당하는 금을 바치는 것은 자신의 육체를 탑에 바치는 것과 같은 의미를 가지고 있었다.

담마제디 비석
담마제디왕이 쉐다곤의 전설과 역사를 정리하여 1845년에 건립하였다.

1768년 지진으로 붕괴된 쉐다곤은 꼰바웅 왕조의 여러 왕들에 의해 재건축되고 보수되었다. 꼰바웅 왕조를 수립한 알라웅폐야왕은 1755년 다곤을 정복한 후에 쉐다곤 탑 앞에서 승리의 행진을 하였다. 이 탑이 지진으로 붕괴되자 신뷰신왕이 오늘날의 높이로 탑을 재건축하였다. 그의 아들 신구왕은 1779년에 23톤짜리 청동종을 주조하여 사원에 헌납하였으며 타라와디왕은 40톤짜리 청동종과 금 20kg을 쉐다곤에 바쳤다.

1824년 미얀마가 영국과의 1차 전쟁 후 2년 동안 쉐다곤은 영국에 의해 점령되었다. 그리고

불당의 불상

중앙탑의 동서남북에는
불당이 있고 각 불당에는
과거불을 모시고 있다.

2차 전쟁중이던 1852년에 다시 영국이 점령하여 군 본부로 사용되면서 영국
군의 수중에 들어갔다. 1871년 민돈왕은 영국의 통치하에 있던 쉐다곤에 탑의
상륜부인 우산장식 티^{Hti} 7개를 헌납하였다. 영국의 통치하에 있지만 미얀마의
상징 쉐다곤에 헌납함으로써 미얀마 전 영토에 대한 회복의지를 보여주고자
하였다. 영국 관리들은 반대하였지만 미얀마인들의 항의에 결국 왕을 대신하
여 관료들이 티 교체식을 한다는 조건으로 헌납이 허락되었다. 왕이 보시한 화
려하고 장엄한 티를 교체하는 행사에는 10만 명 이상의 미얀마인들이 참석하
였다.

  20세기에 들어와 쉐다곤은 미얀마 독립운동의 정치집회 장소가 되었다. 영
국으로부터 독립한 이후에는 군부독재에 항거하는 민주화의 성지가 되었다.
쉐다곤은 1988년 8월과 2007년 9~10월 사이에 일어난 미얀마 민주화 시위의 출발점이다. 한편 1930년 대지진에 바고에 있던 쉐모도 탑은 붕괴되었지만 쉐다곤은 큰 피해를 보지 않았으나 1931년에 일어난 화재로 심각한 피해를 보았다. 1970년 지진 이후에는 보다 장중하고 새로운 모습으로 대대적인 보수가 이루어졌다.

요일탑
미얀마 사람들은 태어난 요일을 상징하는 요일탑에 가서 기도한다.

미얀마의 정신적 지주인 쉐다곤은 그에 걸맞는 규모와 장중함을 자랑한다. 쉐다곤은 '황금의 언덕'이라는 뜻이다. 10,000평에 달하는 넓은 사원에는 중앙탑과 주변 부속건물로 구성되어 있다. 쉐다곤은 양곤에서 가장 먼저 아침 햇살을 맞이하고 황혼의 마지막 빛을 반사한다. 중앙탑은 기증받은 60톤의 금으로 만든 13,153개의 금판으로 덮혀 있어서 언제나 황금빛으로 빛난다. 부속건물은 100여 개에 이른다.

쉐다곤에는 동서남북으로 네 개의 출입문이 있다. 거대한 사자상인 친테가 각 방향의 입구를 지키고 있으며, 북쪽 진입로는 가장 길고 계단도 가장 많다. 남쪽 진입로는 양곤 시내에서 접근하기 용이하고 서쪽에는 엘리베이터가 설치되어 있다. 동쪽 진입로에는 기념품을 파는 상가들이 밀집해 있다. 사원 바닥은 대리석 타일이 깔려 있는데 깨끗하고 빛이 난다.

쉐다곤 중앙탑은 기단부, 탑신부, 상륜부 세 부분으로 구분되며 바간 양식으로 원추형圓錐形이다. 하늘은 둥글고 땅은 네모나다는 천원지방天圓地方 사상을 반영하여 기단부는 사각형이며 탑신부는 원형이다. 기단부는 3층으로 되어 있고 1층은 대좌의 형식이다. 대좌는 땅을 상징하는 사각형이며 각 모서리에는 머리 하나에 몸이 둘인 마눅티하가 있다. 대좌 위에는 중앙탑을 호위하는 호위병처럼 60여 개의 탑이 있다. 네 개의 큰 탑은 각 방향 정중앙에, 네 개의 중간 크기의 탑은 각 모서리에 있다. 나머지 작은 탑들은 그 사이에서 중앙탑을 향하고 있다. 기단부 2층은 사각형의 테라스 형태로 되어 있으며 3층은 모서리를 죽인 8각형의 테라스이다. 탑신부는 종모양으로, 올라갈수록 좁아지는데 표면에는 여러 개의 띠와 꽃으로 장식하였다.

상륜부는 연꽃장식으로 탑신부와 구분된다. 꽃잎이 아래로 향해 있는 복연覆蓮 위에 꽃잎이 위를 향해 있는 앙련仰蓮의 장식이 상륜부의 시작이다. 그 위에 연꽃 씨앗 모양이 있는데 연꽃은 부처님이 탄생하실 때 발자국에서 피어난 이래로 불교를 상징하는 꽃이 되었다. 가장 위쪽에는 티가 있다. 티는 여러 단으로 이루어져 있으며 수많은 보석과 종들을 달아서 화려하게 장식하였다. 10m

쉐다곤 야경

높이에 무게 1톤에 이르는 티의 아래에는 1,065개의 금종과 420개의 은종이 달려있다. 그리고 우산 윗부분의 풍향계에는 금과 은, 다이아몬드 1,100개가 박혀있다. 특히 다이아몬드의 총무게는 278캐럿에 이른다. 티의 맨 위에는 금으로 만든 원구가 있다. 원구는 76캐럿짜리 다이아몬드를 정점으로 총 1,800캐럿인 4,351개의 다이아몬드로 장식되어 있다.

중앙탑의 불당에는 동쪽에 구루손불, 남쪽에 구나함모니불, 서쪽에 가섭불, 북쪽에 석가모니불을 모시고 있다. 그 주변에 8개의 요일 탑과 요일을 상징하는 불상이 있다. 미얀마 사람들은 자신이 태어난 날의 요일을 중시하여 생일이 되면 태어난 요일을 의미하는 불상과 탑, 동물에게 꽃을 바치고 소원을 빌며 나이만큼 물을 붓는 의식을 행한다. 미얀마의 요일은 8일이었다. 그런데 7일로 바뀌면서 수요일을 오전과 오후로 구분한다. 월요일은 동쪽, 호랑이 ; 화요일은 남동쪽, 사자 ; 수요일 오전은 남쪽, 상아 없는 코끼리 ; 수요일 오후는 북서쪽, 상아 있는 코끼리 ; 목요일은 서쪽, 쥐 ; 금요일은 북쪽, 돼지 ; 토요일은 남서쪽, 뱀 ; 일요일은 북동쪽, 가루다 등이다.

중앙탑 주위로 수많은 부속건물들이 있고 동남방향에는 보리수나무가 있다. 1926년 인도 부다가야에서 보리수나무 씨앗을 가져와 심었다. 보리수나무 아래에는 득도한 모습의 불상을 안치하여 그 당시의 모습을 재현하였다. 남서방향에는 부처님에게 머리카락을 받아 온 두 상인의 모습을 재현해 두었다. 상인이 부처님께 자신들의 양식인 곡물가루와 꿀을 바치자 부처님께서 이에 대한 보답으로 자신의 머리카락을 뽑는 장면이다.

남서방향에는 낫 신상을 모신 사당이 있다. 우리나라의 산신각이나 일본의 신사 등이 절에 함께 있는 것과 같다. 낫 신은 불교사원과 탑을 지키는 수호신의 역할을 한다. 쉐다곤 낫 사당에는 드자민Thagyamin과 보보지Bo Bo Gyi 낫 신상이 모셔져 있다. 드자민은 미얀마 37낫을 관장하는 낫 신의 왕이다. 보보지는 나이 많고 서민의 삶을 보살피고 재물을 관장하고 있는 할아버지 신으로 부처님을 전생을 통해서 경배했고 쉐다곤 탑의 위치를 점지해 주는 등 불교를 보호

쉐다곤 중앙탑 티
티는 여러 단으로 이루어져 있으며 수많은 보석과 종들을 달아서 화려하게 장식하였다.

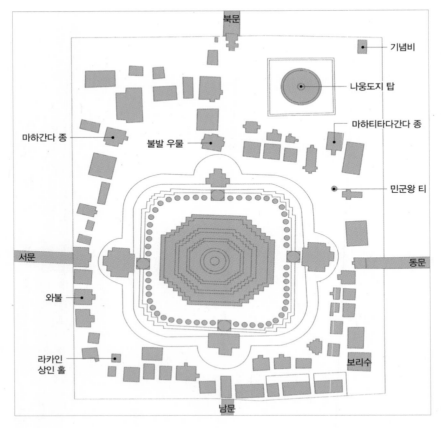

북문

기념비

나웅도지 탑

마하티타다간다 종

마하간다 종

불발 우물

민군왕 티

서문

동문

와불

라카인
상인 홀

보리수

남문

쉐다곤 평면도

하는 신으로 경배받고 있다.

북서방향에는 마하간다Maha Ganda 종이 있다. 마하간다 종은 1779년 신구 Singu 왕이 헌납한 것으로 높이 2.2m, 직경 1.95m, 무게가 23톤에 이르는 거대한 종이다. 영국은 1825년에 이 종을 강탈하여 영국으로 가져가려 하였다. 그러나 배가 종의 무게를 견디지 못하고 양곤강에 가라앉았다. 영국은 종을 건져 올리기 위해 노력했으나 실패하자 양곤의 한 승려가 만약 그 종을 자기들이 끌어올리면 다시 제자리에 놓게 해 줄 것을 제안하였다. 당시의 기술로는 불가능하다고 판단한 영국은 이를 허락하였다. 미얀마 사람들은 물 속으로 들어가 종의 몸체에 대나무를 엮어 묶어 나갔다. 종은 대나무의 부력으로 물 위로 떠올랐고 쉐다곤으로 돌아와 현재에 이르게 되었다.

　북동방향에는 나웅도지Naungdaw Gyi 탑과 마하티타다간다Maha Titthadaganda 종, 담마제디왕의 비석이 있다. 나웅도지 탑은 높이 46m로 형태는 쉐다곤탑의 축소판처럼 보인다. 이 탑은 석가모니의 머리카락을 쉐다곤 탑에 모시기 전에 모셨던 곳이다. 마하티타다간다 종은 1841년 타라와디왕이 헌납한 종으로 무게가 40톤에 이른다. 유리와 옷칠공예로 만들어진 종루 내부의 장식이 화려하다. 바고 왕조의 담마제디Dhammazedi 비석은 담마제디왕이 1485년에 건립한 비석이다. 그는 쉐다곤의 전설과 역사를 정리하여 미안마어, 빨리어, 몬어로 된 비석을 건립하였다.

마하간다 종(좌)
1779년 신구왕이 헌납한 것으로 무게가 23톤에 이른다.

마하티타다간다 종(우)
1841년 타라와디왕이 헌납한 것으로 무게가 40톤이다.

도시의 심장 슐레 탑

Sule Paya

슐레 탑은 양곤의 출발점이다. 양곤의 거리 표시는 슐레 탑을 기점으로 하는데 이곳이 도시의 심장이 된 것은 1852년 버마와의 2차 전쟁에서 승리한 영국이 양곤을 인도, 영국과 연결하는 국제항으로 만들면서부터다. 영국은 항구와 가까운 슐레 탑을 중심으로 방사형의 도시계획을 수립하여 슐레탑 주변의 늪지를 메우고 바둑판 모양의 도로를 만들었다.

1885년 양곤이 영국식민지의 수도가 되면서 슐레 탑을 중심으로 한 양곤에는 인구가 폭발적으로 늘어났다. 현재에도 슐레 탑 주변에는 식민지시대 건축물들이 집중적으로 배치되어 있다. 미얀마 총독부 건물을 비롯한 관공서 건물, 교회와 힌두교 사원을 비롯한 종교건물, 양곤 부두와 같은 무역 시설, 보족 시장과 같은 상업시설 등 양곤의 핵심들이다. 이곳에서는 미얀마 사람들뿐만 아니라 인도계, 중국계 사람들을 비롯한 서양인들이 하고 있는 모습을 볼 수 있다.

슐레 탑은 2000년 전 인도에서 가져온 부처님의 머리카락을 모시기 위해 건립되었다. 전설에 의하면 인도의 아쇼카왕은 최초로 통일제국을 건설한 다음 불교를 국교로 삼고 불교사절단을 세계 각국에 파견하였다. 미얀마에는 신통력을 갖춘 소나Sona와 웃타라Uttara 장로가 미얀마 남부 뚜원나부미Thuwannabumi에 도착하였다. 이들은 불교를 전파하기 위해 10개의 부처님 머리카락과 여러 가지 성유물을 가지고 와서 부처님 머리카락 한 가락을 당시 다곤의 지사였던 마하수라Maha Sura에게 주었다. 마하수라는 부처님 머리카락을 모실 탑을 건설하였다. 이것이 바로 슐레 탑이다. 슐레 탑의 몬족어 이름은 '부처님의 머리카

슐레 탑 전경
2000년 전 인도에서 가져
온 부처님의 머리카락을
모시기 위해 건립하였다.

락을 모신 탑'이라는 뜻의 '짜익 아톡Kyaik Athok'이다. 버마인들은 건설자의 이름
을 따서 '수라 제디Sura Zedi'라고 부르기도 한다.

　슐레 탑의 이름은 쉐다곤이 있는 언덕을 수호하는 낫의 이름인 슐레에서 따
온 것이다. 슐레 낫은 처음에는 단순한 귀신이었으나 양곤에 오셨던 첫 번째
부처님인 과거불 구류손불Kakusandha에 의하여 불교를 수호하는 낫신으로 바뀌
었다. 슐레보보지라고 불리우는 슐레 낫은 일찌기 싱구타라Singuttara 언덕에 쉐
다곤 탑이 건설될 것을 예언하였다. 그래서 사당에 모셔진 슐레 낫은 나이 많
은 것을 상징하기 위해 할아버지의 모습을 하고 있으며, 오른손을 들어 쉐다곤
탑이 있는 싱구타라 언덕을 가리키고 있다. 상인 타푸샤와 발리카 형제가 부다
가야에서 부처님의 머리카락을 얻어 와서 쉐다곤 탑을 만들 것이라는 사실을
예언한 자리가 슐레 탑이다.

슐레 탑은 팔각형 탑으로 팔정도八正道를 상징한다. 불교의 사상 가운데 하나가 사성제四聖諦이다. 사성제는 네 가지 성스런 진리, 즉 고집멸도苦集滅道를 말한다. 고통이 있는데苦 그것의 원인은 집착 때문이다集. 이것을 소멸하는 길滅은 바로 팔정도를 행하는 것이다道. 팔정도는 바른 견해正見, 바른 생각正思惟, 바른 말正語, 바른 행위正業, 바른 생계正命, 바른 노력正精進, 바른 삼매正念이다. 팔각형의 슐레 탑은 팔정도의 실천을 통하여 해탈하신 부처님을 상징한다.

슐레 탑은 교차로 한가운데 자리한 섬이다. 주변에는 상가들이 형성되어 있고 주위를 돌아가는 차들과 사람들로 사원을 들어서기 전부터 혼잡하다. 사원 내에도 예불을 드리러 온 사람들과 꽃파는 행상인, 구걸하는 사람, 수행자들, 관광객, 점성술가 등이 주위 차량 소음과 뒤섞여 매우 소란스럽다. 슐레 탑으로 가는 방법은 건널목을 건너가거나 육교를 이용한다. 건널목은 동서남북에

슐레 탑 원경
양곤의 출발점으로 양곤의 거리표시는 이곳을 기점으로 한다.

있으며 각 방향으로 나 있는 문을 통해 1층에서 2층으로 올라갈 수 있다. 육교
는 서문에 있으며 바로 탑이 있는 2층으로 연결되어 있다.

슐레 탑은 가운데 중앙탑과 주변의 작은 탑들로 구성되어 있다. 48m 높이
의 중앙탑 주변에는 네 개의 불당이 쉐다곤과 마찬가지로 동쪽에 구루손불, 남
쪽에 구야함모니불, 서쪽에 가섭불, 북쪽에 석가모니불이 모셔져 있다. 이곳
에 모셔진 불상들은 대부분 20세기에 만들어진 것이다. 북쪽의 석가모니불은
1928년에 조성되었으며 동쪽의 구류손불은 1929년, 남쪽의 구나함모니불과
서쪽의 가섭불은 1941년에 조성되었다.

주변의 작은 탑들은 영국 식민지시대의 건축물과 최근에 건설된 건축물들이
황금빛 슐레 탑과 조화를 이루고 있다. 이처럼 슐레 탑은 시간과 공간을 초월
하여 중생들 한가운데 계시는 부처님으로 양곤을 오가는 사람들의 심장이 되
었다.

양곤항의 황금등대 보타타웅 탑

Botataung Paya

보타타웅은 인도에서 가져온 부처님의 머리카락을 6개월간 임시로 보관하였던 곳이다. 상인 타푸샤와 발리카 형제는 수레에 물건을 싣고 인도 부다가야를 지나가고 있었는데 숲속 나무 아래에서 성도하신 부처님을 발견하고 곡물가루와 꿀을 바치며 귀의하여 부처님 머리카락 여덟 가닥을 받았다.

두 상인은 부처님의 머리카락을 가지고 고향 오칼라 마을 현재의 양곤항으로 돌아왔다. 그들이 탄 배가 양곤항에 도착하자 오칼랍파왕은 성유물을 호위하기 위해 궁정 관료와 1,000명의 장교들을 데리고 항구로 갔다. 그런데 돌아오는 도중에 아제따왕과 나가왕에게 두 개씩을 빼앗겼으나 머리카락이 들어 있는 함을 열자 여덟 개가 그대로 들어 있었다. 왕은 성스러운 부처님의 머리카락을 안치할 곳을 마련하는 6개월 동안 지금의 보타타웅 사원 자리에 모시고 백성들이 예불을 드릴 수 있도록 공개하였다. 6개월 후 왕은 형제들에게 부처님 머리카락 하나씩을 주고 나머지 불발을 싱구타라 언덕에 안치하였다. 이것이 쉐다곤이다.

보타타웅의 보Bo는 장교라는 의미이며, 타타웅tataung은 1,000을 뜻한다. 탑의 이름이 보타타웅이 된 것은 인도에서 부처님의 머리카락을 가져왔을 때 1,000명의 장교가 호위하였기 때문에 붙여진 이름이다. 한편 보타타웅의 창건과 관련하여 양곤에 가까이에 있는 시리암Syriam의 보가테나Bawgathena왕이 부처님의 머리카락과 불사리를 안치하고 사원을 건립하였다는 전설도 함께 전해진다.

1943년 11월 8일 영국 공군은 일본군 함선을 파괴하기 위해 양곤 항만을 폭

보타타웅 전경

보타타웅은 부처님 머리
카락을 1,000명의 장교
가 호위하였기 때문에 붙
여진 이름이다.

격했다. 항만 가까이에 있는 보타타웅과 그 주변에도 수많은 폭탄이 떨어졌다. 결국 보타타웅 사원은 붕괴되어 잿더미가 되었다. 1948년 1월 4일 영국으로부터 독립한 미얀마는 보타타웅 탑을 재건하기 위한 복구위원회가 구성되었다. 미얀마 독립정부는 전설로 연결되어 있는 쉐다곤과 술레, 보타타웅을 미얀마 불교의 상징으로 생각하고 있었다. 따라서 이들에 대한 복원을 통해서 미얀마 불교의 정체성을 확립하고자 하였다.

보타타웅 공사중에 탑이 있던 정중앙 아래쪽에서 성유물실이 발견되었다. 그 방에는 라테라이트석으로 만든 직경 58cm, 높이 99cm의 원추형 함이 있고 그 안에는 순금으로 만든 작은 탑이 있었다. 이 금탑을 들어 올리자 그 밑에 금으로 된 작은 원통이 있었다. 그 안에서 겨자씨 크기의 작은 불사리 두 개, 불발 한 개가 발견되었다. 그리고 보석과 장신구, 흙을 구워 만든 와당, 금이나 은, 돌 등으로 만든 불상 등 700여 점이 함께 발견되었다. 이들을 다시 안치한 새로운 보타타웅 탑은 1948년에 건설되기 시작하여 1953년에 완성되었다.

보타타웅은 탑 안으로 사람들이 들어갈 수 있는 유일한 탑이다. 외부는 원래의 모습 그대로 40m 높이의 황금탑으로 만들었다. 탑 내부에는 발굴을 통해 세상에 알려진 성유물과 유물들을 전시할 수 있는 공간을 마련하였다. 탑 안으로 들어서면 한가운데 불사리와 불발을 모시고 있고 그 주위에 8개의 방을 만들었다. 성유물이 있는 중앙을 중심으로 8개의 방을 차례로 돌면 내부 탑돌이가 된다. 합장을 하고 방을 돌며 탑돌이를 하면 부처님의 품속에 안긴 듯한 편안함을 느끼게 된다.

탑의 서쪽에는 청동불이 있다. 이 불상은 꼰바웅 왕조 민돈Mindon왕에 의해

성물 운반 모형
보타타웅은 인도에서 가져온 부처님 머리카락을 임시로 보관하였던 곳이다.

조성되었다. 영국이 미얀마를 합병할 당시 이 불상은 미얀마 마지막 왕인 티보왕의 유리궁전에 있었다. 티보왕이 영국에 의해 인도로 유배를 간 다음 영국은 이 불상을 런던으로 가져갔다. 이후 미얀마의 강한 요구로 1951년 돌아와 보타타웅에 모시게 되었다. 자비로운 모습의 불상에는 미얀마어로 왼손에는 '마음', 오른손에는 '다스리라'라는 글이 새겨져 있다.

보타타웅 사원의 남쪽에는 세 명의 낫을 모신 사당이 있다. 연못을 가로질러 놓여진 다리를 건너면 뜨란다디Thurathadi, 드자민Thagyamin, 보보지Bobogyi 낫을 모신 사당이 있다. 뜨란다디는 학문과 음악을 주관하는 낫으로 한 손에 책을 들고 있다. 이 낫은 힌두교의 여신 사라바스티가 변한 것이다. 사라바스티는 창조의 신 브라흐마의 부인으로 공작을 타고 있으며, 지혜, 언어, 음악의 여신이다.

탑의 내부와 성유물함
탑 안으로 사람이 들어갈 수 있는 유일한 탑이다. 탑 내부 한가운데에는 성유물이 모셔져 있다.

드자민은 미얀마 모든 낫신의 왕이다. 힌두교의 인드라, 불교의 제석천이 낫신으로 변한 것이다. 보보지는 모든 소원을 들어준다는 낫으로 왼손에 막대를 집고 오른손으로 쉐다곤을 가리키는 할아버지의 형상을 하고 있다. 미얀마 사람들이 내세의 소망은 부처님께 빌고 현세의 간절한 소원은 낫신들에게 기원하고 있음을 알 수 있다.

보타타웅은 양곤 항구에서 가장 가까운 사원이다. 부처님의 머리카락이 배를 통해서 양곤항으로 들어왔기 때문에 가까운 곳에 사원이 자리한 것은 당연하다. 보타타웅은 배를 타고 오가는 선원들의 안전과 무사귀환을 기도하던 곳이었다.

현재도 이곳은 거친 파도에 흔들리는 배들과 선원들을 지켜주는 황금빛 등대이며 힘든 현대인들에게 작은 안식을 주는 보금자리이다.

낫 숭배
사원 남쪽에는 세 명의 낫을 모신 낫당이 있다.

부처님의 영원한 안식처 챠욱탓지 사원

Chaukhtatgyi Paya

챠욱탓지 사원의 와불臥佛은 부처님이 돌아가실 때 모습인 열반상이다. 부처님은 인도 구시나가르에서 마지막으로 제자들에게 '모든 것은 변하고 무너진다. 마치 낙숫물이 떨어져 돌에 구멍을 내는 것과 같이 끊임없이 정진하여라'라는 최후의 설법을 하셨다. 그리고 두 그루의 사라나무 사이에 머리는 북쪽으로 얼굴은 서쪽을 바라보며 옆으로 누워서 열반하셨다. 그런데 미얀마의 와불은 눈을 뜨고 있어서 부처님께서 편안하게 휴식을 취하는 모습이라고도 한다.

사원에 와불을 모시는 것은 부처님께서 영원히 머물러 계실 것을 소망하기 때문이다. 인도 사람들은 부처님께서 열반하실 때 자신들의 땅에서 이루어지길 기원하였다. 생의 마지막을 보내신 곳이 곧 부처님의 영원한 안식처가 되기 때문이다. 미얀마 사람들 역시 부처님께서 영원히 자신들의 땅에 머물러 계실 것을 소망하면서 와불상을 조성하였다. 미얀마의 와불상은 이곳 양곤의 챠욱탓지 사원 이외에도 바간의 쉐산도 Shwesandaw 사원, 바고의 쉐탈랴웅 Shwethalyaung 사원, 몽유와의 보디 타타웅 등 전국에 모셔져 있다.

챠욱탓지 사원은 쉐다곤의 북동쪽 작은 언덕 위 긴 골목길 안쪽에 자리하고 있다. 완만한 오르막길을 오르면 언덕의 끝자락에서 거대한 창고같은 건물을 만난다. 길게 누워 있는 3층 철골구조물은 버스 터미널 같은 인상을 준다. 다른 사원들처럼 황금빛으로 화려하게 장식하지 않았기 때문이다. 그러나 법당

와불 전경
와불은 열반상으로 부처님께서 영원히 머물러 계실 것을 소망하는 의미를 담고 있다.

불상의 상부
불상의 얼굴표정은 장소
에 따라서 다르게 보인다.

안에 들어서면 한눈에 들어오지 않을 정도로 거대한 불상의 규모에 스스로가
작아지는 모습을 보게 된다.

챠욱탓지 와불은 길이 67m, 높이 18m에 이르는 거대불이다. 오른손으로 머
리를 받치고 누워 있는 불상은 머리를 동쪽으로 하고 있으며, 얼굴은 북쪽을
바라보고 있다. 미얀마의 가장 남쪽에 자리한 양곤에서 북쪽은 미얀마 전역을
의미한다. 따라서 챠욱탓지 와불상은 미얀마 전 국민의 소원이 이루어져서 온
나라가 번창하고 평안하기를 기원하는 의미를 담고 있다.

챠욱탓지 와불상은 원래 1907년에 처음 만들어졌다. 국회의원이었던 포타
와 그의 가족들의 기부로 만들어진 높이 31m, 길이 72m의 거대한 이 와불은
보호각 없이 노천에 모셔져 있었다. 고온다습한 미얀마의 기후로 인해 조성된
지 50년이 지나면서 붕괴되었다. 1957년 정부는 종교계와 함께 완전히 철거
하였다. 그리고 1966년에 새로운 와불을 조성하기 시작해 1973년에 오늘날

의 모습으로 완성되었다. 옛 와불상은 빛바랜 흑백 사진 속에 추억처럼 남아 있다.

현재의 와불상은 벽돌로 골격을 만든 다음 회반죽으로 외부를 조각하고 유약을 발라 마무리하였다. 머리에는 보석을 박은 화려한 보관을 썼고, 끝자락이 보석으로 장식된 금빛 법의法衣를 입고 있다. 눈에는 검고 긴 속눈썹이 붙여졌고 눈 주위는 파란색, 입술은 빨간색, 귓속과 손톱은 분홍색이다. 섬세하고 자연스럽게 흘러내리게 조성된 법의가 자못 인상적이다. 특히 불상의 두 발바닥에는 108개씩 나뉜 사각형 안에 갖가지 문양이 새겨져 있다. 이는 삼계三界, 즉 욕계欲界, 색계色界, 무색계無色界를 표현한 것이다. 미얀마에서는 욕계 28계, 색계는 21계, 무색계는 59계로 이루어져 있다는 우주관을 가지고 있다. 챠욱탓지 사원의 와불은 이렇게 온 우주를 관장하는 것이다.

한편 부처님의 얼굴 표정, 즉 상호相好는 장소에 따라서 다르게 보인다. 정면에서 바라보면 아름다운 여인의 모습이지만 발이 있는 서쪽에서 바라보면 인자한 남성의 모습이다. 다양한 표정으로 부처님은 우리를 찾아 오셨다. 부처님 속에는 인간의 희노애락 모든 삶이 들어 있어서 그것을 바라보는 사람의 마음에 따라 각기 다른 모습으로 나타나는 것이다.

불상의 눈과 발바닥
검고 긴 속눈썹을 붙인 눈에는 자비가 가득하다. 발바닥에 새겨진 108개의 문양은 욕계, 색계, 무색계를 표현한 것이다.

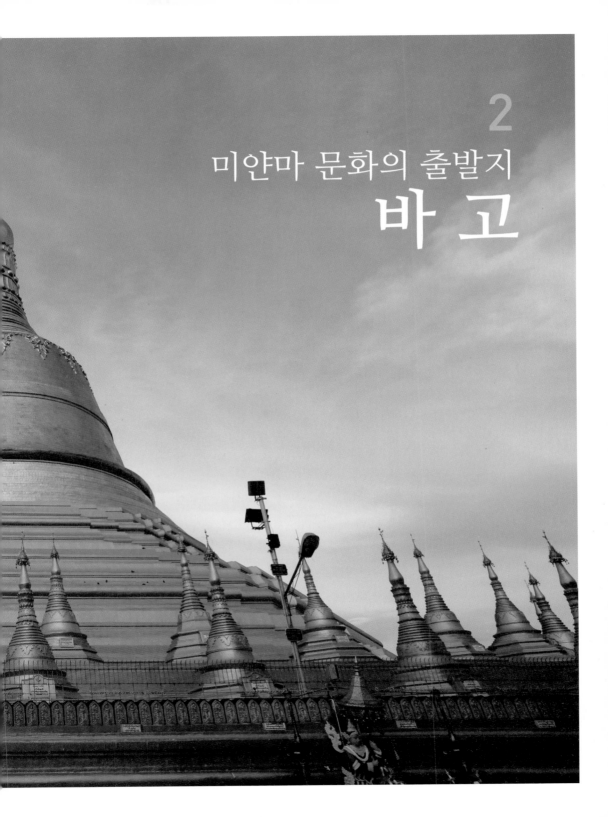

2

미얀마 문화의 출발지
바 고

바고

바고Bago라는 도시 이름은 '아름다운' 의미의 몬족 언어 '바고bagow'에서 유래하였다. 양곤강을 중심으로 강 하류의 퇴적토와 넓은 평야 지대에 형성된 바고는 미얀마의 곡창지대 중 한 곳이다. 현재 바고는 인구 500만이 살고 있는 바고 도道의 수도이며 교통의 요지이다. 양곤에서 동북쪽으로 80km 떨어진 바고는 양곤에서 출발한 도로와 철도가 이곳에서 북쪽으로는 수도 네삐도와 만달레이로 향하고, 남쪽으로는 말레이 반도를 따라 다웨이Dawei까지 연결된다.

　바고로 가는 길은 편안한 고속도로이다. 왕복 4차선 도로이지만 우리나라의 고속도로와는 다르다. 입체교차로가 없을 뿐만 아니라 사람도 우마차도 함께

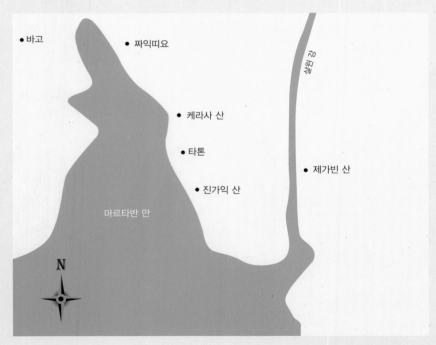

바고 주변 지도

이용한다. 진정한 고속도로는 양곤에서 바고 방향으로 조금 달리다 보면 왼쪽으로 갈라지는 새로운 수도 네삐도로 가는 도로이다. 2004년 수도를 옮기면서 개통한 것으로 만달레이까지 연결된다. 양쪽으로 끝없이 펼쳐진 넓은 평야 그 가운데로 달리는 길은 다른 길에 비하면 최상급이다. 고속도로 입구에는 안전 운행을 도와주는 신을 모신 보리수나무가 있다. 자동차를 나무 앞에다 대고 전진과 후진을 세 번 반복하면서 무사고를 기원한다.

바고의 옛 이름은 함사와티Hamsavati이다. '함사의 도시'라는 의미로 함사는 힌두교 창조의 신 브라흐마가 타고 다니는 백조다. 전설에 의하면 미얀마에 날아온 부처님께서 바닷가 작은 모래 언덕에 앉아 있는 암수 두 마리의 백조를 발견하였다. 부처님은 이 작은 섬은 분명히 함사와티라는 거대한 도시로 발전할 것이라고 예언하였다. 백조가 앉아 있던 곳은 '백조의 언덕'이라는 의미인 힌타곤Hintha Gon이다. 이곳은 바로 현재 쉐모도 탑이 있는 곳이다. 이후 825년 몬족 왕조는 사말라Samala와 위말라Wimala라는 두 왕자가 수도를 타톤에서 이곳 함사와티로 옮겼다. 당시에도 이 지역은 강물과 바다로 인해 새 한 마리밖에 서 있을 수 없는 아주 작은 섬이었다. 두 왕자는 이곳에 수컷 백조가 암컷을 등에 태우고 서 있는 것을 보았다. 이것을 상서로운 징조라 여긴 왕자들은 섬 주변에 '함사와티'라는 왕국의 수도를 건설했다. 이후 오늘날까지 수컷 백조의 등에 암컷 백조가 타고 있는 동상은 바고의 상징이 되었다.

역사적으로 바고는 미얀마에 처음으로 도입된 상좌부 불교의 중심이었으며, 벼 재배의 방법을 전수받아 쌀농사의 주요 생산지였다. 그러나 11세기 바간 왕조의 침입으로 제국을 형성하지 못하고 바고를 포함한 몬족 왕국은 바간 왕조에 귀속되었다.

바고는 바고 왕조(1287~1539)의 중심지가 되면서 두 번째 전성기를 맞이하였다. 12세기 말 몽골의 침입으로 바간 왕조가 멸망하자 몬족은 자신들의 고유 왕국을 재건하였다. 1353년 왕위에 오른 빈냐우byinnya U는 수도를 모뜨마에서 바고로 옮기고 본격적인 바고 왕조를 열었다. 북부 잉와 왕국과 국경을 정해

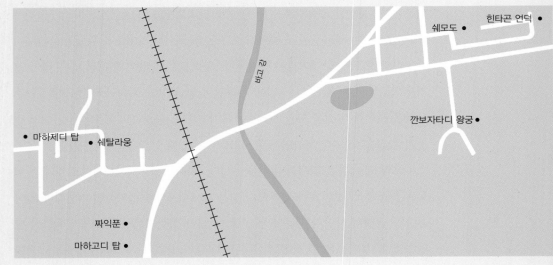

마하제디 탑 ●
쉐탈라웅 ●
쉐모도 ●
힌타곤 언덕 ●
깐보자타디 왕궁 ●
짜익푼 ●
마하고디 탑 ●
바고 강

바고 시내 지도

남부 미얀마의 영역을 공고히 하면서 몬족의 민족주의를 고양시켰다. 다음 왕
인 라자드릿왕은 잉와 왕조와의 40년 전쟁에서 승리하고 내분을 진압한 후에
쉐모도 탑에 제단을 만들고 1,000여 명의 승려를 초청하여 7일 동안 축제를 벌
였다. 이후 바고 왕조는 외부의 위협이 없는 평화가 지속되었고 교역도 증가하
였다.

바고 왕국의 전성기는 신소부Shinsawbu여왕과 담마제디Dhammazedi왕의 통치기
였다. 신소부여왕은 바고를 무역의 중심지로 키우고자 하였다. 바고강의 잔모
래가 바다로 계속 밀려들어 해변이 얕아지고 있기는 했지만 바고는 여전히 바
다에 가장 가까운 지역으로 국제적인 항구의 역할을 담당하였다. 신소부여왕
은 무역으로 축적한 부를 바고를 바간처럼 불교의 중심지로 만들고자 탑을 건
설하고 사원을 건립하였다.

담마제디는 승려출신 왕으로 바고에 쉐구지 탑과 짜익푼 탑을 건립하였으
며, 쉐모도의 서쪽에 새로운 도시를 건설하여 그곳에 새로운 왕궁과 코끼리 우
리를 만들었다. 그의 통치기의 석조건축술은 탁월하였을 뿐만 아니라 옛 도시
와 신도시 사이에 세워진 사원들은 후세인들의 감탄을 자아낼 만큼 거대한 것

들이었다.

　따웅우 왕조(1280~1752)의 버인나웅Bayinnaung왕은 미얀마 통일을 완성하여 명실상부한 제국을 형성하였다. 그리고 바고에 새로운 수도를 건설하고, 황금 궁전인 깐보자타디Kanbawzathadi 왕궁을 지었다. 버인나웅왕은 왕관의 보석을 빼내어 다곤(양곤)의 쉐다곤, 바고의 쉐모도, 짜익띠요의 파고다에 나누어 바쳤다. 그리고 52세가 되었을 때 쉐모도 주변에 많은 사원들을 세웠다. 그러나 무엇보다도 그의 통치기에 가장 뛰어난 건축은 바고에 있는 마하제디 탑이다. 위대한 탑이라는 뜻을 가진 마하제디 탑은 부처의 성치聖齒를 안치하기 위해 만든 탑이다. 버인나웅은 이곳에 스리랑카 왕으로부터 받은 부처의 돌 공양그릇과 자신의 금상도 함께 안치한 당시 최고의 건축물로 평가받았다.

　그러나 버인나웅이 죽은 후 아들 난다버인이 즉위하면서 따웅우왕조는 급격히 쇠퇴하였다. 따웅우 영주는 라카인과 연합하여 수도 바고는 파괴되었다. 버인나웅이 아유타야에서 가져온 30개의 청동 불상은 라카인이 가져가고, 궁 안에 있던 불상은 따웅우가 가져갔다. 특히 따웅우 영주는 마하제디 탑을 도굴하여 이곳에 안치되어 있던 성치와 공양그릇을 가져갔다.

　꼰바웅 왕조(1752~1885)의 알라웅페야Alaungpaya왕은 미얀마를 또 다시 통일하였다.

　알라웅페야왕의 아들로 꼰바웅 왕조의 여섯 번째 왕인 보도페야Bodawpaya왕은 바고

함사
수컷 백조의 등 위에 암컷 백조가 타고 있는 동상은 바고의 상징이다.

를 재건하였다. 그러나 강에서 흘러내린 퇴적토로 바다와 연결이 끊긴 바고는 항구로서의 역할을 못하게 되었다. 지역적인 중요성이 없어지면서 도시는 쇠락했고, 상업적 관문 역할을 하는 국제항구 및 무역도시로서의 영광을 새로운 국제항으로 부각된 양곤에 넘겨주었다.

바고가 외적의 침입을 받지 않았다면 그 유적들은 그 양이나 질에서 바간에 뒤지지 않을 정도였다. 바고는 수세기 동안 몬족의 중심지인 동시에 바고 왕조와 따웅우 왕조의 수도였기 때문이다. 미얀마를 통일한 대제국의 수도에 걸맞는 왕궁과 사원, 탑 등 많은 문화유적이 건설되었다. 그러나 바고는 제국의 수도였기 때문에 역사적으로 많은 나라의 공격을 받을 수밖에 없었다. 미얀마에 득세했던 여러 나라를 비롯하여 특히 라카인과 아유타야의 공격을 받아 철저하게 파괴되었다. 현재는 바고에는 불탄 왕궁을 발굴하여 복원한 깐보자타디 왕궁이 있다. 그리고 석가모니의 불발을 넣고 만든 쉐모도가 여전히 도시의 중심축을 형성하고 있으며 몬족의 왕인 미가데파 2세가 만든 쉐탈라웅 와불, 과거 4불을 동서남북에 배치한 사각기둥 형태의 짜익푼, 따웅우 왕조의 버인나웅왕이 스리랑카 왕으로부터 받은 부처의 성치와 돌 공양그릇을 안치한 마하제디 등이 남아있다. 한편 바고에서 80km 떨어진 곳에 자리하고 있는 짜익띠요는 미얀마 3대 불교성지 가운데 하나이다. 이들 유적을 통해 바고의 문화와 영광을 조금이나마 추정할 수 있다.

깐보자타디 왕궁에서 본 쉐모도

바고는 여러 왕조의 수도로 깐보자타디 왕궁과 도시의 중심축인 쉐모도 탑이 있다.

건축과 예술의 결합 깐보자타디 왕궁

Kanbawzathadi Palace

1993년 버인나웅왕의 왕궁 터가 발견되었다. 집들을 철거하고 본격적인 발굴을 통해 176개의 티크목 기둥이 발굴되었다. 버인나웅 왕궁의 기둥이었다. 기둥은 완전한 형태로 발굴된 것은 하나도 없으며 밑 부분만이 남아 있다. 평균 2m 정도의 기둥의 윗부분에는 불에 탄 흔적이 남아 있다. 화재로 불타면서 땅속에 있었던 부분만 남아 있었던 것이다. 왕궁의 기둥 흔적은 222개이며 이 가운데 176개가 발굴되었다. 이들 가운데 136개 기둥의 바닥면에는 몬족 글씨와 미얀마 글씨로 티크목을 보낸 지역 이름과 관리자의 이름이 기록되어 있다. 이 기록을 통하여 이곳이 따웅우 왕조의 버인나웅왕이 지은 황금궁전이 있었던 곳임을 확인하였다.

따웅우 왕조(1280~1752)의 버인나웅왕은 1555년 왕위에 올라 미얀마의 두 번째 통일 왕국을 건설하였다. 뜨빈쉐티왕의 죽음으로 반란을 일으킨 따웅우 지역을 진압하고 샨족의 잉와 왕조, 남부 미얀마와 태국의 아유타야 등을 정복하였다. 그리고 포르투갈, 이탈리아, 인도, 자바, 스리랑카, 말레이시아 등과 우호적인 관계를 유지하면서 상호 교류하였다.

깐보자타디 왕궁 전경
당시 최고의 건축과 예술이 결합된 왕궁이었다.

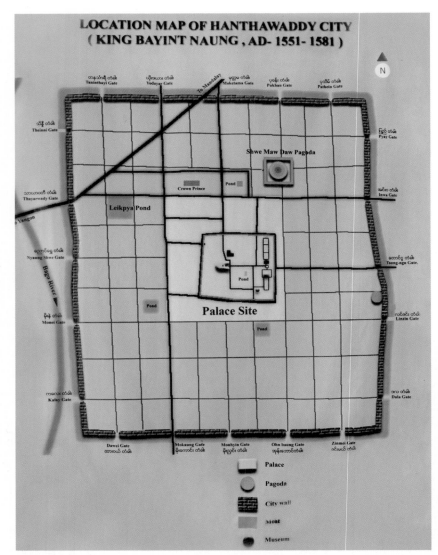

LOCATION MAP OF HANTHAWADDY CITY
(KING BAYINT NAUNG , AD- 1551- 1581)

N

Taninthayi Gate
Yodayar Gate
To Mandalay
Moketama Gate
Pukhan Gate
Pathein Gate

Theinni Gate
Pyay Gate

Shwe Maw Daw Pagoda

Crown Prince
Pond
Inwa Gate

Thayarwady Gate

Leikpya Pond

To Yangon

Nyaung Shwe Gate

Tsaung-ngu Gate

Bago River

Pond

Palace Site

Pond

Linzin Gate

Monei Gate

Pond

Kalay Gate

Dala Gate

Dawei Gate
Mokaung Gate
Monhyin Gate
Ohn baung Gate
Zinmei Gate

Palace

Pagoda

City wall

Moat

Museum

왕궁과 도성 도면

따웅우 왕조의 버인나웅
왕은 제국의 명성에 걸맞
는 도성과 왕궁을 건설하
였다.

버인나웅왕은 미얀마족, 샨족, 몬족 등 미얀마의 모든 종족들의 단합할 수
있도록 하나의 통일된 법과 공동의 문자, 공동의 도량 단위를 사용하여 일체감
을 유지하도록 하였다. 그리고 새롭게 도로를 개설하고 다리를 놓아 지역간의
소통을 원활하게 함과 동시에 지역에 있는 인재를 왕궁으로 불러와 교육시키

기도 하였다. 관리들과 귀족들에게도 세금을 징수함으로써 국가재정을 튼튼하게 하였다. 세금은 지역 특산물을 징수하였는데 북부지방의 경우 그곳에서 생산되는 보석 등을 거두기도 하였다. 그리고 죽은 자가 아끼던 노예, 코끼리, 말 등을 생매장하는 장례법을 금지하는 등 미신을 제거하고 대신 승려를 파견하여 불교가 정착할 수 있도록 하였다.

버인나웅왕은 따웅우 왕조의 출발지인 따웅구를 대신해 바고를 수도로 정하였다. 바고는 바다에 접해 있어서 이미 외국과의 교역으로 번성하였고 태국의 아유타야 왕국까지 아우를 수 있는 유리한 위치에 있었다. 버인나웅왕은 제국의 명성에 걸맞는 도성과 왕궁을 건설하였다. 바고의 도성은 한 면의 길이가 8km인 정사각형 외벽으로 둘러싸여 있다. 성벽을 따라서 해자를 파고 각 방향마다 5개씩의 문을 둠으로써 도성 전체 출입문이 20개에 이른다. 각 문의 이름은 버인나웅왕이 정복한 지역의 명칭을 붙여서 미얀마를 통일한 대제국을 형

발굴된 기둥
기둥 바닥에는 티크목을 보낸 지역과 관리자의 이름이 새겨져 있다.

성한 자신의 위업을 과시하였다. 당시의 풍요롭고 화려한 수도 바고의 모습을
베니스 출신 상인들은 이렇게 묘사하고 있다.

"성 주위에 파놓은 해자에는 악어와 불탑들이 있고 성 안에는 우아한 궁전이
우뚝 서 있으며 코끼리부대와 기마부대의 행렬과 번쩍이는 의상을 입은 귀
족 등 끊이지 않는 사람들의 발길로 화려하고 풍요롭다."

깐보자타디 왕궁은 자신이 정복한 각 지역의 예술가와 장인들을 총동원하여
건축하였다. 당시 최고의 건축과 예술
이 결합한 걸작이었다. 한 포르투갈 사
람은 당시 왕궁을 이렇게 기록하였다.

발굴된 기둥과
복원된 기둥

황금빛으로 빛나던 화려
했던 왕궁은 화재로 불탄
기둥만 남아 있다.

"웬만한 도시만큼이나 큰 거대한 궁
전을 지었는데 왕이 거처하는 건물의
지붕은 순금으로 도배하였고 방 내부
에는 순금과 값비싼 보석으로 장식하
였다. 백성들은 그곳에 사는 권위가
더없이 충만한 왕을 신을 대하듯 하
였다."

그러나 황금궁전 깐보자타디 왕궁은
오래가지 못했다. 버인나웅왕이 죽은
후부터 급격하게 기울기 시작한 따웅우
왕조는 분열되었다. 마침내 1599년 따
웅우의 영주와 강성해진 라카인 군주가
연합하여 바고를 공격하였다. 바고를

점령한 이들은 왕궁을 불태우고 금은 보화 등 전리품을 나누어 가져갔다. 따웅우의 영주는 궁 안에 있던 불상과 마하제디 탑을 도굴하여 성치聖齒와 공양 그릇을 가져갔다. 라카인의 군주는 공주와 흰색 코끼리, 아유타야에서 가져온 청동불상 등을 가져갔다. 그리고 왕궁의 지붕과 벽면을 장식한 금판들을 떼어가고 불을 질러 왕궁이 완전히 전소되었다. 그 후 몬족들이 다시 바고를 재건했지만 1757년 꼰바웅 왕조의 미얀마족 알라웅파야왕이 침입하여 도시 전체를 파괴함으로써 왕궁은 폐허가 되어 숲속에 묻히고 말았다.

왕궁 터는 발굴과 동시에 복원작업을 진행하였다. 거대한 규모의 왕궁 터에서 정전正殿과 침전 그리고 보물창고, 연못 등 여러 건축물의 흔적과 유적들이 발굴되었다. 이 가운데 현재 정전과 침전이 복원되었다. 정전은 왕이 업무를 보는 공간으로 궁전의 가장 중심 건물이다. 정전 건물은 ㄷ자 형의 건물 뒤에 팔각형의 건물이 있는 구조로 되어 있다. 왕이 흰색 코끼리를 타고 와서 내리면 정중앙을 통해 팔각형 건물에 마련된 왕좌에 앉아 정무를 보는 구조로 되어 있다. 현재 박물관의 역할을 하고 있다. 왕궁 안에 들어서면 우선 180년 된 티크목으로 만든 거대한 열주列柱들의 모습에 압도당한다. 황금색으로 빛나는 복원된 기둥에는 발굴된 기둥을 함께 배치해 놓았다. 발굴된 기둥에서는 역사와 연륜이 묻어나고 새롭게 복원된 기둥에서는 화려함이 눈을 현혹한다.

복원된 왕궁 내부
왕궁의 지붕은 순금으로 도배하였고, 방 내부는 순금과 보석으로 장식하였다.

팔각형의 건물 한가운데에 있는 왕좌는 화려한 보석으로 장식된 황금색이다. 그리고 벽면은 연꽃 문양으로 만든 사각형 판으로 장식하였다. 이 모든 것들이 실제 황금으로 만들어졌다는 상상을 하면 깐보자타디 왕궁의 화려함을 짐작할 수 있다. 그리고 우측 건물에는 왕이 타고 다녔던 황금마차의 모형이 전시되어 있다. 16마리의 말이 끌던 9m 길이의 금박으로 장식된 마차다. 마차가 행차할 때면 20명의 귀족들이 줄을 잡고 뒤를 따라가며 호위하였으며 장관 4명은 마차의 코너에 서 있었다. 실제 이 마차는 2,000개의 보석으로 장식되어 있었으며 제작 기간만 3년이 걸렸다고 한다.

침전은 왕궁의 동쪽에 자리하고 있었다. 건물의 이름이 벌왕좌 홀Bee Throne Hall이다. 이곳은 왕이 잠자던 곳으로 왕좌에 벌모양이 새겨져 있기 때문에 붙여진 이름이다. 미얀마의 8가지 모양의 왕좌가 있는데 정전에 있던 왕좌에는 사자가 새겨져 있으며 침전에 있는 왕좌에는 벌이 새겨져 있다. 그리고 각각의 왕좌는 만드는 나무의 재료도 다르게 하였다. 침전에 있는 벌이 새겨진 왕좌는 카야윅Kayawik 나무로 만들었다. 침전 앞뒤로는 몇 개의 건물 유적이 발굴되었다. 특히 뒤에 있는 것은 보물창고로 추정하고 있다. 침전 가운데 있는 왕좌보다는 침전 창문으로 멀리 보이는 쉐모도 탑의 모습이 권력의 허무함을 일깨워주는 듯하다.

국왕의 수레와
왕궁의 기둥

절대 권력을 가졌던 국왕은 떠나고 화려했던 수레만 남아 있다.
화려한 옛 모습으로 복원된 왕궁에는 주인이 없다.

성치를 봉안한 위대한 탑 마하제디 탑

Mahazedi

마하제디 탑은 버인나웅왕이 바고에 건설한 최고의 건축물이다. 미얀마를 통일하여 대제국을 건설한 그는 불교를 열렬히 후원함으로써 종교적인 맹주 노릇을 하고자 하였다. 정복지에 승려를 파견하여 불교를 제도적으로 정착시킴과 동시에 수백 채의 사원을 지어주고 불경을 수천 질 보내 공동으로 모여 읽게 함으로써 불교를 생활화하도록 하였다. 왕관의 보석을 빼내 양곤의 쉐다곤, 바고의 쉐모도, 몬주 북부의 짜익띠요 등 주요한 탑에 나누어 바쳤다. 아울러 외적의 침입과 내전으로 혼란에 빠진 스리랑카를 대신해 동남아시아 상좌부 불교를 수호하는 일을 자신의 임무로 삼았다.

16세기의 스리랑카는 포르투갈의 침입을 받아 수많은 왕국으로 분열되어 있었다. 그 가운데 고대 도시 코테에는 부처님의 치아사리와 바리가 보존되어 있었다. 스리랑카 사람들은 이 성유물을 소유한 자가 스리랑카의 주인이라고 인식하고 있었다. 캔디와 자프나 쪽에서 코테를 침략해 왔다. 이에 바인나웅왕은 최정예 부대를 파견해 코테의 왕을 도와주었다. 코테 왕은 감사의 표시로 공주와 성유물인 치아사리와 바리를 주었다.

버인나웅왕의 참배

사원 입구에는 탑을 건설한 버인나웅왕이 탑에 경배하는 모습의 조각상이 있다.

마하제디 탑 전경
부처님의 치아사리를 봉
안하기 위해 만든 탑이다.

한편 포르투갈인이 스리랑카를 공격하여 부처님의 치아사리를 약탈하여 그
들의 사령부가 있던 고아로 가져간 적이 있었다. 이 소식을 접한 버인나웅은
사신을 보내어 후한 값을 치르고 구매하고자 하였다. 그러나 포르투갈인은 제
안을 거부하고 '이교도의 우상'이라는 이유로 치아사리에 기름을 부어 불태우
고 남은 재를 물 속에 던져버렸다. 그러나 물 속에 던져진 그 재는 신비롭게도
원래의 형태로 되돌아왔다. 이것이 바로 코테의 공주 손에 들어가게 되었다.

부처님의 치아사리와 바리를 얻은 버인나웅왕은 더없이 기뻐하였다. 정복지
보다도 태국에서 얻은 흰코끼리보다도 더욱 값진 것을 얻었다고 생각하였다.
그래서 자신의 일생에서 가장 의미 있고 기쁜 일로 평가하였다. '하늘은 나에
게 자비를 베풀었다. 아노라타는 기껏 부처의 복제 치아를 획득했을 뿐이고 알
라웅시뚜는 중국까지 가서 빈손으로 돌아왔지만 나는 지금 바로 진품을 얻지

않았는가?' 라면서 1560년 부처님의 치아사리 즉 성치聖齒를 봉안하기 위하여 탑을 만들었다. 그것이 바로 '위대한 탑'이라는 의미의 마하제디다.

그러나 마하제디는 속이 텅빈 탑이 되었다. 1599년 따웅우의 영주는 라카인 군주와 연합하여 바고를 공격하였다. 바고를 점령한 이들은 전리품으로 마하제디 탑을 도굴하여 이곳에 안치되어 있던 성치와 공양 그릇을 가져갔다. 그러나 버인나웅왕의 손자인 아나욱페룬 왕이 따웅우 영주를 물리치고 다시 부처님의 치아사리와 돌 공양 그릇을 가져왔다. 그 뒤를 이은 타룬왕은 수도를 잉와로 옮겼다. 바고에는 몬족의 반란 가능성이 높을 뿐만 아니라 강물로 인한 퇴적의 심화로 더 이상 바다와 접근이 어려웠기 때문이다. 타룬왕은 마하제디에 봉안되었던 부처님의 치아사리와 돌 공양그릇을 사가잉 언덕에 까웅무도 Kaunghmudaw 사원을 건설하여 봉안하였다.

마하제디 탑은 쉐모도를 모방하여 만든 탑으로 비록 봉안하였던 성물은 없

탑의 계단과 문
탑의 기단부에는 성유물을 친견할 수 있도록 탑신부로 오르는 계단이 있다.

어졌지만, 부처님의 치아사리와 성물을 담았던 그릇 그 자체만으로도 의미가 크다. 부처님의 사리를 모시기 위한 여러 사람들의 정성과 기원이 모여진 곳이기에 더욱 성스러운 탑이다. 1930년 지진으로 큰 피해를 입었지만 다시 원형대로 복구되어 주변의 대평원을 한눈에 바라 볼 수 있는 거대한 위용을 여전히 뽐내고 있다.

하얀색으로 칠해진 기단부의 네 방향에는 탑신부로 올라갈 수 있는 계단이 마련되어 있다. 계단에는 9개의 문이 있어서 이를 통과하여 종 모양의 황금색 탑신부에 오를 수 있다. 아마도 이 계단을 통해서 부처님의 치아사리와 돌 공양 그릇 그리고 버인나웅왕의 금상金像이 봉안되었을 것이다.

마하제디 탑으로 들어가는 입구에는 탑을 건설한 버인나웅왕이 탑에 경배하는 모습의 조각상이 있다. 왕을 상징하는 흰코끼리를 타고 와서 탑에 경배하는 모습이다. 손가락에는 왕의 상징인 반지가 끼워져 있다. 자신이 완성한 두 번째 통일 대제국을 상징하는 탑이기에 경배하는 버인나웅의 모습은 진지하다. 버인나웅은 마하제디 탑이 텅빈 사실을 알고 있을까? 무력을 통한 정복이 얼마나 허망한 것인지를 알고 있을까? 버인나웅왕이 정복했던 나라들이 모두 독립하고 대제국은 무너졌다. 자신이 이룩한 업적 가운데 현재까지 남아 있는 것은 바로 마하제디 탑 하나뿐이다. 무력을 통한 업적보다는 정신적인 업적이 훨씬 위대하다는 것을 일깨워준다.

바고의 상징 쉐모도 탑

Shwemawdaw Paya

쉐모도 탑은 바고의 중심이다. 바고는 대평원의 한가운데 자리하고 있다. 언덕 위에 세워진 '금으로 된 위대한'이라는 의미를 가진 쉐모도 탑은 도시의 구심점이며 나침반이다. 평지에 건설된 도시는 구심점이 필요하다. 유럽은 중세 고딕 성당이 그 역할을 하였고, 중국은 벽돌로 만든 전탑이 도시의 중심축 기능을 하였다. 쉐다곤이 양곤의 중심이라면 쉐모도는 바고의 중심으로 바고 어디에서도 볼 수 있는 쉐모도는 바고를 상징하는 탑이다.

쉐모도는 바고에서 가장 오래된 탑이다. 쉐모도 사원은 항상 쉐다곤과 비교되며 알려져 왔다. 두 사원은 건설된 배경과 시대에 대한 전설도 비슷하고, 높이나 구조도 거의 흡사하다. 인도 보드가야 보리수나무 아래에서 성도하신 부처님께 곡물가루와 꿀을 바치고 얻은 부처님의 머리카락 8개 가운데 6개는 양곤의 쉐다곤에 안치하고, 기원전 582년에 시하라자 왕이 나머지 2개를 이곳에 안치하고 쉐모도 탑을 만들었다. 한편 1950년대에 쉐모도 탑에서 발견된 팔리어 비석에는 부처님께서 직접 미얀마 남부 몬족의 중심지였던 타톤을 방문하여 6개의 머리카락을 주셨다고 기록되어 있다.

쉐모도는 미얀마는 물론이고 동남아시아에서 가장 높은 탑이다. 탑의 높이는 양곤에 있는 쉐다곤보다 14m 더 높은 114m이다. 쉐모도가 처음 만들어졌을 당시의 높이는 23m에 불과하였다. 이후 몬족의 왕들과 미얀마의 왕들은 탑을 수리하면서 지속적으로 탑을 높이고 금으로 도금하였다. 기원전 306년 시리마하소카 왕은 부처님의 치아사리와 부처님을 조각한 불상을 추가로 탑 안에 봉안하였다. 825년에는 함사와티를 건설한 몬족의 두 왕자가 25m 높이로

쉐모도 탑 전경
동남아시아에서 가장 높
은 쉐모도 탑은 바고의
중심이며 상징이다.

탑을 높였다. 그 뒤 982년 아누라마 왕은 부처님 치아사리를 하나 더 봉안하였으며, 1385년 라자디라 왕은 스리랑카에서 받은 부처님의 또 다른 치아사리를 탑 속에 안치하였다. 두 차례에 걸쳐 부처님의 치아사리가 모셔지면서 탑의 높이도 84m로 재건축되었다.

한편 1492년 바고 왕조의 국왕 담마제디는 강한 바람에 떨어진 탑의 상륜부에 있는 티를 새 것으로 교체하였다. 그리고 종을 헌납하고 사원에 대한 기록을 석문으로 남겼다. 콘바웅 왕조의 보도파야왕은 알라웅파야왕이 세 번째 미얀마 통일 왕조를 세우면서 파괴한 바고를 재건하면서 1796년에 쉐모도 탑을 91m로 재건축하였다. 그 뒤 티를 몇 번 교체하였고 1912년과 1917년, 1930년에 발생한 세 번의 지진으로 쉐모도 사원은 완전히 붕괴되어 벽돌더미만 남았다. 영국으로부터 독립한 미얀마의 초대 수상 우누는 불교에 바탕을 둔

입구 친테상

친테상의 입 안에는 물에
서 안전을 지켜주는 신인
신우바고상이 있다.

사회주의를 건설하고자 불교 탑의 보수와 건립에 힘썼다. 수상은 바고의 쉐모
도의 복원에 대하여 거론하면서 1952년 국민들의 보시와 자발적인 노동력 제
공으로 재건이 시작되어 1954년 오늘날의 모습으로 완성되었다.

쉐모도 탑은 네 방향에서 진입할 수 있으며 각 진입로 양쪽에 우리나라 사자
모양의 친테상이 자리잡고 있다. 친테상은 특이하게도 입안에 금빛의 신우바
고상이 들어 있다. 신우바고는 물에서 안전을 지켜준다는 신이다. 바고가 강이
바다로 이어지는 항구 도시여서 특별히 강조하여 장식한 것으로 보인다. 쉐모
도 사원은 양곤의 쉐다곤과 비교하면 진입 계단도 짧고 사원 경내도 좁다. 그
러나 기단 내에 부속 건물이 많지 않아 한산하고 여유롭다.

탑의 북쪽에는 붉은 벽돌로 된 우산 모양의 상륜부 장식 티가 있다. 1917년
7월 5일 지진으로 떨어진 것이다. 이 벽돌 구조물은 다시 하나의 탑으로 부활
하였다. 연꽃 좌대 위에 자리한 상륜부 티 위에는 또 황금색의 탑을 조성하였
다. 순례객들은 티 앞에서 탑을 향배 경배를 한다.

쉐모도 탑은 따웅우 왕조를 수립한 뜨빈쉐티왕과 깊은 인연을 가지고 있다.

'금으로 된 단단한 우산'이라는 의미의 이름을 가진 뜨빈쉐티왕은 따웅우 왕조의 두 번째 왕이다. 뜨빈쉐티왕은 어려서부터 매우 용맹스러웠다. 왕으로 오르기 전 전통적으로 해오던 귀를 뚫는 의식과 사원 생활을 하는 입불식入佛式을 해야 했다. 그는 자신의 왕국에도 사원이 있었음에도 불구하고 당시에 불교 최고의 성지로 꼽히던 바간의 쉐지곤이나 프롬의 쉐산도, 다곤(현재의 양곤)의 쉐다곤, 바고의 쉐모도 중 한 곳에서 의식을 행하기로 결심했다. 네 사원은 모두 멀었을 뿐만 아니라 적지였다. 이 같은 결심은 이들 지역이 불교의 성지인 동시에 왕이 되었을 때 정복해야 할 대상이었기 때문이다.

뜨빈쉐티는 이 가운데 바고의 쉐모도를 선택하였다. 바고는 몬족 바고 왕조의 수도로 그의 첫 번째 정복 대상이었다. 기름진 대평원을 가지고 있을 뿐만 아니라 포르투갈을 비롯한 서양 여러 나라와 무역 거점이다. 뜨빈쉐티는 바고의 정복을 통해 미얀마 통일을 위한 경제적 기반을 마련하고자 하였으며 실제 왕으로 등극하자 가장 먼저 바고를 공격하였다.

바고는 따웅우에서 194km나 떨어져 있었다. 그는 기마병 중에서 용맹스럽고 실력이 뛰어난 500명을 선출해 앞장서서 밤새 적의 영토를 향해 달렸다. 태양이 떠오를 때 쉐모도에 도착해 의식을 시작하였다. 성벽에서 그들을 본 몬족들은 기마병들이 공격군의 첨병이라 생각해 성문을 닫고 본대와 싸울 준비를 하였다. 그러나 시간이 흐르면서 500명의 군인이 전부임을 알게 되자 성문을 열고 나가 사원에 있

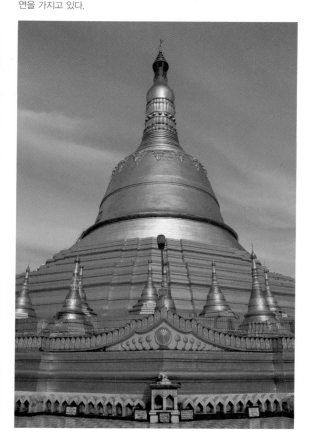

쉐모도 탑 세부
탑은 따웅우 왕조를 수립한 뜨빈쉐티왕과 깊은 인연을 가지고 있다.

던 그들을 포위하였다. 의식이 거의 끝나고 왕실의 점성술사가 그의 귀를 뚫으려는 순간 보초병이 포위하는 몬족을 보고 "적이 온다"라고 소리쳤다. 그러나 뜨빈쉐티는 "구멍을 잘 뚫어라. 내 귀가 몬족들보다 중요하다"라고 조용히 말했다. 의식이 완전히 끝난 후 그는 자신의 기마병을 이끌고 둘러싼 몬족 군대 사이를 지나가는데 뜨빈쉐티를 바라보는 것만으로도 압도된 몬족 군대는 어느 누구도 그들을 저지하지 못했다.

뜨빈쉐티는 개선장군처럼 돌아왔다. 어린 왕세자의 대담함을 전해들은 버마족들의 가슴은 뜨거워졌고 샨족과 몬족들은 놀라워했다. 뜨빈쉐티는 왕위에 오르자마자 바고 왕조을 시작으로 잉와 왕조까지 정복하였다. 그리고 아라칸과 태국의 아유타야를 공격해 공물을 받는 조건으로 평화협정을 맺었다. 16세에 왕위에 올라 36세까지 20년간 전장을 누빈 그는 두 번째 버마 왕국 통일의 기반을 마련하였다.

티

지진으로 떨어진 티 위에 탑이 조성되면서 순례객의 또 다른 경배 대상이 되었다.

은은한 미소의 어머니 품안 쉐탈라웅 불상

Shwethalyaung Buddha

미얀마 사람들은 부처님께서 항상 그들 곁에 머물렀으면 하는 바람으로 와불臥佛상을 만들었다. 미얀마의 와불은 두 가지 형태로 분류된다. 하나는 열반상으로 머리를 북쪽으로 두고 발을 가지런히 포갠 불상이고 다른 하나는 휴식불이다. 팔로 머리를 받치고 은은한 미소를 짓고 있는 불상이다. 쉐탈라웅 불상은 휴식불이다.

쉐탈라웅 불상은 994년 몬족의 왕인 미가데파Migadeikpa 2세에 의해 건설되었다고 전해진다. 당시 미가데파가 통치하던 나라는 우상을 숭배하고 부패와 폭력이 난무하던 곳이었다. 어느 날 미가데파의 아들인 왕자가 숲으로 사냥을 나갔다가 뚜원나부미Thuwannabumi마을에서 '달라토Dala Htaw'라는 아름다운 몬족 아가씨를 만나 사랑에 빠졌다. 왕자는 불교를 믿고 있는 달라토의 사랑을 얻기 위해 불교로 개종하였다.

왕자가 달라토를 데리고 왕궁으로 돌아가자 왕은 우상을 숭배하지 않는 달라토와 개종한 왕자를 용서할 수 없었다. 화가 난 왕은 그들을 처형하려 하였다. 처형을 당하기 직전 달라토가 부처님께 예불을 올리자 별안간 미가데파의 우상이 파괴되었다. 왕은 두려움에 빠져 자신이 믿는 우상이 잘못되었음을 깨닫고 와불을 조성하고 불교로 개종했다. 이 같은 불상 조성의 전설같은 이야기는 불상 뒤에 있는 면에 그림으로 그려져 있다. 벽화는 글을 모르는 현지 주민뿐만 아니라 외국인에게도 불교를 이해하는 데 유용하다.

쉐탈라웅 불상은 벽돌과 스투코로 건설되어 지속적인 개보수를 통해 그 모습을 유지해왔다. 1757년 꼰바웅 왕조를 연 알라웅폐야왕이 바고를 공격하면

쉐탈라웅 불상

쉐탈라웅 와불은 항상 곁에 머물러 있기를 바라는 염원을 담은 휴식불이다.

서 도시가 완전히 파괴되었다. 이때 쉐탈라웅 불상도 함께 붕괴되어 정글에 묻히면서 기억 속에서 사라졌다.

1880년 쉐탈라웅 불상은 우연히 발견되었다. 영국 식민지 시대 국영철도회사가 철도 건설에 사용할 흙을 채취하던 중 불상의 흔적을 발견하였다. 1881년에 쉐탈라웅 불상은 재건축되기 시작해 1903년에 공사가 끝났다. 불상은 본래의 모습을 되찾아 부활하였다. 그리고 1896년에는 불상을 보호하기 위한 지붕과 기둥이 철골로 만들어졌다. 1930년 지진으로 훼손되었던 불상 일부가 복구되면서 베개에 유리 모자이크가 더해졌고, 계속적인 개금 작업으로 오늘날의 모습으로 완성되었다. 특히 네윈 군사정부는 국민들을 위무하기 위해 대대적인 보수작업을 통해 들어가는 입구에 친테상을 만들고 불상으로 올라가는 긴 통로를 만들었다. 아울러 불상이 재발견되어 자신들에 의해 오늘의 모습으

로 복원되는 과정을 통로 양쪽에 그림으로 그려 자기업적을 과시하는 일을 잊
지 않았다.

쉐탈랴웅은 길이가 54.88m, 높이가 16m의 거대한 불상이다. 양쪽에 친테
상이 지키고 있는 넓고 긴 주랑柱廊 끝의 계단을 올라서면 불상을 만날 수 있다.
양곤의 챠욱탓지 와불상은 바닥에 안치된 데 반해 쉐탈랴웅 와불상은 이처럼
계단 위쪽에 안치되어 있어서 더욱 위엄 있게 느껴진다. 그러나 입가에 번진
잔잔한 미소는 순례객을 위압한다기보다는 온화하게 맞이하는 인상이다. 모든
윤회의 사슬을 끊고 자신의 열반을 여유롭게 받아들이는 표정으로 참배객을
가슴으로 끌어안는 듯 하다.

불상은 5단의 베개를 베고 누워 있다. 베개는 보석상자 모양이다. 5단으로
쌓여진 베개의 측면에는 각 단마다 부처님 일대기에 대한 그림이 그려져 있다.
가장 높은 단에는 전생과 관련된 그림 두 개가 그려져 있다. 석가모니 부처님
은 전생에 연등불燃燈佛이라는

과거의 부처님으로부터 미래
의 부처가 될 것이라는 수기授
記를 받았다. 석가모니 부처님
께서 땅에 엎드려 공양을 올리
고 수기를 받는 장면이 그려져
있다.

중간 단에는 탄생에서 득도
에 이르는 과정으로 6개의 그
림이다. 출가하여 머리를 깎고
수행자가 되어 보리수 나무 아
래에서 스스로 도를 깨우치는
과정이다. 그리고 가장 아랫단
에는 35세에 득도를 하고 난

입구 친테상
네윈 군사정부는 국민을
위무하기 위해 친테상을
만드는 등 쉐탈랴웅을 대
대적으로 보수하였다.

이후 80세에 열반할 때까지 부처님께서 행한 여러 가지 기적같은 일들을 열거하고 있다. 데바닷다가 부처님을 죽이기 위해 코끼리 날라기리에게 술을 먹여 부처님을 공격하였으나 부처님께서 코끼리를 무릎 꿇게 하는 장면을 비롯해서 살인자 앙굴리말라 등을 교화하는 장면 등이 보석상자에 그려져 있다.

부처님의 발바닥에는 법륜이 화려하게 묘사되어 있다. 부처님이 열반하신 후 불상이 생기기 이전 500여 년 동안 부처님의 발자국은 부처님의 상징으로 숭배의 대상으로 언제나 화려하게 장식되었다. 특히 엄지발가락을 까딱거리는 모습으로 표현한 것은 미얀마인들의 여유로 보인다. 실제 쉐탈라웅 불상은 바고 시민들이 가장 친근한 곳이다. 많은 사람들이 소풍처럼 와서 경배드리고 그 곁에서 점심을 나누어 먹고 휴식을 취한다. 쉐탈라웅은 바고 시민들에게 가장 편안한 어머니 품안이다.

부처님 상호와 발
부처님의 표정은 어머니 품안처럼 따사롭다. 엄지발가락을 까딱거리는 모양으로 부처님의 발을 표현한 것은 미얀마 사람들의 여유이다.

사방불이 조각된 탑 짜익푼 탑

Kyaik Pun Paya

짜익푼은 사방불이 조각된 탑으로, 짜익은 탑이라는 의미다. 사방불四方佛은 사각 기둥의 각 면에 불상을 조각해 놓은 것을 말한다. 우리나라의 사방불이 공간적으로 구분되는 부처님을 모시고 있다면, 미얀마의 사방불은 시간적으로 구분되는 부처님을 모셨다. 우리나라 사방불은 동쪽에 유리광 세계를 담당하는 약사여래불, 서쪽에는 극락세계를 담당하는 아미타불, 남쪽은 사바세계를 담당하는 석가모니불, 북쪽은 용화세계를 담당하는 미륵불이나 연화장 세계를 담당하는 비로자나불을 모시고 있다. 반면 미얀마의 사방불은 과거 4불을 모시고 있다. 동쪽부터 시계 방향으로 구류손불, 구야함모니불, 가섭불 그리고 석가모니불이다.

짜익푼 탑은 1476년 바고 왕조의 담마제디왕에 의해 건설되었다. 담마제디는 승려출신으로 신소부의 딸과 혼인하여 왕이 되었다. 담마제디는 나이가 같은 동료 승려 담마팔라와 함께 잉와에 있는 승가대학에 수행하러 갔다가 바고의 공주 신소부의 불법 교사가 되었다. 당시 신소부는 정략결혼의 희생양으로 잉와의 왕과 결혼하였으나 남편이 죽고 나서는 인질 같은 처지로 잉와 왕국에 남아 있었다.

신소부여왕은 두 승려의 도움으로 배 한 척을 훔쳐 그들과 함께 잉와를 탈출해 바고로 돌아왔다. 바고로 돌아온 그녀는 백성들의 신망을 받았고 오빠의 뒤를 이어 자신의 아들과 두 조카가 왕이 될 때 왕위 분쟁을 조정하는 실력자 역할을 하였다. 그러다 조카가 죽자 그녀 자신이 여왕으로 등극했다. 신소부 여왕은 자신의 탈출을 도운 두 승려를 왕사王師로 삼고 적극적으로 불교를 후원하

짜익푼 탑 전경
사방불이 조각된 탑이다.

였으며 바고항을 중심으로 교역을 증진시켜 바고의 번영기를 열었다.

신소부여왕은 나이가 들어 은퇴를 결심하였다. 그러나 왕가에는 왕위를 계승할 남자가 없었고 자신의 딸은 너무 유약하였다. 그래서 자신의 두 스승 담마제디와 담마팔라를 생각했다. 두 사람은 같은 나이에, 같은 등급의 승려로 같이 수학하였으며 신앙심도 깊었다. 두 사람 가운데 한 사람을 선택하기 위한 방법으로 뚜껑이 덮인 두 개의 바리를 준비하였다. 하나에는 최상의 음식을 넣고 다른 하나에는 왕의 상징인 흰 우산, 들소 꼬리, 왕관, 왕검 등의 모형을 넣었다. 마침내 담마제디가 왕의 상징을 넣은 바리를 골랐다. 담마제디는 즉각 환속하여 신소부의 딸과 결혼한 다음 왕위를 물려받았다.

담마제디 20년간의 재위기는 바고 왕조의 최대 절정기였다. 국제 교역으로 상업이 발전하였고 허약해진 잉와 왕국과 자체 분쟁에 휩싸인 샨족들은 더 이

불상의 손 장식

손톱을 화려하게 장식하는 것은 부처님의 손톱사리를 소중하게 생각하기 때문이다.

상 문제가 되지 않았다. 담마제디는 각 지역의 법령을 정비해 적용시켰으며 바고뿐만 아니라 동남아 본토의 상좌부 불교를 재건했다. 그는 부다가야에 불교 사절단을 보내고 스리랑카의 치사리 사원을 순례했으며 그곳 승려들의 정화를 위해 다시 수계 받았다. 그리고 바고에 수계식장을 만들어 미얀마 전역의 승려들과 수코타이, 치앙마이, 캄보디아의 승려들을 초청해 다시 수계받게 했다.

또한 담마제디는 인도에 있는 주요 불교유적을 몬족의 땅에 그대로 재현하기 위하여 대규모의 건축물을 건설하였다. 이는 규모면에서 이전 어느 불교국가에서도 볼 수 없을 만큼 거대한 것이었다. 그러나 당시의 건축물은 외적의 공격과 지진 등으로 거의 역사 속으로 사라지고 현재까지 유일하게 남아 있는 것이 바로 짜익푼이다.

짜익푼 탑은 지붕이 없는 사각형 기둥을 중심으로 네 면에 각각 30m 높이의

불상과 하늘
맑고 푸른 하늘은 곧 부처님의 모습이다.

좌불상이 조각되어 있다. 이 불상들은 과거 4불이다. 불상들은 새로 도색하고 금을 입혀 고풍스러운 맛은 없다. 그러나 미얀마 불상의 특징인 자연스런 표정이 배어 있고, 불상의 보관과 법의의 끝자락과 손톱에 화려한 모자이크 장식을 해 존엄성을 높였다. 특히 손톱을 화려하게 장식하는 것은 부처님의 치아사리와 함께 손톱사리도 소중하게 생각하고 있었기 때문이다.

짜익푼은 네 명의 몬족 자매들이 불상 건립에 참여했다는 전설이 있다. 당시 이 자매들은 결혼할 생각이 없었다. 그래서 그 중 누군가 결혼을 할 경우 그녀가 건립에 참여한 불상이 붕괴될 것이라고 이야기했다. 그런데 1930년의 대지진으로 서쪽에 있는 가섭불이 붕괴되어 후에 재건되었다. 사람들은 이 네 자매 가운데 가섭불 조성에 참여하였던 딸이 결혼을 하였기 때문에 불상이 파괴되었다고 말하고 있다.

네 자매 전설을 상기하면서 불상을 둘러보면 불상이 참으로 아름답고 여성스러운 느낌을 받는다. 그리고 항마촉지인의 수인을 하고 있고 크기와 모습도 거의 같다고 생각되는 불상을 좀 더 자세히 관찰하면 머리띠 장식이나 옷자락, 표정에서 나름대로 각각 다른 특징을 가지고 있다. 이는 불상 조성에 참여한 여인들이 자매였기 때문에 닮았지만 서로 다른 자매의 모습을 보는 듯하다.

탑의 연꽃 장식(위)

연꽃은 부처님을 상징한다.

탑의 표면 장식(아래)

부처님을 경배하는 마음으로 탑을 보다 화려하게 장식하였다.

산 정상의 황금바위 짜익띠요 탑

Kyaikhtiyo Paya

짜익띠요는 쉐다곤 탑, 마하무니 불상과 함께 미얀마 3대 불교성지 가운데 하나이다. 이들 성지의 공통점은 부처님께서 직접 주신 성물을 봉안하고 있다는 것이다. 양곤의 쉐다곤 탑과 짜익띠요는 부처님의 머리카락을 봉안하고 있으며, 만달레이 마하무니 불상은 부처님의 실물과 똑같이 만든 형상에 부처님께서 생명을 불어넣어 주셨다. 미얀마 사람들은 특히 이곳 짜익띠요를 평생 세번 이상 순례하면 건강과 부 그리고 행복을 모두 가져다 준다고 믿고 있다.

짜익띠요는 '수행자의 머리로 운반한 탑'이라는 뜻이다. 짜익은 몬족 언어로 탑이라는 의미이며 띠는 팔리어로 수행자라는 뜻이다. 그리고 요는 몬족 언어로 머리로 운반한다는 의미이다.

1,102m 짜익토산 정상에 있는 탑은 세계 불가사의 가운데 하나로 꼽힌다. 낭떠러지에 아슬아슬하게 세워져 있는 황금바위는 높이 8m, 둘레 24m, 무게 46톤에 이른다. 그리고 그 위에 7m의 탑이 있는데, 바위와 탑 사이에 부처님의 머리카락이 모셔져 있다. 미얀마 사람들은 이 머리카락의 힘에 의해 바위가 떨어지지 않고 버틴다고 한다.

짜익띠요에 대한 전설은 성지를 더욱 성스럽게 한다. 부처님께서 직접 타톤왕을 방문하여 짜익토산, 진가익산, 케라사산에서 각각 수행하는 세 명의 수행자에게 두 개씩 총 여섯 개의 머리카락을 나누어주었다. 수행자의 이름은 티사 Tissa, 시하Siha, 틸라Tila였는데 티사와 시하는 형제였다. 형 티사는 짜익토산에 살고 있었으며 타톤왕의 수양아버지였다. 티사는 부처님으로부터 받은 두 개의 머리카락을 그의 상투 속에 간직하고 있었다. 동생 시하는 진가익산에 살며

짜익띠요 탑 전경

짜익띠요는 수행자의 머리로 운반한 탑이라는 뜻이다.

머리카락 하나는 탑에 보관하고 다른 하나는 커인주 파안의 남동쪽에 있는 제가빈산 꼭대기에 두었다. 시하는 부처님 제자 가밤파티Gavampati의 수양아버지였다. 세 번째 수행자 틸라는 케라사산에 살았다. 머리카락 하나는 탑 속에 넣어두고 다른 하나는 본인이 간직하고 있었다. 틸라가 죽자 틸라가 가지고 있던 머리카락은 티사의 손에 들어가 티사의 상투 속에 보관되었다.

티사는 자신의 죽음이 임박하자 수양아들 타톤왕에게 낫 신 드자민과 함께 수행자들이 가지고 있는 머리카락을 모아서 모든 사람들이 참배할 수 있도록 하자고 설득하였다. 타톤왕은 나가와 마법사 사이에서 태어났다. 물의 신 나가는 아름다운 여인으로 변장하여 마법사 조지Zawgyi와 혼인하여 두 개의 알을 낳았다. 이 알에서 타톤왕과 부처님 제자 가밤파티가 탄생하였다. 드자민은 미얀마의 민간신앙 36개 낫을 총괄하는 낫 신이다. 드자민은 원래 힌두교의 인드

제사음식 준비
짜익띠요는 미얀마 3대 불교성지 가운데 하나이다.

라 신이며, 불교의 수호신 제석천帝釋天이다. 힌두교에서 인드라는 천신으로 모든 신들의 우두머리다. 그리고 불교에서 힌두교의 인드라를 제석천이라는 법과 질서를 지키는 선신善神으로 만들었다. 미얀마의 낫 신앙에서는 힌두교의 인드라, 불교의 제석천을 낫들의 지배자로 만든 것이다.

수행자들은 티사와 타톤 왕, 드자민의 주장에 모두 동의하였다. 그런데 수행자들은 드자민에게 자신의 머리 모양을 닮은 돌로 된 성물함을 가져올 것을 요구하였다. 드자민은 우주를 돌아다니면서 머리카락을 보관할 수 있는 거대한 돌을 찾았다. 마침내 바다 속에 있는 바위를 발견하고 그의 신비한 힘으로 그것을 바닷속에서 꺼내 배로 옮겨 실었다. 배에 실린 바위는 짜익토산 아래까지 왔고 이곳에서 다시 드자민에 의해 오늘날의 모습으로 산 위에 올렸다. 드자민은 그의 마검魔劍으로 구멍을 파서 성물을 보관하고 탑을 만들었다. 그때 돌을

짜익띠요 원경
부처님의 머리카락을 모신 짜익띠요는 세계 불가사의 가운데 하나이다.

실었던 배가 돌로 변하여 지금도 짜익띠요에서 약 300m 아래쪽에 '석선石船 탑'이라는 뜻의 짜욱타반Kyaukthaban이라는 이름으로 자리하고 있다. 티사는 그의 소망으로 가득 찬 황금바위를 바라보면서 숨을 거두었다.

불교와 미얀마의 낫 신앙이 결합하여 탄생한 짜익띠요와 관련한 전설은 이후에도 계속 이어졌다. 짜익띠요를 건설한 타톤왕은 그 뒤 고산지대에 살던 부족의 딸 쉐난낀과 결혼했는데 그 부족은 불교보다 낫을 숭배했다. 왕비 쉐난낀은 임신을 하였는데 병이 들어 자신이 숭배하던 낫에게 몸이 완치를 기원하기 위해 고향으로 향했다.

그녀가 짜익토산 아래쪽을 지날 때쯤 호랑이가 나타났다. 호위하던 사람들은 도망가고 쉐난낀은 죽을 운명에 처했다. 그때 쉐난낀은 멀리 산 위에 있는 짜익띠요를 보았다. 그 순간 그녀는 강한 불법을 느꼈고 자신의 운명을 깨달았다. 그러자 호랑이가 물러가고 짜익띠요에 도달한 그녀는 그곳에서 불법을 깨달아 평온한 마음으로 죽음을 맞았다. 그 뒤 그녀는 짜익띠요를 수호하는 낫이 되었다고 한다.

금박 붙이기
짜익띠요에는 자신의 기원을 담아 금박을 붙인다.

짜익띠요 바위 표면
금박을 붙여 황금빛으로 빛나는 바위 위에 7m 높이의 탑이 있다.

짜익띠요로 가는 길은 풍요의 길이다. 양곤에서 짜익띠요가 있는 짜익토산
의 낀푼Kinpun까지의 거리는 약 160km이다. 대평원을 지나는 길이다. 푸른 도
화지에 자를 대고 줄을 그은 듯한 직선의 도로를 오랜만에 고속으로 달린다.
높은 곳도 낮은 곳도 없으며 굽어지는 길도 없다. 그리고 양쪽은 지평선을 만
들며 끝없이 펼쳐진 논이다. 미얀마가 세계 최고의 쌀 수출국이었다는 사실을
실감할 수 있다. 대평원을 만든 싯타웅Sittaung강을 건너면서 왼쪽에 산들이 보
이기 시작한다. 높은 산 위에 짜익띠요가 있다.

짜익띠요로 올라가는 산길은 고행의 길이다. 낀푼에서 짜익띠요까지 12km
에 이르는 산길은 산악을 왕복 운행하는 트럭을 이용한다. 트럭 짐칸에 널빤지
를 6개 걸치고, 한 줄에 6명씩 앉아서 산으로 올라간다. 출발 시간은 정해진 것
이 없으며 사람들이 가득 차면 출발한다. 트럭을 타는 순간 한 덩어리의 짐짝
이 된다. 아찔한 낭떠러지와 상상을 초월하는 급경사 그리고 지그재그로 만들
어진 계속되는 굽이 길은 차를 춤추게 하고 짐칸의 사람들은 차와 함께 출렁일
뿐이다. 열대 우림 숲을 헤치고 가는 고행길은 1시간 가까이 달려야 끝이 난

다. 그러나 해발 1,000m의 정상에서 바라보는 경관은 일순간에 이 모든 고통을 잊게 한다.

짜익띠요 정상에는 작은 도시가 형성되어 있다. 비행기에서 내리 듯 트랩을 이용해서 트럭에서 내리면 가마꾼, 짐꾼, 음식판매상 등이 모여들어 시골 장터 같은 분위기다. 전국에서 이곳을 찾아온 미얀마인들은 2~3일 정도 머물면서 기도를 한다. 따라서 많은 짐을 옮겨 줄 짐꾼이 필요하고 이들을 상대로 하는 음식점과 숙박업소, 기념품점, 부처님에게 바칠 꽃이나 성물을 판매하는 가게 등 우리가 도시에서 만나는 모든 시설이 완비되어 있다.

짜익띠요는 인도 영축산에서 설법을 하시던 부처님의 모습을 보는 듯하다. 부처님은 도를 깨우친 다음 라즈기르에 있는 영축산 정상에 정사精舍를 짓고,

소원을 비는 기도
평생 짜익띠요를 세 번 순례하면 건강과 부, 행복을 모두 얻는다고 한다

그곳에서 『법화경法華經』을 비롯한 많은 설법을 하셨다. 부처님께서 높은 산에 올라 설법을 하신 것은 세상을 내려다 보시며 세상의 모든 중생을 제도하고자 하는 의도였다. 짜익띠요 역시 세상을 모두 발 아래로 내려다 볼 수 있는 가장 높은 산이다. 그 꼭대기에 부처님을 상징하는 황금바위가 세상을 내려다보며 자리하고 있다. 황금바위는 햇살이 온 누리를 비추듯 세상을 골고루 비추는 광명의 빛이다.

짜익띠요는 미얀마인들의 소원이 커져가듯 점점 커지고 있다. 짜익띠요 입구에서는 여자의 출입을 통제한다. 다른 성지와 마찬가지로 남자들은 바위에 직접 금박을 붙이며 기도를 하지만 여자들은 멀리 떨어진 곳에서 황금바위를 보며 기도를 한다. 바위 표면은 끊임없이 이어지는 순례객들이 붙인 금박으로 울퉁불퉁하다. 수를 헤아릴 수 없이 덧붙이는 금박으로 짜익띠요 황금 바위는 점점 커지고 있다.

험한 길을 올라와서 기도하는 미얀마인들은 세상에서 가장 행복한 표정이다. 그들은 이곳에서 기도와 개금, 예불, 명상을 통해 자신을 맑게 하고 현세에서의 복을 구하며 보다 나은 내세來世를 기원한다. 세상을 내려다보며 벼랑 끝에 의연하게 자리한 황금바위는 미얀마인들의 미래를 보장해주는 부처님이다. 현재의 여러 가지 고통을 극복하며 행복하게 살아갈 수 있는 것은 미래에 대한 희망때문이다. 짜익띠요는 미얀마인들에게 아름다운 미래다.

다른 바위 탑
산 정상에는 짜익띠요와 같은 형태의 작은 바위가 여럿 있다.

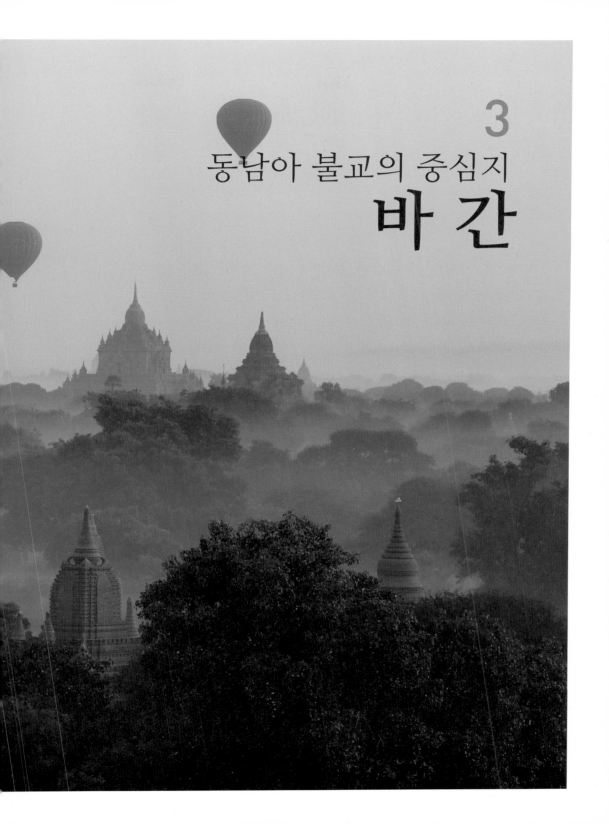

3

동남아 불교의 중심지
바 간

바간

바간 bagan은 세계 3대 불교유적지 가운데 하나이다. 유네스코는 캄보디아의 앙코르 와트 Anggor Wat, 인도네시아의 보로부두르, 그리고 미얀마의 바간을 세계 3대 불교 유적지로 지정하였다. 바간은 이들 가운데 규모가 가장 큰 불교유적이다. 미얀마 속담에는 바간에 400만 개의 탑이 있다고 전해지고 있다. 그러나 이는 전설적인 이야기이며, 실제는 약 5천 개의 탑이 있었을 것으로 추정된다. 프랑스의 건축가 피에르 피차드 Pierre Pichard는 바간에 남아 있는 건축물을 조사하여 8권으로 된 『바간유적의 목록』을 발간하였다. 여기에 기록된 건축물의 숫자는 2,834개에 이른다.

바간은 미얀마의 하회 河回마을이다. 바간은 에야와디강 중류에 자리하고 있다. 북부 산악지대에서 시작하여 남쪽 안단만으로 흘러가는 에야와디강은 바간의 북동쪽에서 친드강과 만나 서쪽으로 흐르다가 바간지역을 휘감은 후에 남쪽으로 방향을 바꾼다. 곶 串이 형성되는 지형에 자리하고 있어서 교통과 군사의 요충지이다.

바간은 미얀마 최초로 통일국가를 이룬 바간왕조의 수도였다. 미얀마족이 에야와디강을 따라 북쪽에서 내려와 바간에 정착하기 시작한 것은 1세기경부터이다. 그러나 미얀마족이 도시국가를 형성한 것은 638년이며 바간을 중심으로 국가의 기틀을 마련한 것은 849년이었다. 삔뱌왕이 바간을 둘러싸는 성벽을 건설하고 해자를 만들어

바간 지도

쌍무지개가 뜬 바간

바간의 탑 위로 뜬 무지
개는 부처님이 이 땅에
오시는 다리이다.

요새화하여 미얀마 역사 속에 등장하였다. 그리고 바간이 번창한 것은 아노라
타왕이 1044년 미얀마 최초로 통일국가를 이룬 후였다. 아노라타왕은 강력한
군사력을 바탕으로 영토를 확장하고 상좌부 불교를 국교로 정해 국민의 정신
적 통합을 이루었다. 바간은 정치·경제의 중심지일 뿐만 아니라 종교와 문화
의 중심지가 되었다.

바간 왕조는 탑의 왕조라고 할 만큼 많은 탑을 건립하였다. 아노라타왕은 미
얀마 남부에 있던 몬족의 타톤 왕국을 정복하고 불경과 승려, 학자, 예술가 등
을 포로로 데려와 바간을 상좌부 불교의 중심지로 만들었다. 쉐산도 탑을 건립
하고 미얀마 불교 탑의 전형이 된 쉐지곤 탑을 건설하기 시작하였다. 아들 짠
싯따Kyansitha왕은 불교를 바탕으로 타종교를 포용하면서 재위 28년 동안 수백
개의 탑을 건설하였다. 바간을 대표하는 아난다 사원을 인도의 석굴사원을 모

방하여 건설하였으며 쉐지곤 탑을 완성하여 바간을 동남아 불교의 중심지로 부각시켰다. 알라웅시뚜Alaungsithu왕은 불법을 통해 국민을 다스리면서 탓빈뉴 등의 사원을 건립하였다.

이후에도 나라뚜, 나라떼인카, 나라빠띠시뚜, 나다웅야 등 여러 왕들이 불교에 대한 신념을 가지고 지속적으로 불교사원을 건축하였다. 특히 나라뚜왕은 담마얀지 사원을 건립하였으며 왕들뿐만 아니라 신하와 백성들도 종교적 열정에 동화되어 수많은 탑을 건립하였다. 나라빠띠시뚜왕은 고도팔린을 비롯하여 술라마니 담마야지카 사원을 건립하였다. 탑을 보시하는 공덕으로 내세에는 윤회의 굴레에서 벗어나 좋은 세상에 태어날 수 있다는 믿음 때문이다.

그러나 1287년 바간 왕조가 몽골의 공격으로 몰락하면서 바간의 영광도 함께 끝났다. 대내적으로 왕위를 둘러싼 갈등과 허약한 왕들이 이어지면서 지방 영주들의 반란으로 국가 기강이 헤이해졌다. 불교는 여러 종파로 분리되고, 사이비 승려들이 기승을 부렸다. 마침내 몽골의 기마병 전술에 바간 왕조는 무너지고 몽골군은 닥치는 대로 사원과 탑에 불을 질러 바간은 황폐해졌다. 그리고 미얀마 중북부의 잉와 왕조와 남부의 바고 왕조가 건국되면서 단순한 종교적 순례지로 남게 된 바간에는 도굴꾼과 산적들이 난무하였다. 꼰바웅 왕조가 들어서면서 한동안 종교적 성지로서 기능이 회복되어 우팔리 테인 등 새로운 사원이 건설되기도 하였으나 옛 영광은 다시 돌아오지 않았다.

1885년 영국식민지가 되면서 영국은 바간Bagan을 파간Pagan으로 바꾸고 식민지정부 고고학국은 개보수를 시작하였다. 그리고 1948년 미얀마가 영국으로부터 독립한 후에도 느리지만 보수공사는 지속적으로 이루어졌다. 그러나 1975년 여름 강도 6.5 규모의 지진으로 인해 바간의 건축물은 심하게 손상되었다. 이에 유네스코는 바간을 세계문화유산으로 지정하고 파괴되거나 훼손된 유적의 복원과 보수를 위해서 많은 전문가와 복원 기술자를 파견하였다. 바간의 복원작업은 오늘도 진행중이다.

인구 4만의 작은 도시인 바간은 공항이 있는 나웅우, 유적지가 있는 올드바

바간의 새벽
여명 사이로 보이는 바간의 탑은 환상적이다.

간, 유적지에서 이주한 주민들이 정착해서 살고 있는 뉴바간과 24개의 작은 마을로 구성되어 있다. 나웅우Nyaung U는 바간의 관문關門으로 양곤과 만달레이를 연결하는 공항과 고속버스 터미널이 있는 곳이다. 바간 관광을 이곳에서 시작하는 것은 바간의 상징인 쉐지곤이 있을 뿐만 아니라 재래시장이 있기 때문이다. 슬리퍼를 사기 위해 들린 시장에서는 열대과일과 채소, 대나무로 만든 가구, 음식점 등 사람들이 살아가고 있는 현재의 모습을 만날 수 있다. 과거의 유적을 보기 전에 현재를 살아가는 사람들의 터널을 통과해야 했다.

올드바간Old Pagan은 옛 수도이다. 성벽으로 둘러싸여 있던 성벽도시였으나 지금은 성벽과 해자 일부만이 남아 있다. 성의 동문인 타라바 문을 통해 성 안으로 들어선다. 성내에는 왕궁과 관료들의 주택, 수많은 사원들이 집중되어 있다.

뉴바간New Pagan은 바간 지역의 유적지 보호를 위해 올드바간 유적지에 살고 있던 주민들을 강제로 이주시켜 만든 도시이다. 1990년 5월 정부는 올드바간 지역을 고고학적 유적군으로 지정하고 남쪽으로 5km 떨어진 지역에 바간묘팃Bagan Myothit, 즉 뉴바간을 건설하였다.

바간에 남아 있는 유적들은 왕궁과 성내사원, 북부지역 사원, 중·동부지역 사원, 남부지역 사원으로 구분된다. 왕궁을 중심으로 바간 도성이 건설되었다. 성내 지역은 올드바간 지역이다. 북부지역은 바간의 관문이 나웅우와 웨찌인 마을을 중심으로 하는 지역이다. 중부는 바간의 중심지역이며 동부지역은 바간의 중심으로부터 멀어진 외곽으로 민속마을 미난투가 있다. 남부지역은 뉴바간 부근으로 민카바 마을을 중심으로 형성된 지역이다.

바간고고박물관 전경(위)

바간에서는 이 지역에서 출토된 유물을 전시하고 있는 국립박물관이 있다.

아난다 사원 야경(아래)

아난다 사원은 바간을 대표하는 사원이다.

바간의 황금궁전 타라바 문과 왕궁

Tharaba Gate, Palace

타라바 문은 도읍성의 동문이다. 『유리궁의 연대기』에 따르면 삔뱌Pinbya왕은 현재의 올드바간 지역에 4m 높이의 성벽을 쌓고 해자를 둘러 도시를 건설하였다. 특히 아노라타Anawyatha왕이 1044년 미얀마 최초로 통일국가를 이루면서 요새화된 바간은 최고의 전성기를 이루었다.

높이 4m의 성벽과 폭 60m의 해자로 둘러싸인 성은 동서남북 각 방향으로 세 개씩 총 12개의 문이 있었다. 그런데 왕조의 멸망과 함께 북쪽의 성벽 일부와 서쪽의 성벽은 에야와디강의 범람으로 휩쓸린 것으로 추정된다. 오늘날 흔적이 남아 있는 성문은 북쪽에 하나, 동쪽과 남쪽에 각각 세 개씩 일곱 개이나 파손이 심해 이전의 모습을 찾아보기는 어렵다. 다만 동쪽의 정문이었던 타라반 문이 가장 보존 상태가 좋다.

현재 타라바 문은 올드바간으로 들어가는 통로다. 붉은벽돌로 만든 성문은 상부는 없어지고 양쪽에 높은 기둥만 남아 있다. 성문 좌우로는 무너진 성벽이 남아 있고 성벽 아래로 해자의 흔적이 선명하게 남아 있다. 성벽 바깥쪽에 일부 남아 있는 스투코 장식은 주변 사원의 벽에서 흔히 볼 수 있는 장식이다. 12세기 양식으로 후에 추가된 것으로 짐작된다.

타라바 문 입구에는 낫 사당이 양쪽에 하나씩 있는데 왼쪽에는 오빠 마웅띤데를 오른쪽에는 여동생 소메야를 모시고 있다. 전설에 의하면 마웅띤데는 아주 힘센 대장장이였다. 미얀마 최초의 왕국으로 알려진 뜨가웅 왕국에 살고 있던 살고 있던 왕은 마웅띤데에게 왕위를 빼앗길까 두려웠다. 마침내 군대를 동원하여 마웅띤데를 잡아오도록 하였다. 이 소식을 들은 마웅띤데는 깊은 산속

타라바 문
바간 도읍성의 동문이다.

으로 숨었다. 왕은 계획을 바꾸어 마웅띤데의 여동생 소메야를 왕비로 맞이하였다. 이는 여동생을 볼모로 마웅띤데의 공격에 대비하였으며, 마웅띤데를 유인하기 위한 것이었다.

얼마 후 왕은 왕비에게 오빠를 수소문하여 불러오도록 하였다. 그리고 지방의 영주로 책봉하여 지방을 관할하도록 하겠다고 약속하였다. 마웅띤데는 여동생의 부름에 별 의심없이 왕 앞에 나타났다. 이때 왕은 무사들로 하여금 마웅띤데를 체포하여 즈가나무에 묶고 불을 질러 화형시켰다. 이 광경을 보고 있던 왕비는 왕에게 속은 자신의 실수를 한탄하며 함께 불속에 뛰어들어가 타죽었다. 그 뒤 즈가나무 아래로 지나가는 사람이나 가축들은 모두 죽음을 당하였다. 사람들은 마웅띤데 남매의 영혼이 즈가나무에 머물며 원한을 품고 있다고 믿고, 나무를 뿌리째 뽑아서 에야와디강에 던져버렸다. 나무는 강을 따라 내려오다 바간에 이르렀고, 바간 사람들은 나무로 오빠와 여동생의 형상을 조각하여 뽀빠산에 모셨다. 마웅띤데가 미얀마 낫의 우두머리인 마하기리 낫으로 비록 나라와 성문을 지키지는 못했지만 오늘도 이곳에 살고 있는 백성들의 소망을 정성스럽게 챙기고 있다.

한편 성문 왼쪽에 왕궁 터가 있다. 철조망으로 둘러쳐진 넓은 지역에서 발굴이 진행되었다. 목조건물은 없어지고 아래에 있던 벽돌로 된 기단부만 노출되었다. 발굴이 마무리된 지역은 통로를 만들고 일부는 지붕을 만들어 보호하고 있다. 바로 남쪽에 있는 쉐구지 사원의 2층에서 왕궁 터의 전체를 조망할 수 있다. 아래에는 발굴된 현장이 보이고 멀리 북쪽에는 복원된 왕궁이 보인다. 복원된 왕궁은 반가운 마음보다는 오히려 우리의 상상력을 차단하는 것 같아 씁쓸하다. 발굴 현장을 보면서 자신만의 궁궐을 상상해 보는 것이 훨씬 낭만적이다.

마웅띤데 낫상(좌)

오빠인 마웅띤데 낫은 미얀마 낫의 우두머리인 마하기리 낫이다.

소메야 낫상(우)

소메야 낫은 마웅띤데의 여동생으로 성문에서 백성들의 소원을 정성스럽게 챙긴다.

왕궁 터(위)

발굴된 왕궁 터에는 벽돌로 된 기단만이 남아 있다. 멀리 복원한 왕궁이 보인다.

복원한 왕궁(아래)

복원된 왕궁은 텅 비어 있어서 박제화된 느낌이다.

최근 자리를 옮겨 왕궁은 복원되었다. 성문 오른쪽에 거대한 왕궁이 있다. 발굴된 왕궁터와는 길을 사이에 두고 서로 마주보고 있다. 바간의 황금 왕궁이다. 황금빛으로 빛나는 화려한 궁궐은 바간 왕조의 영화와 왕성했던 국력을 보여주는 듯하나 텅 비어 있는 왕궁은 박제화된 느낌이다. 별도의 입장료를 받기 때문인지 관람객은 거의 없다. 왕궁 안에는 식당이 있고 그 곳에서는 손님들을 위한 전통 무용과 음악을 공연한다. 무용수와 반주소리가 정적을 깬다. 관람객이 없는 텅빈 식당에서 자신의 공연에 열중하는 모습이 공허한 왕궁과 닮아 있다. 복원된 왕궁은 군사문화의 표상이다. 지도자의 무지와 지나친 권위주의로 인해 본질보다는 규모에 치중하는 보여주기식의 문화 풍토이다. 아름다운 바간의 분위기를 해치는 하나의 거대한 공룡이다.

왕궁 전경
황금빛으로 빛나는 화려한 왕궁은 바간 왕조의 영광을 상징한다.

바간에서 가장 높은 사원 **탓빈뉴 사원**

Thatbyinnyu Pato

탓빈뉴 사원은 바간 왕조 중기를 대표하는 건축물로 바간에서 가장 높은 사원이다. 높이가 63m로 멀리서도 한눈에 들어올 정도로 웅장하고 당당하다. 중기 사원 건축은 수평적 측면을 강조하였던 초기 사원과는 달리 2층의 구조로 수직적 측면을 강조하였다. 사원 내부의 활용성 보다는 높이를 중시하여 위엄 있고 장중해 보이도록 하였다. 흰색의 탓빈뉴는 중세유럽의 성채를 연상시킨다.

알라웅시뚜Alaungsithu 왕은 평생 내세의 부처가 되기를 원했던 왕으로 그의 이름도 '미래의 부처'라는 의미이다. 1131년에 왕이 건설한 쉐구지 사원의 벽

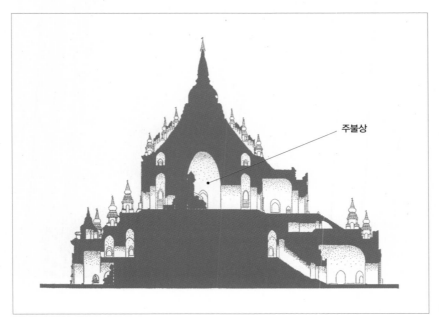

주불상

탓빈뉴 사원 단면도

탓빈뉴 사원 전경
높이가 63m로 바간에서
가장 높은 사원이다.

면에 내세에 부처가 될 것임을 강력하게 소망하는 글을 새겨 두었다.

"…나는 비슈누나 마왕과 같은 것으로 태어나지 않을 것이며, 위대한 왕으로 태어나는 것도 원치 않는다. 나는 단지 부처가 되길 원할 뿐이다. 나는 윤회의 강 위에 길을 만들어 고통을 받는 모든 중생을 천도하여 극락으로 이끌 것이다…"

이같은 불심으로 1144년 당시 바간 최고의 사원 탓빈뉴를 건설하였다. 탓빈뉴는 '전지전능(全知全能)한 부처'라는 뜻이다.

탓빈뉴는 크고 작은 두 개의 정육면체를 쌓아올린 형태이다. 아래층과 위층은 크기는 다르지만 높이는 같다. 1층과 2층에는 각각 3단의 테라스가 있다.

1층 테라스의 경사도가 완만한 데 비해 2층 테라스의 경사는 보다 급하게 되어 있다. 탑의 상승감을 높이기 위한 것이다. 테라스 벽면에는 539개의 부처님 전생담 즉 자타카Jataka가 새겨져 있으며 모서리에는 작고 뾰족한 첨탑들이 있다. 중앙에는 시카라sikhara 형태의 첨탑을 세웠다. 첨탑의 상부는 모두 황금색을 칠하여 전체의 포인트를 주면서 탑이 하늘로 치솟아 보이는 효과를 냈다.

탓빈유 외벽에는 스투코 장식들이 거의 없다. 회분으로 하얗게 칠해져 있을 뿐이다. 벽을 타고 흘러내린 빗물의 흔적들이 하나의 장식처럼 보인다. 단순함이 오히려 탑의 무게감을 강조하여 장중하고 위엄있는 분위기를 연출한다. 각각의 출입문에는 박공 장식을 하였다. 출입문은 모든 방향으로 만들어져 있지만 주 출입문은 동문이다. 동문은 다른 문에 비해 더 길게 밖으로 뻗어 나와 있으며 박공 장식도 이중으로 되어 있다.

탓빈뉴 내부에는 사방불을 모시고 있다. 동문 양쪽에 사원을 수호하는 두 개의 낫 상이 있고 가운데 2층으로 올라가는 아치형 문이 있다. 탓빈유의 주불主佛은 2층에 있는데 올라가는 문은 막아 놓았다. 대신 부처님은 TV 영상을 통해서 순례객을 맞이한다. TV 스타 부처님이다.

내부에도 별다른 장식없이 순백색으로 되어 있다. 통로 안쪽 벽에 안치된 작은 황금빛 불상들이 흰 벽면으로 인해 오히려 더욱 빛나 보인다. 다만 서쪽 가섭불을 모신 감실의 천장에 벽화가 일부 남아 있다. 내부에 남아 있던 벽화를 수리하면서 모두 흰색으로 덧칠해 버렸음을 알 수 있다. 탑돌이 하듯이 사방불을 만나는 순례자 통로의 벽면에는 보도폐야왕의 왕비가 1785년에 이곳을 방문하여 기록한 글이 남아 있다. 왕비는 알라웅시투가 이 사원을 건설했고 탓빈뉴라는 이름을 붙였다고 기록하였다.

탓빈뉴에는 기록탑이 있다. 정문 오른쪽 즉 북동쪽에

작은 가요초gayocho 탑이 있다. 가요초 탑은 탓빈뉴 탑을 쌓을 때 사용된 벽돌의 수를 기록하기 위해 건설한 것이다. 이 탓빈뉴 탑을 조성하면서 만 개의 벽돌을 쓸 때마다 벽돌 한 장씩을 쌓아 이 탑을 만들었다. 탑 안에는 새로 만든 두 개의 불상이 모셔져 있다.

한편 탓빈뉴 북쪽에는 알라웅시뚜왕이 건립한 또 하나의 사원, 쉐구지가 있다. 쉐구지는 알라웅시뚜왕이 죽은 뒤 자신이 묻힐 장소로 건설한 것이다. 왕은 할아버지 짠싯타왕이 만든 5개의 종보다 훨씬 큰 두 개의 종을 만들어 하나는 탓빈뉴에, 다른 하나는 쉐구지에 기부하며 온 정성을 쏟았다. 쉐구지는 왕궁, 탓빈뉴와 나란히 있어서 탓빈뉴 사원을 가장 잘 조망할 수 있는 곳이다. 알라웅시뚜왕은 쉐구지에서 자신이 온 정력을 바쳐 만든 탓빈뉴를 바라보며 죽어서 중생을 구원하는 부처가 되고자 하였다. 그러나 알라웅시뚜왕은 왕위를 노린 그의 둘째 아들 나라뚜왕에 의해 쉐구지에서 살해되는 비운을 맞이하였다.

가요초 탑
탓빈뉴에는 탑을 조성하면서 만 개의 벽돌을 사용할 때마다 벽돌 한 장씩 쌓아 만든 기록탑이다.

정령을 가둔 힌두교 사원 낫라웅 짜웅

Nat Hlaung Kyaung

낫라웅 짜웅은 바간 유일의 힌두교 사원이다. 힌두교는 미얀마의 고대 국가들이 인도와 교류하면서 도입하였다. 쀼족이 세운 고대 도시국가 베익따노 Beikthano는 힌두교의 신 '비슈누의 도시'라는 뜻이다. 그러나 바간 왕조 아노라타왕이 상좌부 불교를 국교로 정하면서 힌두교는 급격하게 약화되었다. 짠싯따 Kyansitha왕은 스스로 '비슈누의 화신'이라고 칭하면서 불교가 힌두교를 수용할 수 있는 이론적 근거를 마련하였다. 이후 힌두교는 불교에 귀속되었지만 미약하게나마 명맥을 유지하고 있었다.

낫라웅 짜웅은 '정령들을 가둔 사당'이라는 의미이다. 불교를 국교로 한 바간 왕조에서는 낫 신앙을 힌두교와 마찬가지로 불교에 귀속시키고자 하였다. 아노라타왕은 백성들에게 만연한 낫 신앙을 정리하기 위해 36개 낫에 드자민을 더하여 37개 낫을 정립하였다. 드자민은 힌두교의 인드라 신이며, 불교의 수호신 제석천帝釋天이다. 낫 신들을 힌두교에서 인드라 아래에 두고 인드라를 부처님 아래에 자리하게 함으로써 불교가 낫 신앙과 힌두교 모두를 귀속시키는 결과를 가져오도록 하였다. 따라서 낫라웅 짜웅은 순수한 상좌부 불교를 국교로 삼기하기 위해 백성들이 믿던 낫신을 가두어 두고자 11~12세기경에 조성되었다.

낫라웅 짜웅에는 힌두교 비슈누신을 모시고 있다. 힌

낫라웅 짜웅 내부
낫라웅 짜웅은 바간 유일의 힌두교 사원이다.

낫라웅 짜웅 전경
정령을 가둔 사당이라는
의미로 낫 신들을 가두어
두고자 조성되었다.

두교의 3대 신은 창조의 신 브라흐마, 유지의 신 비슈누, 새로운 창조를 위한 파괴의 신 시바이다. 비슈누는 세계를 유지하는 신이다. '상서로운吉祥'이라는 의미의 락슈미의 남편이며 사랑의 신인 카마의 아버지이다. 비슈누는 세사라는 뱀 위에 누워서 휴식을 취하거나 노란색 가사를 걸치고 가루다라는 새를 타고 지상에 내려온다. 비슈누는 검은색 얼굴에 네 개의 팔을 가지고 있다. 각각의 손에는 차크라(원반 모양의 무기), 소라, 곤봉, 연꽃을 들고 있다.

사원 외벽과 내벽, 그리고 성소로 구성되어 있었다. 외벽과 내벽 그리고 내벽 성소 사이에 이중의 통로가 있었으며, 성소 위에는 첨탑인 시카라shikara가 있었다. 민카바 마을에서 발견된 비문에는 13세기에 사원 진입로와 출입구를 만들었다는 기록이 있다. 힌두교 사원의 전형적인 형태였던 낫라웅 짜웅은 진입로와 외벽은 허물어지고 내벽과 성소, 시카라만 남아 있다. 사원은 사각형이며 위로 높은 단층 구조이다. 그 위에 있는 시카라는 복원 과정에서 축소된 듯

사원에 비해 작고 높지 않아 왜소한 느낌을 준다.

외벽의 감실에는 동쪽에 4개 나머지 방향에 각각 2개씩 전체 10개가 있다. 힌두교에서 비슈누는 10개의 화신으로 등장하는데 이곳에 비슈누의 열 개 화신化身이 모셔져 있었다고 전한다. 홍수로부터 인류의 시조인 마누를 구한 물고기 모양의 마츠야Matsya, 거북이 모양으로 만다라산을 짊어지고 대지를 지탱하는 쿠마Kuma, 물속으로 잠긴 대지를 지탱하여 인류를 구한 멧돼지 모양의 바라하Varah, 반인간 반사자의 모습으로 악마를 퇴치하는 나라싱하Narashingha, 나장이 모습으로 나타나 악마가 지배하는 세상을 구한 바마나Vamana, 도끼로 아버지의 원수를 갚은 파라슈라마Parashurama, 왕자로 태어나 악마를 물리친 라마Rama, 악마를 물리치고 백성에게 행복과 안정을 가져다준 크리슈나Krishuna, 불교를 창시한 부처님 붓다Buddha, 우주의 파괴기 마지막에 흰말을 타고 불칼을 들고 나타날 미래의 화신 칼키Kalki가 비슈누 화신이다. 특히 9번째 화신이 부

가루다를 탄 비슈누
질서 유지의 신 비슈누는
사람 얼굴에 독수리의 몸
을 가진 가루다를 타고
다닌다.

처님이라는 사실이 주목된다. 외벽 감실에는 현재 여섯 개만이 남아 있는데 그것조차 심하게 훼손되어 명확한 구분이 어렵다.

정문인 동쪽 문을 들어서면 내부에는 사각기둥 형태의 성소가 있고 각 면에는 비슈누상이 새겨져 있다. 동쪽면 에는 누워 있는 비슈누의 배꼽에서 힌두교 3신이 탄생하 는 모습이 조각되어 있다. '끝없는 잠을 자는 비슈누'라 는 신화를 조각한 것이다. 세계가 또 한 번의 종말을 맞 은 뒤 암흑 속에 물만이 출렁이는 가운데 비슈누는 세사 Sesa라는 나가 위에 누워 끝없는 잠에 빠진다. 그의 배꼽 에서 홀연히 연꽃이 피어나고 꽃잎이 열리면서 그 안에 서 브라흐마가 나타나 또 한 번 창조의 순간이 온다. 이 부조에 표현된 것이 바로 그 장면이다. 비슈누의 배꼽에 서 솟아난 연꽃 위에 4개의 얼굴이 달린 브라흐마와 비 슈누, 시바가 앉아 있다. 비슈누를 중심으로 한 힌두교 신화를 표현한 것이다.

한편 동쪽의 상부에는 두 개의 감실이 있고 가루다를 탄 비슈누상이 조각되 어 있다. 남쪽과 서쪽, 북쪽에도 손에는 차크라, 소라, 곤봉, 연꽃을 들고 서 있 는 비슈누 입상이 조각되어 있다. 각 방향마다 창문이 있다. 창문을 통해 들어 오는 빛으로 비슈누 신상을 비추게 함으로써 신의 모습을 부각시키고 있다. 어 둠 속에서 빛을 받은 비슈누 신상은 살아 있는 듯한 모습으로 순례자를 맞이 한다.

균형과 비례의 조화 고도팔린 사원

Gawdaw Palin Pato

고도팔린은 '경의를 표하는 단'이라는 의미이다. 나라파티시투^{Narapatisithu}왕이
루비를 발견한 곳에 공덕을 쌓기 위해 술라마니 사원을 건설하기 시작하였다.
사람들을 강제적으로 동원하고 강압적으로 일을 진행하자 백성의 존경을 받고
있던 승려 판타구가 왕에게 앞으로는 왕의 보시를 받지 않겠다고 하였다.

> "왕이시여, 당신이 하는 행위는 당신의 생각처럼 공덕을 쌓는 것이 아니고
> 무자비한 것입니다."
> "존경하는 분이여, 내 보시를 받지 않겠다는 것은 내 백성이 주는 보시도 받
> 지 않겠다는 것인데, 스님께서는 이 왕국을 떠날 수밖에 없군요."

왕의 이 말에 화가 난 판타구는 바간을 떠나 스리랑카로 갔다. 그 후 왕은 병
이 났고 행동을 뉘우치고 여러 차례 돌아올 것을 요청하였다. 마침내 판타구가
바간으로 돌아오자 왕이 직접 마중을 나가 그를 영접하고 경의를 표하며 직접
보시를 하였다. 그 자리에 고도팔린이 세워졌다.

고도팔린은 바간 왕조 후기를 대표하는 탑이다. 전기가 안정감, 중기가 상승
감이었다면 후기는 균형과 비례이다. 전기 양식은 아난다 사원처럼 동굴식으
로 만들어 내부에 2중의 통로를 만드는 등 실용성을 강조하였다. 즉 수평적인
면에 치중하면서 안정감을 부각시켰다. 중기 양식은 탓빈뉴처럼 2층 구조를
만들어 외부의 수직적인 면을 강조하였다. 탑의 높이를 가능한 높게 하여 상승
감을 느낄 수 있도록 하였다. 반면 후기 양식은 이를 상호 보완하는 안정과 상

고도팔린 사원 전경

바간 후기를 대표하는 탑으로 '경의를 표하는 단'이라는 뜻이다.

승의 조화를 추구하였다. 고도팔린은 2층의 구조로 채택하여 높이를 강조하면서 1층의 규모를 2층에 비해 비교적 크게 함으로써 안정감을 함께 확보하였다.

고도팔린은 나라파티시투왕이 술라무니에 이어서 건설하였다. 나라파티시투왕은 알라웅시뚜Alaungsithu왕의 영광을 되찾기 위해 스스로 시뚜 2세라고 일컬었으며 불교를 진흥시키는 데 힘썼다. 바간에 술라마니, 담마야지카, 고도팔린 등 대규모 사원을 건설함과 동시에 전국을 순회하면서 바간 이외 지역에도 많은 사원을 건설하였다. 고도팔린은 나라파티시투왕이 건설하기 시작하여 그의 아들인 난다웅미아Nandaungmya왕에 의해 완성되었다. 따라서 술라마니 사원과 구조와 크기, 외형이 비슷하다.

고도팔린의 중앙탑은 전기 양식인 아난다 사원을 닮고, 탑신부는 중기 양식인 탓빈뉴 사원을 닮았다. 고도팔린은 네 개의 문이 있는 낮은 담장으로 둘러

싸여 있다. 이 문은 18세기 꼰바웅 왕조시대에 조성된 것이다. 주 건물은 2층
으로 되어 있다. 높이는 같지만 크기가 다른 두 개의 사각형 건물을 2층으로
쌓았다. 1층과 2층의 크기를 거의 같게 만든 중기 양식인 탓빈뉴와 달리 1층의
크기를 2층에 비해 상대적으로 크게 함으로써 안정감을 확보하였다. 중앙탑
시카라는 아난다 사원과 거의 동일하다. 당시 바간에서 아난다 사원의 중앙탑
이 바간에 있는 사원 가운데 가장 아름답고 상승감이 뛰어났기 때문이다. 1층
에 비해 2층의 탑체를 감소시키고 중앙탑을 뾰족한 첨탑을 조성함으로써 하늘
을 향해 높이 솟아 있는 느낌을 준다. 고도팔린의 높이는 55m로 바간에서 두
번째로 높지만 수평적 안정성과 수직적인 고도의 균형으로 가장 아름다운 탑
으로 평가된다.

정문인 동쪽문을 들어서면 내부는 비교적 밝은 편이다. 건물이 높아지면서
위로 많은 창문을 만들어 실내는 이전에 비해 밝아졌다. 그리고 위의 하중을
직접 받지 않는 통로 부분은 더 넓어졌다. 넓고 밝아진 통로에는 18세기 꼰바
웅 왕조시대에 제작된 벽화들이 있었으나 현재는 떨어져 나가고 그 자리에 흰
색 페인트가 칠해졌다. 다만 내부에 모셔진 사방불의 광배光背에 벽화의 흔적

이 남아 있다. 첨두형의 감실 속에 모셔진 불상의 광배에 그려진 벽화는 대부분 보리수 나무이다. 부처님께서 보리수 나무 아래에서 득도하셨음을 상징하는 것이다.

고도팔린은 흰색 사원이다. 여러 차례 진행된 세척작업과 보수공사로 스투코가 떨어져 나갔다. 그리고 1975년 지진으로 훼손된 것을 수리하면서 흰색 페인트를 칠했다. 에야와디강가에 자리한 고도팔린은 일몰 때가 되면 석양이 던지는 햇살과 에야와디강에 반사된 빛으로 인해 황금빛으로 빛난다. 고도팔린은 일몰을 감상할 수 있는 바간 최고의 명소이다. 그러나 현재 사원으로 올라가는 계단이 통제되고 있다.

내부 불상과 티(좌)
고도팔린의 내부에는 사방불이 모셔져 있다.

불상의 손(우)
불상의 손 끝에 한 송이의 연꽃이 피어 있다.

인도 대보리사를 모방한 사원 마하보디 사원

Mahabodhi Pato

불교를 숭배하는 미얀마인에게 부처님께서 득도하신 인도의 보드가야는 최고의 성지였다. 바간 왕조의 짠싯타왕은 인도에서 무슬림의 통치로 불교가 쇠퇴하면서 박해를 피해 바간으로 이주해 온 인도 승려들로부터 보드가야가 훼손되어 방치되었다는 사실을 알게 되었다. 이에 왕은 보드가야에 많은 재물과 사신을 보내 대보리사를 보수하고, 그곳에서 가져 온 보리수나무 씨앗을 바간에 심었다. 난다웅미아^{Nandaungmya}은 1215년 보드가야에 있는 마하보디 사원을 모방하여 바간에 사원을 건립하고 이름도 똑같이 마하보디 사원이라 하였다. 사각뿔 모양의 중앙탑을 만들고 주변에는 부처님께서 득도 후 7주 동안 머물렀던 성지를 재현하였다. 이슬람의 침입으로 황폐화된 인도 마하보디 사원을 바간에 복원하여 미얀마를 불교의 중심 국가로 만들고자 하였다.

한편 인도 보드가야 마하보디 사원에 대한 관심은 지속되었다. 19세기 꼰바웅 왕조의 보도페야^{Bodawpaya}왕은 불교의 순

사원 입구 불상
사원의 입구는 두 팔을 벌린 듯한 형상이다.

마하보디 사원 전경

마하보디 사원은 인도 보드가야에 있는 대보리사를 모방하여 건립되었다.

례지가 황폐화된 것을 안타까워하며 여러 차례 불교사절단을 인도에 파견하였다. 보드가야 마하보디 사원을 점검하고 수리하였으며 영국의 지배로부터 해방시키기 위해 군사적인 공격도 고려하였다. 그러나 실행하지 못하였으며 대신 만달레이 근처에 있는 민군의 언덕 위에 마하보디 사원을 그대로 재현하고자 계획한 적이 있었다.

마하보디 사원은 사각형의 구조물 위에 사각뿔 모양의 탑이 솟아 있다. 사각형 탑의 본체는 동서로 긴 구조물이다. 정문은 동쪽이며, 동쪽으로 난 입구는 두 팔을 벌린 듯한 형상이다. 단계적으로 줄어 들어가는 리텐드식으로 만들어진 입구에는 각 면마다 감실을 만들고 그 안에 황금빛 불상을 모시고 있다. 입구를 들어서면 두 팔을 벌려 온몸으로 자식을 반기는 어머니의 품에 안기는 느낌이다. 법당 안에는 보리수나무 아래에서 득도하신 석가모니불을 모시고 있

사원 내부 불상

첫째 주 부처님은 깨달음을 이룬 곳에 머무셨다.

다. 수인手印은 부처님께서 득도하는 순간 취했던 항마촉지인降魔觸地印 이다. 당당하고 밝은 표정으로 득도의 환희를 그대로 보여주고 있다.

탑은 본체를 기단으로 하여 43m의 높이로 솟아 있다. 가운데 중앙탑을 중심으로 네 모퉁이에는 작은 탑을 조성하였다. 중앙탑은 수미산을 상징하고 네 모퉁이의 작은 탑은 사주四洲를 상징한다. 각 탑의 외부 벽에는 작은 감실을 만들고 불상을 봉안하였다. 탑 전체는 총 465개의 감실이 있으며 그 안에는 모두 다른 모습의 불상이 모셔져 있다. 보다 많은 부처님이 오셔서 고통 속의 속세를 구원해 주기를 바라는 마음이 감실마다 담겨져 있다.

사원 뒤쪽에는 별도의 부속공간을 만들어 불상을 봉안하였다. 부속 건물의 아랫부분은 아치형 통로로 본 건물과 연결되어 있다. 천장 중앙은 하늘을 향해 동그랗게 뚫어서 햇살을 받을 수 있도록 하였다. 이 공간은 서쪽에 있는 작은

정안탑(좌)
둘째 주 부처님은 보리수 나무를 바라보며 명상에 잠기셨다.

경행처(우)
셋째 주 부처님은 보리수 나무 주위를 거닐었다. 발자국마다 연꽃이 피어올랐다.

문을 통해 들어오는 사람들이 예불을 드릴 수 있도록 한 것이다. 정문인 동쪽 대신에 서쪽의 협문으로 들어오는 사람들은 여자를 비롯해서 신분이 낮은 사람들이었던 것으로 추정된다. 그리고 사원 북쪽에는 수도원이었던 자리와 배수로가 발굴되었다. 붉은 벽돌을 쌓아 만든 V자형의 배수로가 매우 인상적이다.

마하보디 사원 주변에는 인도 보드가야와 마찬가지로 부처님께서 득도 후 7일마다 자리를 옮겨 가면서 7주 동안 머물렀던 성지를 만들었다. 인도 보드가야에는 부처님께서 칠칠일七七日, 즉 49일 동안 해탈의 환희를 느끼면서 매주 머물렀던 자리에 다양한 상징들을 만들어 놓았다. 이곳 마하보디 사원에도 꼭 같이 일곱 개의 성지를 만들었다.

첫째 주에 부처님은 깨달음을 이루신 곳에 머무셨다. 부처님은 보리수 아래에서 성도한 다음 그 자리에 앉은 채 7일 동안 스스로 깨달은 법을 즐겼다. 마

수도원
넷째 주 부처님은 명상에 잠기셨다.

하보디 사원 본당 안에 불상이 모셔진 곳이다. 둘째 주에 부처님은 7일 동안 눈도 깜박이지 않고 보리수나무를 바라보며 명상에 잠기셨다. 보드가야에는 그 자리에 정안탑靜安塔眼塔이 있다. 마하보디 사원에서도 수도원 앞에 정안탑을 만들었다. 셋째 주에 부처님은 깨달음을 정리하면서 보리수나무 주위를 거닐었는데 발자국마다 연꽃이 피어올랐다. 부처님의 경행처經行處에는 돌에 연꽃이 새겨져 있다. 마하보디 사원에서도 본당과 수도원 사이에 연꽃을 새긴 돌을 놓아 경행처를 표현하였다. 넷째 주에 부처님은 심오한 명상에 잠기셨다. 인과관계를 비롯한 깨달음에 대한 것과 대중들에게 어떻게 설법할 것인가에 대해 깊이 생각하셨다. 그 자리에 사당이 마련되어 있다. 마하보디 사원의 경우 중앙탑 북쪽에 있는 수도원이 그곳이다. 다섯째 주에는 반얀나무 즉 용화수龍華樹 아래로 자리를 옮겨 법의 즐거움을 누렸다. 마하보디 사원의 다섯 번째 성지는

라자야타나 숲 사당
일곱째 주 라자야타나 숲에서 부처님은 곡물을 바친 상인에게 자신의 머리카락을 뽑아 주셨다.

사원 마당 한가운데 있는 나무가 그것이다. 여섯째 주 부처님께서 선정에 들어 계시는 동안 계속 비가 내리고 찬바람이 불었다. 이때 뱀 모양의 무찰린다 용왕이 나타나 부처님의 몸을 일곱 겹으로 감고 머리로 우산처럼 부처님을 덮어서 비바람을 막아주었다. 마하보디 사원에서는 수도원 뒤 배수로와 연결된 곳이 무찰린다 연못을 상징한다. 일곱째 주에 부처님은 라자야타나 숲에서 법의 즐거움을 누리고 계셨는데 타푸사와 발리카라는 상인이 그들의 양식인 곡물가루와 꿀을 바치며 귀의하였다. 부처님은 보답으로 머리카락을 뽑아 주셨다. 마하보디 사원의 남쪽 숲을 라자야타나 숲으로 상정하였다.

미얀마와 인도의 마하보디는 몇 가지 다른 점이 있다. 첫째, 불상의 얼굴이 다르다. 두 마하보디 사원에 모셔진 불상은 각각 그 나라 사람의 얼굴을 닮았다. 보드가야 마하보디 사원에 모셨던 불상을 그대로 재현한 우리나라 석굴암

마하무니 사원 벽면 조각

총 465개의 감실을 만들고 서로 다른 모습의 불상을 모셨다.

의 불상이 우리나라 사람의 얼굴을 한 것과 같은 논리이다. 둘째, 사원의 구조적인 면에서 본체와 탑의 비례가 다르다. 인도의 마하보디 사원은 기단의 역할을 하는 본체가 작고 탑이 큰 반면 미얀마의 마하보디 사원은 탑에 비해 기단 역할을 하는 본체가 크다. 따라서 인도의 그것에 비해 균형잡힌 안정적인 느낌을 준다. 이같은 외형적인 차이에도 불구하고 마하보디 사원의 본질인 부처님을 향한 불심에는 차이가 없다.

에야와디강의 등대 **부파야 탑**

Bupaya

북쪽 5,881m의 카카보라지산에서 발원한 에야와디강은 남쪽의 안다만으로 흘러간다. 거의 수직에서 내려오던 강은 만달레이와 바간에서 두 번 방향을 바꾼다. 특히 바간에서 에야와디강은 곶#을 형성하면서 감싸고 돌아간다. 부파야는 강물이 휘감아 도는 절벽 뒤에 자리하고 있다. 따라서 부파야는 에야와디강을 오가는 수많은 배의 안전을 기원함과 동시에 위치를 알려주는 등대의 역할을 하고 있다.

강가에 세워진 부파야는 인도 레란자라강가에서 수행했던 부처님을 상징한다. 부처님은 출가하여 레란자라강가에 있는 고행림에서 6년 동안 수행하였다. 숲이 아름답고 무성하며 강물의 수량이 풍부하고 맑았기 때문이다. 에야와디강은 레란자라강이며, 부파야가 있는 숲은 고행림이고, 탑은 강가 보리수 나무 아래에서 수행하는 부처님이다.

부파야는 호리병 사원이라는 뜻으로, 부파야의 부ᵇu는 호리병이다. 최초의 버마족 왕으로 불리는 타모다릿이 바간 지역에 도시를 건설할 때 거대한 네 가지 동물 즉 새와 멧돼지, 호랑이, 다람쥐와 한 가지 식물인 호리병 모양의 조롱박이 항상 위협적이었다. 조롱박은 전 국토에 퍼져 있었을 뿐만 아니라 생명력이 강해서 저녁에 자르면 아침에 다시 생생하고 왕성하게 자라났다. 이때 쀼족의 왕가에서 태어난 16세의 소년 퓨소티가 바간으로 왔다. 인드라 신에게서 얻은 활을 쏘아 다섯 가지 위협물을 제거하고 공주와 결혼하여 왕이 왕이 된 퓨소티는 다섯 가지의 재앙을 물리친 장소에 다섯 개의 탑을 건설했는데 조롱박을 리친 곳에는 호리병 모양으로 탑을 세웠다. 그것이 부파야다.

부파야 탑 전경
에야와디강을 오가는 배들의 등대이다.

　　부파야는 쀼^{Pyu} 양식의 탑이다. 쀼족은 버마족보다 앞서 미얀마 중북부에 베
익따노, 한린, 뜨예케뜨야 등의 도시국가를 형성하였다. 이들은 종형鐘形의 탑
을 만들었다. 종형 탑 가운데 가장 오래된 것은 뜨예케뜨야에 남아 있는 5~7
세기경 건설된 것으로 추정되는 보오보오지^{Bawbawgyi} 탑이다. 부파야는 바간
왕조가 들어서기 이전에 건설한 것이다. 바간 왕조 초기에 부파야를 모방하여

에야와디 강변에 로카난다Lokananda가 조성되었으며 도성 한가운데 있는 응아쩨 나다웅이 건설되었다.

로카난다는 바간의 동쪽 뉴바간 지역에 있다. 로카난다는 1059년 아노라타 왕이 스리랑카왕에게 받은 부처의 치아사리를 하얀 코끼리에 실은 후 코끼리를 자유롭게 풀어주며 "코끼리가 쉬는 곳에 이것을 안치하겠다"고 했다. 흰색 코끼리는 쉬지곤 탑이 있는 자리에 무릎을 꿇었다. 그리고 다시 코끼리는 스리랑카에서 오가는 배들이 정박하는 로카난다에서 무릎을 꿇었다. 이렇게 하여 바간의 동서남북 네 곳에 탑을 조성하였는데 남쪽에 있던 탑이 로카난다이다.

로카난다 전경
로카난다는 쀼 양식의 탑이다.

로카난다는 기단부와 탑신부, 상륜부의 3단으로 구성되어 있다. 1975년 지진에 훼손되었는데 이때 탑 내부에서 금과 은, 동, 철로 만든 네 개의 성물함이 발견되었다. 현재는 부처님의 족적 형상과 함께 바간고고박물관에 보관되어 있다. 기단부는 3단 팔각 테라스로, 각 테라스마다 연꽃잎으로 장식된 난간을 만들었다. 탑신부는 종형이다. 중간 부분에 띠 모양의 장식을 하였다. 상륜부 티htti는 11개 층으로 되어 있으며 탑 전체의 높이는 39.5m에 이른다. 석양에 빛나는 로카난다는 부파야와 함께 에야와디강을 오가는 배들의 붉은 빛 등대이다.

응아쩨 나다웅은 도성 안에 있다. 힌두교 사원인 낫라웅 짜웅 바로 옆에 자리하고 있다. 두 유적의 건설시기는 비슷한 시기인 11세기경으로 추정된다. 탓빈뉴 바로 이웃에 있어서 위치상으로 볼 때 왕궁 내에서 중요한 역할을 하였던 탑으로 생각된다.

응아쩨 나다웅은 '응아쩨의 귀걸이'라는 뜻이다. 이같은 이름은 탑의 독특한 모양에서 유래한다. 기단부는 위로 갈수록 줄어드는 원형으로 되어 있고 그 위는 항아리 모양의 둥근 벽돌 탑이다. 탑신부의 탑 표면에는 녹색 유약을 칠해 만든 구운 벽돌로 둘러 마감작업을 하였다. 일부는 떨어져 나갔지만 푸른색의 탑이었음을 짐작하기에는 충분한 양이다. 1975년 지진으로 본체에 금이 가서 외부를 쇠로 묶어 보존하고 있다. 상륜부는 20세기 초에 붕괴되었는데 최근에 다시 만들어 올렸다. 원형을 얼마나 충실하게 복원했는지 알 수 없지만 첨탑의 꼭대기 부분은 바로 옆에 자리한 탓빈뉴 사원의 첨탑과 유사한 모습이다. 당시 햇빛에 빛나는 녹색의 원형 탑은 왕궁의 보석처럼 빛났을 것이다.

응아쩨 나다웅의
원경과 세부

응아쩨 나다웅은 응아쩨
의 귀걸이라는 뜻이다.
벽돌로 탑을 만들고 표면
에 유약을 칠한 벽돌로
마감작업을 하였다.

미얀마 모든 탑의 모델 쉐지곤 탑

Shwezigon Paya

쉐지곤 탑을 건설한 아노라타왕은 미얀마의 아쇼카왕이다. 인도의 아쇼카왕은 무력으로 인도 전역을 통일하고 불교로 개종하여 정신적인 통일을 이룩하였다. 미얀마의 아노라타왕 역시 미얀마 최초로 통일 왕조를 건설하고 불교를 국교로 정하여 백성들의 정신적인 통일을 이룩하였다. 그리고 아쇼카왕이 산치대 탑을 건설했듯이 아노라타왕은 쉐지곤 탑을 조성하였다.

사원 입구
쉐지곤은 아노라타왕이 부처님 사리를 모시기 위해 건설한 네 개의 사원 가운데 하나이다.

쉐지곤 전경

쉐지곤은 황금빛 모래 언
덕이라는 뜻으로 바간에
서 가장 높은 곳에 건설
되었다.

　바간에서 가장 높은 곳에 탑을 건설함으로써 도시의 중심을 이루도록 하였
다. 세계 여러 나라에서는 다양한 방법을 통하여 도시의 중심축을 형성하였다.
유럽의 고딕성당, 중국의 전합이 도시의 중심축이 되었듯이 바간에는 에야와
디강이 만든 모래 언덕 위에 쉐지곤이 있다. 황금빛 쉐지곤은 바간의 중심축이
며 미얀마 불교의 중심이다.

　쉐지곤은 아노라타왕이 부처님 사리를 모시기 위해 건설한 네 개의 사원 가
운데 하나이다. 『유리궁의 연대기』에 의하면 아노라타 왕은 이곳에 고대 쀼 왕
국 뜨예케뜨야Thayekhittaya의 탑에서 가져온 부처님의 앞머리뼈 사리와 스리랑
카 왕에게 받은 부처님의 치아사리를 안치하기 위하여 네 개의 사원을 건설하
였다. 연대기에 의하면 아노라타왕이 보석으로 장식된 흰색 코끼리에 부처님
사리를 실어서 코끼리가 앉아서 쉬는 곳에 사리를 안치하라고 말했다. 코끼리

가 처음으로 무릎을 꿇고 쉰 곳이 쉐지곤이다. 네 개의 사원 가운데 가장 북쪽에 위치해 있다. 남쪽은 에야와디강가에 로카난다 탑, 서쪽은 에야와디 강 서쪽 둑방 위에 탄지Tan kyi 탑, 동쪽은 바간에서 32km 떨어진 짜욱세에 투얀타웅Tuyan Taung 탑이다.

쉐지곤은 아노라타왕에 의해 건설되기 시작하여 아들 짠싯타왕에 의해 완공되었다. 아노라타왕은 1059년에 착공하였으나 생전에 3층으로 된 테라스 밖에 완성하지 못하였다. 짠싯타왕이 즉위하자 왕의 승려였던 신아라한이 왕에게 쉐지곤을 완성하도록 재촉하였다. 왕은 모든 백성을 동원해 동쪽에 있던 투이윈Tuywin산에서 돌을 채취해 공사를 계속했다. 1085년 탑은 7개월 7일 만에 완성되었다. 이후 1557년에는 따웅우 왕조의 버인나웅왕이 탑 전체에 금을 새로 입혔으며, 3,429kg이나 되는 종을 헌납했다. 꼰바웅 왕조의 신뷰신Hsinbyushin 왕은 1768년에 탑의 티hti를 새로운 것으로 교체했다.

요일탑(좌)

중앙탑 주변에 요일을 상징하는 작은 탑들이 있다.

쉐묘진과 쉐자가 낫(우)

쉐묘진과 쉐자가 부자는 탑 쌓을 돌을 구하러 갔다가 희생된 인물로 쉐지곤 수호 낫이 되었다.

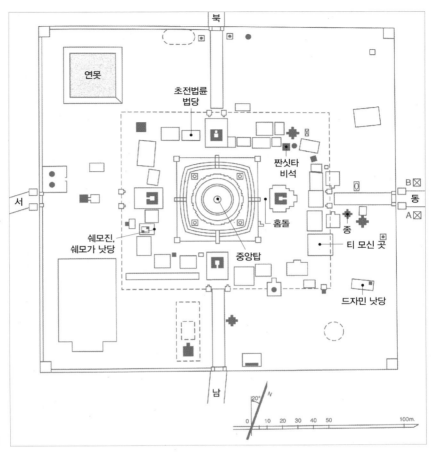

쉐지곤 평면도

　　쉐지곤은 돌을 벽돌처럼 깎아 만든 모전석탑模塼石塔이다. 현존하는 불교 탑 가운데 가장 오래된 인도의 산치대 탑이 모전석탑이다. 이를 모방하여 쉐지곤도 모전석탑으로 만든 것으로 추정된다. 바간 동쪽에 있는 투이윈Tuywin산에서 가져온 돌을 벽돌모양으로 다듬어서 쌓았다. 외형은 벽돌탑이지만 실제로는 돌을 쌓아 만든 석탑이다. 돌을 구하는 과정에서 희생된 쉐묘진과 쉐자가 부자에 대한 전설이 있다. 아들 쉐자가 좋은 돌을 구하기 위하여 사암으로 유명한 에야와디강 하구에 갔다가 산적을 만나 목숨을 잃었다. 이에 아버지 쉐묘진이 돌아오지 않는 아들을 찾아 떠났다가 역시 산적에게 당하고 말았다. 이 소

쉐지곤 풍경

식을 들은 짠싯타왕은 두 영혼을 위로하기 위해 사원 남서쪽에 사당을 지었다. 이들은 쉐지곤을 수호하는 낫^{nat}이 되었다.

쉐지곤은 미얀마 탑의 표준이며 최초의 종형鐘形 탑이다. 인도의 산치대 탑에서 보듯이 초기 불교 탑은 바루를 엎어놓은 듯한 형태의 복발형覆鉢形 탑이다. 미얀마에서는 이를 종형으로 변형시킨 것이다. 사각형의 기단 위에 종형의 본체를 만들고 뾰족한 첨탑 형태의 상륜부를 올렸다. 사각형의 기단은 땅을 상징하며 원형의 본체는 하늘을 상징한다. 그리고 최상층 기단을 팔각형으로 한 것은 사각형 땅과 원형 하늘을 자연스럽게 연결시켜주기 위해서다. 이후 건설된 미얀마의 모든 탑은 쉐지곤을 기준으로 하였다.

중앙탑은 기단부, 탑신부, 상륜부로 구성되어 있다. 사각형 기단부는 3단으로 되어 있다. 모서리에는 머리 하나에 몸이 둘인 사자, 마눅티하가 탑을 수호하고 있다. 각 방향의 중앙에는 탑신부로 연결되는 계단이 있으며 난간에는 불

법당 내부 불상(좌)

쉐지곤의 불당에는 과거 4불을 모시고 있다.

드자민 상(우)

낫의 우두머리인 쉐지곤 드자민상은 미얀마에서 가장 오래된 것이다.

사문유가상

석가모니는 사문유가를
통해 생로병사의 고통을
인식하고 출가하였다.

법을 지키는 최고의 수호신 친테가 배치되어 있다. 1층 기단 벽에는 부처님의
전생담 자타카Jataka를 새긴 녹색 유약을 입힌 전돌을 배치하였다. 몸체인 탑신
부는 종 모양이고 표면은 다양한 문양으로 화려하게 장식하였다. 연꽃잎 문양
을 비롯하여 식물 모양, 삼각형의 기하학적인 문양 등을 띠 모양으로 탑 전체
를 둘렀다. 상륜부는 연꽃 장식으로 탑신부와 구분된다. 꽃잎이 아래로 향해
있는 복연覆蓮과 꽃잎이 위를 향해 있는 앙련仰蓮의 장식이 상륜부의 시작이다.
그 위에 우산 모양의 티hti를 올려 상승감을 높였다. 티는 11단으로 되어 있으
며 998개의 보석으로 장식하고 아래쪽에는 종을 매달았다. 현재의 티는 꼰바
웅 왕조의 신뷰신왕이 조성했던 티를 교체한 것으로 당시의 티는 쉐지곤 남동
쪽 법당에 모셔져 있다.

쉐지곤에는 중앙탑을 중심으로 주변에 수많은 부속건물이 있다. 중앙탑의
동서남북 방향에 불당이 있고 각 불당에는 동쪽에 구루손불, 남쪽에 구나함모

니불, 서쪽에 가섭불, 북쪽에 석가모니불이 모셔져 있다. 동쪽 불당 뒤에는 지름 10cm 정도로 파인 곳에 물이 고여있는 돌이 있다. 왕이 왕관 때문에 탑의 꼭대기에 있는 티를 볼 수가 없어서 아래 고인 물에 비친 탑 꼭대기에 참배하였다는 이야기가 전해져 내려오고 있다. 그러나 실제는 탑을 건설할 때 사용하였던 측량의 용도라고 한다.

동남쪽 경내에는 낫을 모신 사당이 있다. 유리관 안에는 37낫의 우두머리인 드자민 낫이 있다. 이것은 탑이 만들어질 당시에 제작된 것으로 미얀마에서 가장 오래된 드자민 상이다. 두 개의 칼을 든 여인이 호랑이를 타고 있는 형상의 낫은 의약의 수호 정령 매와 나이다.

남서쪽에는 부처님께서 생로병사의 고통을 해결하기 위한 출가를 하는 모습을 모신 법당이 있다. 왕자의 신분이었던 부처님은 성문 밖을 나가 병자와 늙은이, 죽은 자와 수행자를 만나 생로병사의 고통을 보고 출가를 결심하여 마침내 29세에 애마愛馬 칸타카를 타고 출가하였다. 그것은 중생을 위한 위대한 출발이었다.

북서쪽에는 부처님께서 처음으로 설법하는 모습을 모신 법당이 있다. 인도 보드가야에서 득도를 하신 후 바라나시 녹야원에서 처음으로 설법을 하셨다. 부처님은 깨달음을 얻은 후 보드가야에서 함께 수행을 하다 떠나간 5명의 수행자들에게 처음으로 설법하기로 결정하였다. 맨발로 탁발과 노숙을 하며 걸어와 무모한 고행만을 계속하고 있던 그들에게 사성제와 인연법을 설법하였다. 이것이 바로 초전법륜初傳法輪이다. 법당에는 단 위에서 부처님이 설법을 하시고 아래에서 이를 듣는 5명의 수행자들의 모습을 재현해 놓았다.

북동쪽은 비둘기 마당이다. 비둘기들이 먹이를 찾아 날아다니는 마당에 짠싯타왕의 비석이 있다. 비석에는 바간에 위대하고 강

력한 국왕이 나타나서 그가 통치하는 기간에 불교가 융성할 것이라는 부처님의 예언이 있는데, 짠싯타왕이 바로 예언 속의 왕이라고 기록되어 있다. 그리고 최근에 조성된 와불이 모셔진 법당이 있다. 이 불상의 귀를 만지면 3년 안에 다시 바간에 올 수 있다는 이야기가 전해진다.

쉐지곤 전경
쉐지곤은 미얀마 탑의 표준이며 기단부, 탑신부, 상륜부로 구성되어 있다.

작지만 아름다운 사원 **구바욱지 사원**

Gubyaukgyi pato

바간에는 구바욱지라는 이름의 사원이 두 개 있다. 남쪽 민카바Myinkaba에 있는 구바욱지 사원은 바간의 초기인 1113년 왕자의 기부로 만들어졌다. 사원 본체 위에 탑은 아난다 사원과 같은 시카라형이다. 반면 북쪽 웨찌인Wetkyi-In에 있는 사원은 바간 후기인 13세기경에 조성되었으며 탑은 사각뿔 형태의 피라미드형 이다. 두 사원은 모두 내부 벽화로 유명하다. 민카바 구바욱지는 바간 초기의

구바욱지 사원 전경
웨찌인 구바욱지는 인도 보드가야 마하보디 사원 을 모방하여 건설하였다.

벽화로 인도 팔라 왕조의 영향을 받아 팔이 열 개 달린 보살상 등이 있지만 벽면에 가득찬 벽화는 평면적이다. 웨찌인 구바욱지의 벽화는 바간 왕조 전성기 회화이다. 인도의 영향에서 벗어나 완전한 미얀마 양식을 확립하여 입체적일 뿐만 아니라 자신감과 여유가 느껴진다.

부처님께서 득도하신 인도의 보드가야의 마하보디 사원은 미얀마인들에게 최고 성지聖地였다. 그래서 구바욱지는 이들을 모델로 건설되었다. 외형적으로 구바욱지는 마하보디 사원과 같은 사각뿔 형태의 첨탑을 채택하였다. 바간 사원들의 탑이 원형인 것과는 대조적이다. 내부에 모셔진 불상과 벽화도 보리수 나무 아래에서 득도하는 순간의 부처님을 표현하고 있다.

구바욱지는 작지만 아름다운 사원이다. 구조와 스투코 장식, 벽화가 모두 아름답다. 나지막한 담장으로 둘러싸인 사원을 동쪽 문을 통해 들어서면 오랜 친구를 만나듯 정겹고 친숙한 느낌을 준다. 외부는 사각형의 본체 위에 사각뿔 형태의 탑을 올렸다. 멀리서 보면 주변에 있는 야자수나무와 조화를 이룬다. 동서남북의 출입문은 돌출형으로 되어 있다. 주 출입문인 동쪽 문은 이중으로 돌출시켜 다른 방향의 문과는 구별하였다.

내부는 불상을 모신 사각기둥과 벽화가 그려진 넓은 홀로 구성되어 있다. 본체 위의 탑을 지탱하는 중앙의 사각기둥은 탑과 마찬가지로 서쪽으로 치우쳐 있다. 따라서 돌출된 현관의 공간과 더불어 동쪽에 넓은 공간이 형성되었다. 사각기둥에는 각 방향으로 불상을 모시고 있다. 넓은 홀이 있는 동쪽을 제외한 남·서·북쪽의 불상은 좁은 통로에 모셔져 있다. 출입문도 격자형 벽으로 막아서 빛만 들어올 수 있을 뿐 사람은 출입할 수 없다. 불상 뒤쪽 벽에는 희미하게 벽화를 그린 흔적은 남아 있으나 동쪽 홀의 벽화처럼 선명한 그림은 볼 수 없다.

동쪽 홀에는 화려한 프레스코 벽화가 그려져 있다. 동쪽 문으로 홀에 들어서면 첨두형 아치천장을 한 긴 공간의 한가운데 모셔진 불상이 모셔져 있다. 이 불상은 보리수나무 아래에서 득도하는 순간의 석가모니를 표현한 것이다. 석가모니가 보리수나무 아래에서 선정에 들어 깨달음을 얻으려 하자 마왕 마라Mara가 마군을 이끌고 와서 위협하거나 세 딸을 보내 유혹하며 득도를 방해하였다. 석가모니는 조금의 동요도 없이 오히려 이들을 달래며 '나는 수많은 공덕으로 이제 부처님의 자리가 오르게 되었다'고 하였다. 마왕은 이를 증언하라고 요구하였다. 이에 석가모니는 오른손 손가락 끝으로 땅을 가리키며 '지신이 이를 증언할 것이다'라고 하였다. 순간 대지가 크게 진동하면서 대지의 여신이 나타났다. 마왕은 혼비백산하여 도망쳤고 석가모니는 바로 깨달음을 얻었다. 이곳에 모셔진 불상이 항마촉지인의 손 모양을 하고 있을 뿐만 아니라 불상 뒤쪽 벽 광배光背에는 이 순간을 그림으로 그려놓았다. 광배에

벽면 과거불
남북 벽면에는 자타카와 과거불이 그려져 있다.

는 가운데 보리수나무가 그려져 있고 왼쪽에는 코끼리를 타고 활을 든 마라와 그의 부하 괴물들과 함께 중앙에 있는 부처를 공격하는 모습이 그려져 있다. 그리고 오른쪽에는 그들이 석가모니의 기적에 놀라 도망가는 모습이 그려져 있다.

중앙 불상의 좌우 남북 벽면에는 부처님의 전생담 자타카Jataka가 작은 사각형 판으로 배열되어 있다. 자타카는 왼쪽에서 시작해서 오른쪽으로, 위에서 아래로 이어진다. 아래쪽 맨 끝 자타카는 북쪽 벽에서 다시 중복되어 나타나고 왼쪽에서 오른쪽으로, 위에서 아래로 이어지는 구조다. 자타카가 그려진 각 판의 아랫부분에는 제목이 붙어 있다. 각 면에 272개씩 있어 도합 544개이다. 원래 자타카는 547개로 세 개가 부족하다. 실제로는 더 많은 수의 자타카가 보이지 않는데 1899년에 독일인 토만Thomann이 도굴해 갔다. 자타카가 있던 자리에는 뜯어 낸 흔적이 남아 있고 그 자리에 독일인이 뜯어 갔다는 사실을 적은 안내판을 붙여 두었다.

과거 28불은 자타카를 그린 판 위에 그려져 있다. 석가모니를 비롯한 과거 28불의 숭배는 새로운 부처님의 출현을 기원하는 마음이 담겨져 있다. 남쪽 벽의 입구 부근에서 시작해 북쪽 벽의 동쪽 입구에서 끝난다. 따라서 28번째 마지막 과거불인 석가모니 부처님은 동쪽 입구의 바로 오른쪽에 있다. 과거불은 서로 다른 시대를 살았을 뿐만 아니라 수명도 다르고 수행했던 나무도 달랐다. 따라서 과거 28불은 거의 동일한 구조를 가지고 있지만 나무나 사람들의 모습에서 미세한 차이를 확인할 수 있다. 특히 불상들의 미소가

천장 벽화
천장에는 부처님의 족적을 중심으로 화려한 문양이 그려져 있다.

미얀마인들의 심성을 드러내는 듯하여 매우 인상적이다.

북쪽 벽에는 석가모니 부처님이 인도 보드가야에서 득도한 후 7주 동안 매주 자리를 옮겨 가며 법열法悅을 즐겼던 모습이 그려져 있다. 첫째 주 부처님께서 깨달음을 얻은 보리수 아래 머물렀던 장면은 가장 오른쪽 입구에 가까운 곳에 그려져 있다. 이어서 둘째 주에 보리수나무를 바라보며 명상에 잠기는 장면이 있다. 자타카 반대쪽에 여섯째 주 무찰린다 용왕이 나타나 부처님의 몸을 일곱 겹으로 감고 머리로 우산처럼 덮어서 비바람을 막아주는 장면과 일곱째 주 라자야타나 숲에서 법의 즐거움을 누리고 계시는 부처님께 상인이 곡물가루와 꿀을 부처님께 바치며 귀의하는 장면이 그려져 있다. 나머지는 훼손된 것으로 생각된다.

남쪽 벽과 북쪽 벽에 있는 자타카의 양쪽 끝에는 석가모니 생애의 장면들을 묘사한 여덟 개의 세로로 긴 판이 있었으나 지금은 여섯 개밖에 남아 있지 않다. 그리고 남쪽 벽에는 부처님께서 행한 여덟 가지의 기적 가운데 날라기리Nalagiri 코끼리 길들이기와 같은 그림 등이 그려져 있다. 천장에는 부처의 족적을 중심으로 사각형과 원들이 섞인 도형 안과 밖에 앉아 있는 부처의 모습으로 화려하게 장식했다. 천장은 부처님이 계신 천상의 세계를 표현한 것이다.

부처님의 생애 벽화

북쪽 벽화는 부처님이 득도하신 후 7주 동안 자리를 옮겨가며 법열을 즐기는 모습이다.

스님들의 수계식 장소 우팔리 테인

Upali Thein

테인Thein은 미얀마어로 수계식 장소라는 뜻이다. 수계는 불교에 입문하는 과
정으로 남성이 20세를 넘으면 비구계를 받는다. 계는 부처님께서 만든 경계해
야 할 항목으로 엄격히 지켜야 할 수행자의 본분이다. 우팔리優婆離 테인은 승려
가 되는 계율을 받는 장소뿐만 아니라 계를 어긴 사람들의 포살 장소로 쓰이기
도 하였다. 포살은 계율을 범한 승려가 다른 승려들에게 고백 참회하는 것으로
선을 권장하고 악을 없애도록 하는 의식이다.

　우팔리 테인의 이름은 부처님의 십대 제자 가운데 '지계제일持戒第一'인 우팔리
의 이름에서 따온 것이다. 우팔리는 천민인 수드라 계급으로 석가족 왕자들의
머리를 깎아 주는 이발사였다. 어느 날 왕자들이 출가하려고 할 때 우팔리도
출가할 것을 원했다. 부처님은 석가족 왕자에 앞서 우팔리를 먼저 출가시켰다.
부처님은 계급을 초월하여 천민을 왕족에 앞서 출가시킴으로써 평등주의 사상
을 실천하였다. 우팔리는 불교 교단의 규율과 규칙에 정통했으며 제자 가운데
계율을 가장 엄격하게 잘 지켰기 때문에 '지계제일'로 불렸다. 그리고 부처님
열반 직후 제1차 경전결집에서는 '계율'을 암송하여 결정적인 역할을 하였다.
우팔리 테인의 이름은 우팔리 장로의 청정계행을 본받겠다는 강한 의지를 표
현한 것이다.

　우팔리 테인은 목조로 건축된 바간 왕조시대의 수계식 건물을 꼰바웅 왕조
당시에 벽돌로 재건축한 것이다. 건물 외부와 내부에 남아 있는 기록을 살펴보
면 1793년에 착공하여 1794년에 완성되었음을 확인할 수 있다.

　우팔리 테인은 작지만 장중한 느낌이다. 벽돌로 만든 낮은 단 위에 세운 동

우팔리 테인 전경
우팔리 테인은 스님들이
수계식을 하는 곳이다.

서로 긴 직사각형 건축물이다. 네 방향으로 문이 나 있고 정문은 동쪽이다. 외부는 스투코 장식을 하여 흰색이지만 세월이 흐르면서 검은색으로 변하였다. 동양의 수묵화를 보는 듯한 분위기로 작은 건물인데도 무게감이 느껴진다. 동쪽과 서쪽의 박공면은 목조건축처럼 기둥과 들보처럼 장식하고 상부에는 불상을 배치하였다. 지붕은 불상 뒤의 광배光背처럼 불꽃문양으로 조성했다. 출입문은 탑 모양 장식을 하였으며 난간은 꼰바웅시대 양식을 반영하였다.

　내부는 단순하다. 동서쪽으로 뻗은 직사각형 공간의 서쪽에 불상을 안치하고 동쪽에는 긴 공간을 마련하였다. 내부 벽 전체는 프레스코 기법으로 그려진 벽화가 가득하다. 출입문은 4개가 만들어져 있지만 정문은 동쪽이다. 동쪽 출입문 양쪽 벽면에 기부자 부부의 모습이 그려져 있다. 배를 앞으로 내밀고 손가락으로 내부를 가리키는 모습이 마치 '우리가 기부가 한 것을 보라'고 말하는 듯하다. 약간은 거만해 보이는 모습에서 일상생활에서 영감을 얻어 보다 자유

불상과 벽화
불상의 광배에는 예불을 드리는 아라한과 보리수 나무가 그려져 있다.

기부자 부부 벽화

동쪽문 벽면에는 거만한
모습의 기부자 부부가 그
려져 있다.

롭고 자연스럽게 그려낸 화가의 여유가 엿보인다.

벽화는 3단으로 되어 있다. 수계를 받는 승려들이 자신의 미래를 상상할 수
있도록 상단에 그려진 과거 28불에서 자신의 나갈 방향을 보고, 중단에 출가하
는 부처님을 통해 자신의 출가의 의미를 인식하고, 하단에 설법하시는 부처님
의 모습을 통해 득도 후 자신이 해야 할 과제를 알 수 있도록 하였다.

상단의 과거 28불은 각각 자신이 성불한 나무 밑에 앉아 있는 모습인데 그
아래 각 부처의 이름이 기록되어 있다. 중단에는 28명의 부처들이 말, 코끼리
등을 타고 출가하는 모습이다. 주변에 등불을 받쳐 든 신도들이 있고, 그 아래
에는 낫들이 보인다. 하단에는 성불한 석가모니 부처님께서 45번의 우기 동안

인도의 주요 사원에서 설법하는 모습이다. 각 단의 그림은 모두 동쪽 문 왼쪽에서 시작해 시계방향으로 진행되어 오른쪽에서 끝난다.

가운데 모셔진 불상의 광배에도 벽화가 있다. 불상의 좌우에 예불을 올리는 아라한이 있고 상부에는 녹색 바탕 위에 보리수나무가 있다. 보리수나무는 물소의 뿔처럼 장중한 줄기에 꽃들이 가득 피어 있는 모습이다. 천장은 붉은색으로 채색된 화려한 문양의 꽃들로 장식되어 있다. 그것은 부처님께서 설법을 하거나 기적을 일으킬 때마다 하늘에서 꽃비가 내렸다는 불경의 내용을 반영한 것이다.

광배 뒤쪽에는 중앙 부처보다 작은 부처가 모셔져 있다. 서쪽을 향한 불상의 광배에는 경배하는 아라한과 화려한 보리수나무가 그려져 있다. 불상 앞쪽의 서쪽 문은 잠겨 있지만 아치형으로 된 입구의 한쪽 벽면에 아노라타왕과 네 명의 승려들이 그려져 있다. 맨 왼쪽이 아노라타왕이고 오른쪽에 있는 승려 중 맨 오른쪽이 우팔리 승려다. 현재 우팔리 테인을 관리하는 관리인의 이름도 우라테인U Hla Thein이다. 사원과 이름이 비슷하다.

출가하여 수계를 받는 것은 아름다운 일이다. 자신이 가진 모든 것을 버리고

과거불
벽면 상단에는 과거 28불
이 그려져 있다.

중생을 구원하겠다는 부처님의 마음으로 수계식에 참석하는 것은 바래지도, 지워지지도 않는 벽화를 마음 속에 그려넣는 일이다.

부처님의 출가

중간 단에는 출가하는 부처님을 그렸다.

행렬

부처님의 출가하는 모습 주변에는 등불을 받쳐 든 신도들을 그렸다.

우산을 던져 왕을 선택한 곳

틸로민로 사원 *Htilominlo Pato*

틸로민로는 '우산이 선택한 왕'이라는 뜻이다. 틸로민로 사원을 건설한 난다웅
미아Nandaungmya왕이 바로 우산이 선택한 왕이다. 『유리궁의 연대기』에 의하면
나라빠띠시뚜왕에게는 다섯 명의 아들이 있었다. 왕은 이 가운데 가장 서열이
낮은 막내아들 난다웅미아에게 왕위를 물려주고자 하였다. 왕은 다섯 명의 아
들을 불러놓고 우산을 던져 결정된 사항을 이의없이 따르기로 서약을 받은 뒤
그들을 둘러서게 했다. 그리고 왕의 상징인 하얀 우산을 공중에 던져 그것이
떨어져 머리가 향한 곳에 있는 왕자가 왕위를 계승하도록 하였다. 우산은 왕의
소망대로 막내아들 난다웅미아에게 향했다. 그는 다음 왕으로 결정되었으며
틸로민로라는 예명을 얻었다. 왕이 된 난다웅미아는 자신을 왕으로 만들어준
우산이 떨어진 자리에 1218년 틸로민로 사원을 건설하였다.

난다웅미아왕은 그의 아버지 나라빠띠시뚜가 만든 술라마니를 모방하여 한
변이 43m인 정사각형 구조에 높이가 46m의 이 사원을 건설하였다. 이 사원은
술라마니, 고도팔린, 담마얀지와 함께 바간의 대표적인 거대 사원으로 이들 가
운데 가장 늦게 건설되었다. 사원을 둘러싼 담장에는 네 방향으로 출입문이 있
으며 정문은 동쪽이다. 현재는 북쪽 문으로 출입하고 있다.

사원의 본체는 2층으로 되어 있다. 높이는 같지만 크기가 다른 두 개의 사각
형 건물을 2층으로 쌓았다. 1층의 크기를 2층에 비해 상대적으로 크게 함으로
써 안정감을 확보하였다. 특히 1층에는 네 개의 출입문이 있는데 각 방향에 돌
출된 현관보다 입구 홀이 마련된 동쪽의 현관이 현저하게 나와 있어 옆에서 보
면 직사각형의 건물로 보인다. 직사각형 위에 정사각형이 있어서 측면에서 바

틸로민로 사원 전경

틸로민로는 우산이 선택한 왕 난다웅미아가 건설한 사원이다.

라 본 사원은 더욱 안정적으로 보인다. 중앙탑인 시카라는 아난다 사원의 그것과 거의 동일하다. 2층 위에 3단의 기단부를 마련하고 그 위에 세운 뾰족한 중앙탑은 상승감을 높여준다.

틸로민로 사원은 많은 손상을 입었음에도 불구하고 외벽에 여전히 화려한 스투코 장식이 남아 있다. 벽면의 상단에는 레이스를 달듯이 목걸이 형태의 장식을 하였다. 하단에는 반원형의 테두리 속에 녹색의 전돌을 상감하듯이 넣어서 벽면의 흰색과 조화를 이루도록 하였다. 특히 스투코 장식은 기둥에 많이 남아 있다. 기둥의 평면에는 화려하고 아름다운 문양으로 가득한 삼각형과 마름모 형태의 장식을 하였다. 그리고 모서리에는 도깨비 형상의 칼라Kala가 조각되어 있다. 칼라는 힌두교 설화에 등장하는 신으로 식욕이 강하여 제몸까지 먹고 머리만 남겨진 사원의 수호신이다.

내부 불상과 벽화
동쪽에 모셔진 주불은 2중 광배를 배경으로 항마촉지인의 수인을 하고 있다.

외벽의 스투코 장식

틸로민로 사원은 외벽의
스투코 장식이 화려하다.

    사원 내부에는 1, 2층 각각 4개씩 전체 8개의 불상이 모셔져 있다. 정문인
동쪽을 들어서면 주불主佛이 모셔져 있다. 2중의 광배를 배경으로 항마촉지인
의 불상이 모셔져 있다. 첨두형의 천장에는 연꽃 모양의 벽화가 있고, 좌우 벽
면에는 예불을 드리는 아라한 상이 그려져 있다. 남쪽과 서쪽, 북쪽에도 불상
이 모셔져 있다. 이들 불상은 주불에 비해 크기가 작고 모시는 공간도 좁다. 그
러나 화려함에는 차이가 없다. 불상들이 안치된 중앙 기둥벽을 중심으로 사원
의 내부를 돌 수 있는 두 개의 통로가 앞뒤로 나 있다. 이 통로들은 폭이 좁고
아치형 천장은 높으며 중간중간 서로 연결되어 있다. 커다란 창문으로 빛이 들
어와 비치는 곳에는 불상이 그려져 있고 작은 감실에는 불상을 모시고 있다.

    현재는 오를 수 없지만 동쪽 면의 양 끝에는 두꺼운 벽 사이로 2층으로 올라
갈 수 있는 가파른 계단이 있다. 이 계단은 2층의 바깥쪽으로 이어진다. 2층에

외벽의 스투코 장식

외벽의 장식은 많은 손상을 입었음에도 불구하고 여전히 화려함을 유지하고 있다.

는 네 방향으로 출입문이 나 있고 각 면에는 바깥을 향해 앉아 있는 불상이 각각 안치되어 있다. 이곳에는 중앙을 중심으로 내부를 돌 수 있는 하나의 내부 통로가 있는데 창문이 없어 빛이 들어오지 않는다.

　내부의 벽화는 시대를 달리하며 지속적으로 그려졌다. 천장에는 하나의 커다란 원에 다섯 개의 작은 원들이 십자 모양으로 들어가 있는 문양이 반복되어 있다. 천장에서 벽으로 이어지는 부분에는 거꾸로 매달린 나뭇잎 장식들이 띠를 두른 듯하다. 장식은 대부분 사원 건립 당시에 조성된 것들이다. 그러나 벽화는 후대에 그려진 것이다. 과거 28불은 14세기 말 승려 아난다수라Anandasura가 그렸으며 커다란 불상은 18세기경에, 동쪽 면에 있는 두 마리 코끼리는 1759년에 그려졌다. 미완성인 듯한 벽화는 세월에 색이 바래지고 사람의 관심을 받지 못하여 생명력을 잃어버린 듯한 느낌이다.

내부의 불상
어두운 내부에서도 부처님은 언제나 빛을 발한다.

미얀마 최고의 사원 아난다 사원

Ananda Pato

아난다 사원은 바간의 쉐지곤, 만달레이의 마하무니, 양곤의 쉐다곤과 함께 미얀마에서 가장 숭배받는 성지 가운데 하나이다. 이들 가운데 쉐지곤과 쉐다곤은 탑으로, 마하무니는 불상으로 유명한 반면 아난다는 사원건축으로 유명하다. 사원의 구조와 불상의 배치, 불상 조각 등 여러 가지 면에서 최고의 건축물이면서 최고의 조각품을 불교의 교리에 가장 알맞게 배치하였다. 따라서 바간왕조가 멸망하고 수도가 잉와로 옮겨간 뒤에도 아난다 사원에 대한 미얀마인

입구 로카낫과 불상

사원의 입구에는 수문장처럼 로카낫이 양쪽을 지킨다.

아난다 사원 전경

들의 숭배 열기는 식지 않았다.

　아난다 사원은 짠싯타^{Kyansitha} 왕에 의해 건설되었다. 당시 인도는 이슬람교
도들의 통치로 불교가 탄압을 받으면서 많은 승려들이 주변국으로 이주하였
다. 바간으로 들어 온 사람들 가운데 여덟 명의 승려가 짠싯타왕의 궁전을 방
문하였다. 짠싯타왕은 이들에게 직접 공양을 올리는 등 융숭한 대접을 하며 많
은 이야기를 들었다. 그들은 간다마다나^{Gandhamadana}에서 왔다고 하였다. 간다
마다나는 성불했지만 설법을 하지 않는 벽지불^{辟支佛}들이 완전한 깨달음을 얻은
붓다를 기다리고 있는 열락^{悅樂}의 땅이다. 이곳에는 거대한 난다물라^{Nandamula}
라는 동굴사원이 있었다. 짠싯타왕이 이 사원이 보고 싶다고 하자 여덟 명의
승려들이 신통력으로 난다물라 동굴을 왕 앞에 가져왔다. 왕은 난다물라 동굴
사원을 모델로 난다라는 이름의 사원을 건설하였다. 이것이 바로 아난다 사원

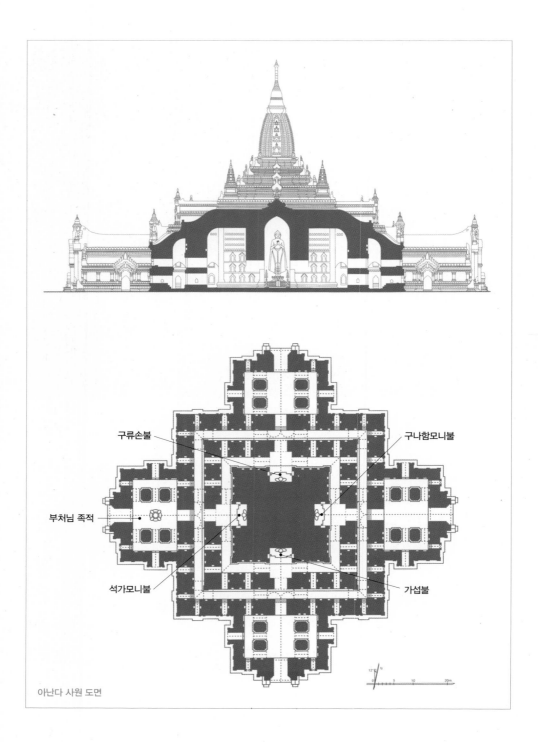

구류손불

구나함모니불

부처님 족적

석가모니불

가섭불

아난다 사원 도면

288 •

이며 18세기까지는 난다Nanda라 불렸다. 19세기부터는 25년간 부처님을 모셨던 제자 아난다의 이름을 따서 아난다Ananda라고 불렸다.

아난다 사원은 인도 벵갈지방 사원 양식을 수용한 것이다. 아난다 사원은 쉐지곤과 같은 바간 왕조 초기의 탑 형식 사원과는 전혀 다른 새로운 양식이다. 짠싯타왕이 쉐지곤을 완성시키고 난 1년 후 아난다 사원이 조성되었다. 그러나 그 양식이 전혀 다른 것은 인도로부터 이주해 온 불교 건축가들의 영향이 절대적이었음을 짐작하게 한다. 눈부신 흰색과 황금빛의 조화 그리고 높이와 넓이의 비율이 완벽한 구조 등은 바간의 중기건축양식의 시작이다. 아난다 사원은 남성적인 장중함과 여성적인 화려함이 공존하는 미얀마 최고의 사원이다.

이 사원은 정사각형의 담장에 둘러싸인 십자형의 건축물이다. 각 변의 길이가 53m인 정사각형 기본 구조로서 네 면에 각각 길이가 18m인 돌출 현관을 만들었다. 따라서 위에서 보면 십자 형태로 보인다. 담장 문에서 사원 현관문까지 긴 회랑이 설치되어 있다. 이는 20세기 초반에 건설된 것으로 정문인 동쪽을 제외한 서쪽, 남쪽, 북쪽에 회랑이 있다. 회랑은 각 방향마다 기부자와 모양, 건설시기가 다르다. 영국 식민지 시대에 건설되어 유럽풍과 미얀마 전통이 결합된 형태이다.

주 건물은 높이 11m의 정사각형이다. 회를 발라 흰색으로 빛나는 건물 모서리에는 하나의 몸통에 엉덩이가 둘인 마눅티하Manokthiha가 사원을 수호하고 있다. 사원의 외벽 아래 단 벽감에는 녹색으로 빛나는 도기가 부착되어 있다. 부처님의 전생담인 자타카이다. 이는 지붕의 테라스로 이어지고 내용은 동서로 구분된다. 동쪽 면에는 부처를 수호하는 신들과 그들을 돕는 동물들을 묘사했다. 이 형상들은 모두 북쪽을 향하고 있다. 반면 서쪽에는 악마, 새 머리를 가진 사람, 야수, 입에서 뱀이 나오는 사람 등이 묘사되어 있다. 마왕魔王 마라의 부하들로 역시 북쪽을 향하고 있다. 북쪽을 중심으로 선과 악이 대립하고 있는 것처럼 만들어졌다.

사원의 지붕은 계단식 피라미드형이다. 여러 단의 테라스 형태로 다양한 장식들이 배치되어 있다. 지붕의 각 면에는 문을 만들었다.

이 문을 출입하는 것은 사람이 아니라 빛이다. 빛의 모습으로 하늘에서 내려온 부처님이 사원 내부로 들어가 자신의 모습을 형상화한 불상을 환하게 비춘다. 지붕의 모서리에는 탑과 사자, 불상을 교대로 배치하여 사원을 수호하도록 하였다. 테라스 가장 꼭대기에는 포탄 형태의 시카라sikhara 양식의 중앙탑을 올렸다. 인도 힌두교 사원에서 볼 수 있는 것으로 미얀마 최초로 도입된 형식이다. 유려한 선과 아름답게 빛나는 황금빛 중앙탑은 이후 건설되는 많은 사원에 적극 도입되었다.

사원은 동쪽을 향해 있으며 네 방향에 출입문이 있지만 정문은 동문이다. 그

북쪽 구류손불(좌)과
동쪽 구나함모니불(우)

러나 현재는 서쪽과 북쪽 문이 주 출입문으로 이용된다. 각 문으로 들어서면 수문장처럼 입구 양쪽을 지키는 로카낫Lokanat을 만난다. 우리나라의 금강역사와 같은 역할을 미얀마에서는 낫이 담당하고 있다. 화려한 의상과 여성의 몸매를 하고 있지만 얼굴은 단아한 남성이다. 왼손은 아래를 힘차게 누르고 오른손은 손바닥을 내밀어서 부정한 것을 단호하게 물리치겠다는 의지와 용맹을 느낄 수 있다.

아난다 사원은 미얀마의 사원 가운데 북쪽에 구류손불, 동쪽에 구나함모니불, 남쪽에 가섭불, 서쪽에 석가모니불 과거 4불을 최초로 모신 사원이다. 내부에 중심축을 만들고 사면에 약 9.5m 높이의 입불상을 조성하였다. 이는 석가모니 부처님의 존재를 과거불 출현의 연속선에 있는 것으로 표현함으로써

남쪽 가섭불(좌)과
서쪽 석가모니불(우)

내부 회랑과 감실
사원 내부에는 중앙기둥을 중심으로 두 개의 회랑이 있다.

미래에도 부처님의 출현을 기원하는 의미를 가지고 있다.

북쪽의 구류손불은 과거 28불 가운데 25번째 부처로 아난다 사원 건축 당시의 불상이다. 티크 나무로 만든 목불木佛로 금박으로 도금한 바간양식이다. 수인은 설법인說法印이다. 득도하신 부처님께서 중생들에게 설법하실 때의 손 모양이다. 유리상감으로 화려하게 장식한 광배는 다른 불상에서는 볼 수 없는 장면이다.

동쪽에 구나함모니불은 과거 28불 가운데 26번째 부처다. 화재로 크게 훼손된 것을 1857년 꼰바웅 왕조 민돈왕 시기에 바간의 행정관리가 티크목으로 새롭게 조성하였다. 수인은 두 손으로 가사자락을 잡고 있는 특이한 모습을 하고 있다. 이 같은 손 모양은 무한한 자비를 상징한다. 오른손 엄지와 중지 사이에 구슬을 쥐고 있는데 이 구슬이 알약과 닮아서 병자를 치료하는 역할을 한다고 전해진다.

남쪽에 가섭불은 과거 28불 가운데 27번째 부처다. 가섭불은 아난다 사원 건축 당시의 불상으로 티크로 만들어 도금을 한 목불木佛이다. 후일 포르투갈인들에 의해 일부 훼손되어 수리한 적이 있으나 원형은 그대로 보존되고 있다. 수인은 구류손불과 마찬가지로 두 손을 가슴까지 올리고 있는 설법인說法印을 취하고 있다. 상호가 불상 가운데 가장 온화하다.

서쪽에 석가모니불은 28번째 부처로 동쪽 구나함모니불과 마찬가지로 화재로 전소되었다. 현재의 불상은 약 100년 전 콘바웅 왕조 때 우산네라는 사람이 금, 은, 동, 아연, 철 등을 합금하여 새롭게 조성한 것이다. 석가모니불의 오른손 시무외인施無畏印은 중생들의 근심, 걱정, 두려움을 없애주겠다는 의미, 왼손 여원인與願印은 자비를 베풀고 소원을 들어주겠다는 의미이다. 석가모니불 옆 벽면 감실에는 무릎을 꿇고 합장한 모습의 조각상이 있다. 왼쪽 감실의 조각상은 아노라타왕을 만나 바간 왕조를 상좌부 불교 국가로 만든 신 아라한Shin Arahan 스님이다. 오른쪽 감실의 조각상은 아난다 사원을 건설한 짠싯타Kyansittha 왕이다. 석가모니불 앞의 홀에는 부처님의 족적足跡이 새겨진 돌이 있다. 족적에는 108개씩 나뉜 사각형 안에 갖가지 문양이 새겨져 있다. 이는 삼계, 즉 욕계欲界, 색계色界, 무색계無色界를 표현한 것으로 부처님께서 온 우주를 주관하신다는 의미이다.

예불을 드리는 공간은 각 불상 앞에 3단계로 나누어 마련되어 있고 각 공간은 내부 통로와 연결되어 있다. 외부와 연결되어 있는 맨 바깥쪽은 일반인들의 참배 장소이고 그 다음은 왕과 귀족의 참배 장소이다. 부처님과 가장 가까운 안쪽은 승려용 참배 장소이다. 승려와 왕의 참배 장소는 내부 통로와 연결되어 있다. 사원에 모셔진 4불의 상호는 바라보는 위치와 각도에 따라서 다르게 보인다. 가까이서 보면 엄한 표정이지만 멀리서 보면 부드럽고 자비로운 모습으로 바뀐다. 이는 가까이에서 예불을 드리는 승려들에게는 엄한 모습으로 지도하는 반면 멀리서 예불을 드리는 일반인들에게는 자비로 포용하고 있는 부처님의 넓은 배려심을 반영한 것이다.

4불을 모신 중앙기둥을 중심으로 주위에 두 개의 회랑이 있다. 둥근 천장을 가진 좁은 통로는 두꺼운 벽을 따라 배치된 아치형 창문으로 빛이 들어와 자연 동굴 속에 들어온 느낌을 준다. 통로의 안쪽과 바깥쪽 벽에는 불상을 모신 감실들이 마련되어 있고 다양한 형태의 불상을 비롯하여 석가모니 부처님의 전생담과 일대기가 표현되어 있다. 특히 바깥쪽 통로의 감실에는 석가모니 부처님의 도솔천에 호명보살로 태어나 지상을 굽어보는 모습에서 시작하여 마야부인의 태몽을 통해 지상에 내려오는 모습, 룸비니 동산에서 탄생하는 장면, 사문을 유가하면서 출가를 결심하는 모습, 사랑하는 아내와 아들을 뒤로하고 출가하는 모습, 스스로 삭발하는 모습, 보리수나무 아래에서의 고행, 보드가야에서의 성도成道, 제석천과 범천에게 설법하는 장면 등 탄생부터 열반에 이르는 일대기가 조각되어 있다. 이처럼 불교성지를 시각적으로 보여주는 것은 석가모니 일대기의 모습이 모셔진 회랑을 한 바퀴 돌면 불교성지를 순례하는 것과 같은 의미를 가지기 때문이다.

사원 앞에는 수도원인 아난다 옥 짜웅Ok Kyaung이 있다. 사원 북쪽 입구 오른

태몽
탄생
사문유가

출가
삭발
고행

선정과 득도
설법
열반
(위 좌측부터)

쪽에 자리하고 있는 수도원은 1775년에서 1786년에 완성된 3층으로 된 벽돌 건축물이다. 수도원은 18세기 바간의 재정비기간에 조성된 것으로 일상생활에서 아이디어를 얻어 그리는 18세기 미얀마 회화의 특징을 반영하고 있는 내부 벽화가 유명하다.

아난다 사원
사원의 구조, 불상의 배치, 불상 조각 등 모든 면에서 미얀마 사원의 모델이다.

아난다 옥 짜웅 수도원 입구
18세기에 그려진 수도원 벽화가 유명하다.

벽화가 아름다운 사원 로카 테익판 사원

Loka Hteikpan pato

사원의 벽화는 글을 모르는 사람에게 불교를 이해하는 데 유용하다. 사원에 벽화가 많은 것은 불교의 교리를 그림으로 표현함으로써 모든 사람들이 쉽게 불교를 이해하고 부처님께 가까이 갈 수 있도록 하기 위함이다. 불상이 부처님의 존엄을 입체적으로 표현한 것이라면 벽화는 부처님의 세계를 평면적으로 그려낸 것이다. 벽화가 그려진 사원 안에 들어서면 부처님의 세계 속에 들어서 있

로카 테익판 사원 전경

외적인 규모는 작지만 벽화가 가득한 큰 사원이다.

불상과 벽화
벽화는 가운데 불상을 중심으로 법당 전체에 가득 채워져 있다.

는 자신을 발견하게 된다.

　로카 테익판은 정사각형의 사원 본체에 정문이 북쪽인 작은 사원이다. 정문의 현관이 유난히 돌출되어 있어서 전체적으로 직사각형의 형태를 하고 있다. 사원 본체에는 북쪽을 제외한 나머지 세 방향에 문 모양의 창문이 나 있다. 빛을 내부로 끌어들이기 위한 것이다. 사람들이 출입하는 정문이 북쪽이기 때문에 창문을 돌아가며 하루 종일 햇빛이 사원 내부로 들어오도록 되어 있다. 사원의 본체 위에는 시카라 형태의 중앙탑이 있고 각 모서리에 작은 첨탑들이 세워져 있다. 스투코 장식이나 도기 장식 등이 없는 바간에서 흔히 볼 수 있는 작은 탑이다.

　로카 테익판 사원은 외적인 규모는 작지만 사원 안에는 불교의 이야기가 가득하다. 과거 28불, 부처님 전생담, 부처님의 일대기, 부처님의 8대 기적, 부처님의 족적과 화려한 장식 등 수많은 경전이 그림으로 바뀌어 보관된 보고이다.

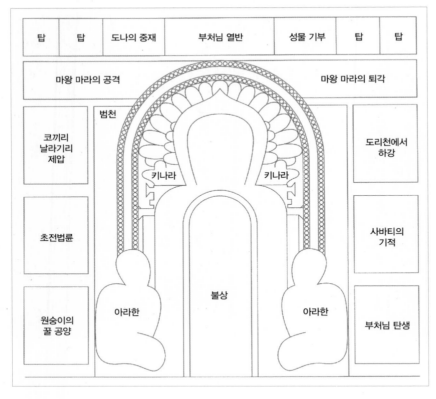

어둠 속에서 보석을 찾는 마음으로 불을 켜고 한 장면 한 장면을 책장을 넘기
듯 읽어나가면 법열法悅을 느끼기에 충분할 것이다.

벽화는 돌출 현관의 내부 좌우측 벽면부터 시작하여 법당 전체에 채워져 있
다. 몇 군데의 훼손되기는 했지만 비교적 보존 상태가 좋은 편이다. 중앙 현관
과 좌우 양쪽의 창문을 통하여 들어온 빛은 벽화를 비추는 조명의 역할을 한
다. 벽화는 전반적으로 붉은색과 노란색, 흰색을 위주로 하여 밝은 편이다. 다
만 오른쪽 벽에 있는 석가모니의 전생을 그린 자타카는 파란색 계통을 사용하
여 비교적 어두운 분위기를 연출하고 있다.

남쪽 벽면은 법당의 정면으로 불상을 모신 바로 뒤쪽이다. 항마촉지인을 한
석가모니 불상의 광배 하단에는 부처님께 예불을 드리는 아라한이 양쪽에 있

불상 광배 벽화
불상의 광배에 해당하는 벽면에 부처님의 일대기가 그려져 있다.

동쪽 벽화

동쪽 벽화는 3단으로 구성되어 있으며 도리천을 중심으로 한 천상의 세계를 표현하였다.

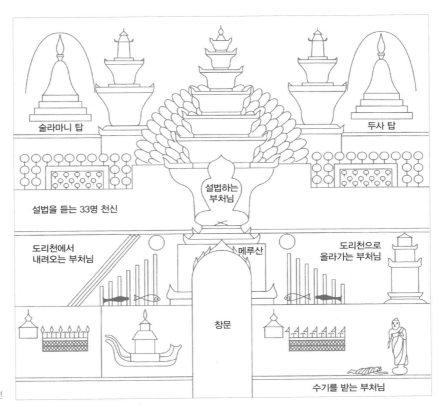

그림 내 라벨:
- 술라마니 탑
- 두사 탑
- 설법하는 부처님
- 설법을 듣는 33명 천신
- 도리천에서 내려오는 부처님
- 메루산
- 도리천으로 올라가는 부처님
- 창문
- 수기를 받는 부처님

동쪽 벽화 도면

다. 그리고 광배 주위로 부처님의 여덟 가지 기적이 그려져 있다. 불상 좌우에 3개씩 구역을 나누어 6개의 그림을 그리고 불상의 머리 위에 두 개의 그림을 그렸다. 오른쪽 3개 구역에는 하단부터 룸비니 동산에서 마야 부인의 오른쪽 옆구리로 부처님이 탄생하는 모습, 기원정사가 있는 사바티Savatthi에서 이교도를 물리치기 위해 천불화현의 기적을 보이는 모습, 어머니 마야부인에게 설법을 하시고 도리천에서 내려오는 모습이 그려져 있다. 왼쪽 3개 구역에는 하단부터 바이샬리 대림정사에서 원숭이들이 부처님께 꿀을 공양하는 모습, 바라나시 녹야원에서 최초로 설법하시는 모습, 라즈기르에서 부처님을 해치기 위해 데바닷다가 보낸 술 취한 코끼리 날라기리를 제압하는 장면 등이 묘사되어 있다. 불상의 머리 위 2개 구역에는 보드가야 보리수나무 아래에서 수행하는 부처님을 공격한 마왕 마라를 물리치는 모습, 구시나가라 사라쌍수 아래에서 열반하는 장면 등이 그려져 있다. 가장 위쪽에 있는 부처님 열반 장면은 훼손 정도가 심하여 알아보기가 어렵다.

동쪽 벽면은 법당의 좌측으로 불상을 기준으로 보면 오른쪽이다. 이곳에는 부처님께서 도리천에 올라가 어머니 마야부인과 33명의 천신天神에게 설법하고 내려오는 장면을 묘사하였다. 부처님은 쉬라바스티 기원정사에 계시다가 어머니 마야부인이 계시는 도리천으로 올라갔다. 그곳에서 3개월 설법을 하고 인도 상카시아Sankasya로 내려오셨다. 부처님께서 다시 지상으로 내려오시려 하자 제석천이 신통력으로 왼쪽 길은 황금으로, 오른쪽 길은 은으로, 가운데 길은 수정으로 삼도보계三道寶階를 만들었다. 부처님은 가운데 길로 내려오시고 범천은 오른쪽 계단에서 불자佛子를 들고 부처님을 호위하고 제석천은 왼쪽 계단에서 부처님을 호위하였다.

동쪽 면 상단은 천상의 세계를, 하단은 지상의 세계를 묘사하고 있다. 창문을 중심으로 한가운데는 부처님이 계시는 수미산이다. 아래 양쪽에 그려진 물고기는 수미산을 둘러싸고 있는 우주의 바다, 향수해香水海를 상징한다. 부처님께서 설법을 펼치는 곳은 7층으로 된 도리천의 궁전이다. 궁전 꼭대기에 있는 왼쪽의 붉은 탑은 술라마니Chulamani로 부처님께서 출가할 때 자른 머리를 제석천이 가져와 안치했다는 탑이, 오른쪽의 흰 탑은 두사Dussa로 출가할 때 벗어놓은 의복을 범천이 가져와 모셔 놓았다는 탑이 있다.

벽면 중간단에는 부처님께서 도리천에 오르는 모습과 설법하는 모습, 지상으로 내려가는 모습이 그려져 있다. 올라가는 도중 남아 있는 제자들을 돌아보는 모습이 인상적이다.

가장 하단 오른쪽에는 석가모니 부처님께서 전생에 과거불로부터 미래의 부처가 될 것이라는 수기를 받는 모습이 그려져 있다. 땅에 엎드려 있는 사람이 석가모니 부처님의 수행자 시절 수메다Sumedha이며 서 있는 사람이 수기를 주는 연등불燃燈佛이다. 연등불의 수기를 수행자 수메다가 땅에 엎드려 받고 있는

서쪽 벽화

서쪽 벽면에는 부처님의 전생담 자타카를 그려 놓았다.

모습이다.

서쪽 벽면은 법당의 우측으로 불상을 기준으로 보면 왼쪽이다. 이곳에는 부처님의 전생담인 547개의 자타카Jatakas 가운데 일부를 그려 놓았다. 가장 상단의 세 줄은 아래쪽에 비해서 그림이 크다. 부처님의 자타카 가운데 후반부에 해당하는 것이다. 각 장면의 아래에는 그림 내용에 대한 간단한 부제를 붙여 놓았다. 자타카 속에 그려진 수많은 사람들과 동물, 집 또는 사원 등은 당시의 풍속화를 보는 느낌이다.

자타카의 마지막 장면인 546번째와 547번째는 입구 현관 양쪽 벽에 그려져 있다. 특히 왼쪽 즉 동쪽 벽면에 있는 547번째 이야기는 석가모니의 마지막 전생담으로 자신이 가진 모든 것을 보시布施한 베산타라Vessantara 왕자 이야기이다. 이 이야기는 왼쪽에서 오른쪽으로, 위에서 아래의 순으로 그려져 있다. 마치 만화처럼 한 컷 한 컷씩 표현되어 있는데 진정한 보시란 무엇인가에 대해 생각하게 한다. 현관의 위쪽 천장에는 아름다운 문양 장식을 하였고 그 중앙에 부처의 족적을 그려 넣었다. 족적 안에는 각각 108개의 칸이 나누어져 있으며 그 칸 안에는 창, 연꽃, 물고기, 산, 사원 등 불교에 관련된 각종 상징들을 그려서 불교의 우주관을 표현하고 있다.

북쪽 벽면은 불상의 정면으로 현관쪽이다. 현관 출입구과 그 주변에는 과거 28불이 그려져 있다. 세 줄로 된 좌불의 모습은 22불이다. 나머지 6불은 출입구의 오른쪽과 왼쪽에 각각 3불씩 그려져 있다. 과거 28불의 마지막 부처인 석가모니불은 왼쪽 맨 아래에 있다. 다른 불상과 달리 출입문의 바로 위에 그려진 불상이다. 이것은 도솔천에 있으면서 중생 구원을 위해 미래에 지상에 내려오실 미륵불이다.

불상이 모셔진 법당의 천장은 화려한 연꽃으로 장식하였다. 아치형태의 천장에는 가운데 정사각형 네모 안에 연꽃을 그리고 연꽃 주변에는 화려한 문양으로 장식하였다. 천상의 세계에서 꽃비가 내리는 듯한 착각이 든다. 흰색과 붉은색 그리고 노란색을 사용하여 밝은 느낌을 주는 천장의 벽화는 바간의 여러 사원 천장 벽화 가운데 최고의 걸작이라 할 만하다. 로카 테익판은 부처님의 세계이다. 돌아서 나오는 길에 뒤에서 들리는 관리인 할아버지의 다정한 인사말도 부처님의 자비로운 목소리이다.

관리인 할아버지
할아버지의 다정한 인사말은 부처님의 자비로운 목소리이다.

일출과 일몰의 아름다움 쉐산도 탑

Shwe San Daw Paya

쉐산도는 '황금의 불발佛髮'이라는 뜻이다. 미얀마의 상인 타푸샤와 발리카 형제가 보드가야에서 성불하신 부처님께 자신들의 양식을 바치고 보답으로 부처님의 머리카락 여덟 가닥을 얻었다. 상인은 고향 양곤으로 돌아와 쉐다곤을 비롯한 두 개의 탑을 만들어 안치하였다. 그런데 현재의 삐Pyay 근처에 있던 뿌족의 고대 도시국가 뜨예케뜨야Thayekhittaya가 탑 하나를 열어 네 개의 머리카락을 가져가 불탑을 만들었다. 뜨예케뜨야가 멸망하자 미얀마 남부 바고의 왕은 이를 다시 꺼내 두 개는 쉐모도 탑에, 하나는 짜이코에 안치하였다. 나머지 하나는 왕실에 보관하고 있다가 크메르를 물리쳐 준 바간 왕조의 아노라타왕에게 선물로 주었다. 아노라타왕은 이 부처님 머리카락을 모시기 위해 쉐산도를 건설하였다.

쉐산도는 하늘을 향해 솟아 있는 바간 왕조의 가장 초기 탑으로 종형鐘形 탑의 시작이다. 이후 건설된 미얀마 탑들의 전형인 쉐지곤 탑의 모델 역할을 하였다. 붉은 벽돌을 쌓고 외벽에 흰 회를 발랐다. 순백색의 탑은 햇살의 각도에 따라서 다양한 색으로 변신한다. 아침과 저녁에는 황금빛으로 빛나다가 대낮의 강한 햇살에는 눈을 뜰 수 없을 만큼 순백색으로 빛난다. 흰색은 부처님의 마음으로 모든 색을 수용한다. 쉐산도 탑의 위용과 건축미는 미얀마를 최초로 통일한 아노라타왕을 보는 듯하다. 그는 1057년 타톤 왕국을 정복하여 미얀마를 통일하고 불교를 국교로 정한 다음 기념비 쉐산도를 건설하였다.

쉐산도는 기단부, 탑신부, 상륜부로 구성되어 있다. 기단부는 정사각형 피라미드형이다. 5단 테라스의 형태로 된 기단부는 가파르고 높으면서도 폭이 좁

쉐산도 탑 전경
아노라타왕이 부처님의
머리카락을 모시기 위하
여 건설하였다.

다. 탑 전체가 흰 회분으로 스투코 처리가 되어 있지만 5단 가운데 아래 2단은
붉은 벽돌이 드러나 있다. 4면에는 탑신부까지 올라갈 수 있는 계단이 마련되
어 있다. 계단 역시 가파르다. 신 앞에 겸손한 자세를 갖도록 유도하기 위한 것
이다. 탑신부는 종형이다. 정사각형의 기단부와 원형의 탑신 사이에는 팔각형
의 받침을 두었다. 땅을 상징하는 사각형 기단에서 하늘을 상징하는 원형 탑신
으로 올라가는 중간과정에 팔각형의 받침을 배치한 것이다. 탑신의 중앙에는
띠 장식과 삼각형 모양 장식을 둘렀다. 상륜부는 티 장식으로 되어 있는데 이
장식은 1975년 지진으로 땅 아래로 떨어져 남쪽 법당 앞에 안치해 두었다. 현
재의 티는 이후에 복원한 것이다.

중앙탑을 중심으로 동서남북에는 불상을 모신 법당과 부속건물들이 있다.
각 방향에 있는 주변 건물들은 통일성이 없는 것으로 보아 중앙탑 건립 당시의

쉐산도 탑 계단
가파른 계단은 신 앞에 스스로 겸손한 마음을 갖게 한다.

것들이 아니라 여러 차례의 지진으로 파괴와 복구가 반복되면서 원형조차 훼손된 것으로 추정된다. 동쪽 법당의 경우 동쪽에 출입문이 있고 서쪽은 막혀 있으며 남북에는 창문이 있다. 내부에는 삼존불이 모셔져 있었던 것으로 추정되는데 현재는 두 개의 불상만이 자리를 지키고 있다.

남쪽의 법당에는 입불상이 남북으로 모셔져 있다. 남쪽을 정문으로 하여 나머지 세 방향에도 문이 있다. 법당 바로 옆에는 1975년 지진으로 떨어진 중앙탑의 티가 모셔져 있다. 서쪽의 법당은 지붕이 내려 앉은 채로 방치되어 있다. 북쪽에 있는 건물은 우팔리 테인과 비슷하다. 동서남북으로 출입문은 있으나 창문이 없어 내부는 어둡다. 사원의 다른 수도원이었을 것으로 추정된다.

서쪽에는 붉은 벽돌 창고 같은 건물 속에 와불상이 모셔져 있다. 남북으로 길게 만들어진 부속 건물은 중앙탑을 향해 세 개의 문이 나 있을 뿐이다. 안에 있는 길이 18m의 거대한 와불상은 벽돌로 만들고 스투코 처리를 한 후 금색으로 채색했다. 불상의 의상과 얼굴 양식을 보면 꼰바웅 왕조 시기인 17~18세기에 만들어진 것으로 추정된다. 와불이 있는 건물의 내부는 아치형이며 통로는 작고 불상 뒤 벽면에는 부처님께서 사라쌍수 나무 아래에서 열반하셨던 것을 상징하듯이 여러 그루의 나무를 그려 두었다. 실제 부처님은 인도 구시나가라 사라쌍수 나무 사이에서 머리는 북쪽으로 얼굴은 서쪽으로 바라보며 옆으로 누워서 열반하셨다. 그러나 이곳 와불은 머리는 남쪽으로 얼굴은 동쪽으로 바라보고 있다. 따라서 사람들이 부처님의 열반상이 아니라 누워서 편안하게 휴식을 취하는 모습이라고 해석하기도 한다.

쉐산도는 일반인들이 탑 위에 올라 바간의 일출과 일몰을 볼 수 있는 곳이다. 쉐산도는 외부에 계단을 만들어 사람이 올라갈 수 있도록 한 탑 가운데 가장 오래된 것이다. 현재도 순례객들이 실제 올라갈 수 있도록 허용되는 곳이다. 동서남북 방향으로 나 있는 계단은 두려움을 느낄 정도로 급경사이다. 순례객으로 하여금 스스로 신 앞에서 자신을 낮추고 겸손한 마음을 가지도록 한다. 경건한 마음으로 탑 위에 올라 테라스 난간에 서면 사방으로 시야가 트이며 평원에 펼쳐진 탑들의 파노라마를 볼 수 있다. 천하를 통일한 아노라타왕의 마음이다. 특히 일출과 일몰 때의 경관은 자신이 바간의 탑들 속에 서 있는 또 다른 하나의 탑이 된 듯한 느낌이다.

친테상
여러 차례 지진으로 친테 상은 골격만 남아 있다.

서쪽 건물 와불상

부처님의 열반상이 아니라 누워서 편안하게 쉬고 계시는 휴식불로 해석하기도 한다.

바간 최고 벽돌 건축물 담마얀지 사원

Dnammayan Gyi Pato

담마얀지는 바간에서 가장 규모가 크고 장중한 사원이다. 오래 전부터 훼손된 탑의 본체와 첨탑 부분이 마치 피라미드 같아 보인다. 그것이 오히려 담마얀지의 특색이 되어 어떤 방향이든 먼 곳에서도 쉽게 눈에 띈다. 사원의 외부는 물론 내부에도 장식이 별로 남아 있지 않아서 과묵하고 단순한 모습이다. 사원의

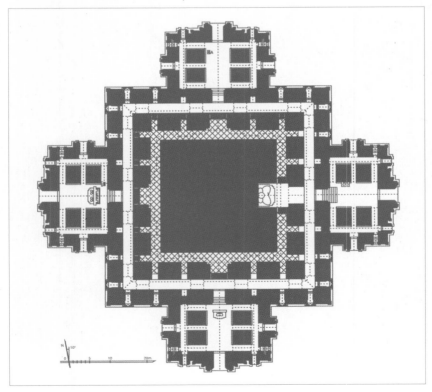

담마얀지 평면도

담마얀지 사원 전경

바간에서 가장 규모가 크
고 장중한 사원이다.

거대한 규모에도 불구하고 빈틈이 보이지 않을 정도로 벽돌을 촘촘히 쌓았다. 비록 완성되지는 못했지만 담마얀지는 바간 최고의 벽돌 건축물로 바간 왕조에서 가장 포악했던 나라투Narathu왕에 의해 건설되었다. 나라투왕은 성격이 단호하고 잔인한 왕이었다. 그는 아버지 알라웅시투왕을 쉐구지에서 베개로 눌러 질식사 시키고 왕위를 이을 형을 교활하게 유인해 독살했다. 그리고 왕비를 포함한 왕실 가족을 대대적으로 처형하였으며 죄목도 없이 신하들을 참수하였다. 백성들은 그의 폭정에 숨을 죽이고 승려들도 강제로 군대에 편입시키는 등 심하게 박해하였다. 그가 죽인 왕비는 인도의 브데익가야왕의 딸이었다. 딸의 억울한 죽음에 브데익가야왕은 딸의 죽음을 복수하기 위해 8명의 자객을 은밀히 바간에 침투시켰다. 자객들은 승려로 위장하여 왕실에 들어갔다. 자신의 복을 빌어주기를 바라는 나라투왕에게 가까이 다가가 처치하였다. 재위 3년 만에 자객들에게 피살당한 나라뚜왕을 인도인에게 죽임을 당한 왕이라는 뜻으로 '끌라짜 민'이라고 불렀다.

담마얀지는 아난다 사원을 모방하였다. 외형은 단층의 사각형의 본체 위에 계단식 피라미드형 지붕을 올렸다. 당시 바간 중기 사원의 본체는 2층으로 되어 있었지만 그 양식을 따르지 않고 전기 양식인 아난다 사원을 모델로 하였다. 다만 지붕의 모서리에 아난다 사원의 사자 대신 본체와 같은 탑의 형태를 축소시켜 올려놓았다. 비록 무너져 원형을 알 수 없지만 중앙의 첨탑도 아난다 사원과 같은 포탄형태의 시카라sikhara 양식이었을 것으로 짐작된다. 전체적인 사원의 모습도 동서남북의 출입문을 돌출시킨 십자형이었다. 내부도 아난다 사원과 마찬가지로 두 개의 통로를 만들어 동굴사원과 같은 효과를 내었으며 동서남북 네 방향에 과거 4불을 모시고자 하였다. 나라투왕은 아난다 사원을 모방하면서도 아난다 사원을 뛰어넘는 바간 최고의 사원을 건설하고자 하였다.

그러나 담마얀지는 미완성의 사원이다. 나라뚜왕은 담마얀지를 건설하면서 벽돌 사이에 접착제를 쓰지 않고 바늘 하나 들어갈 수 없을 정도로 빈틈없이 작업하도록 명령하였다. 공사가 명령대로 진행되지 않으면 인부들을 처형시켜 버렸다. 백성들은 조심스럽고 꼼꼼하게 일을 하면서도 항상 두려움에 떨고 있었다. 마침내 왕이 재위 3년 만에 피살당하자 공사는 중단되었고 백성들은 그에 대한 복수로 안쪽 통로를 깨진 벽돌로 채웠다고 한다. 지금도 막힌 안쪽 통로는 당시 백성의 원성을 대변하고 있다. 그리고 불상을 모시기 위해 만들어진 감실도 텅빈 채 공허감만이 가득하다. 창문을 통해 들어오는 빛을 받아 황금빛으로 빛나는 감실 속에 모셔진 부처님의 모습은 우리의 상상 속에서만 볼 수 있다.

담마얀지의 주 출입문은 동문이다. 사원 외부에 담장을 쌓고 사방에 문을 만들었다. 그리고 사원 내부에도 각 문으로부터 연결된 문을 만들었다. 현재 순례객들이 들어오는 문은 북문이다. 지붕은 무너지고 기둥만 남은 담장 문을 들

북쪽 출입문

담마얀지의 주 출입문은 동문이지만 현재 순례객은 북문으로 출입한다.

어서면 사원은 정사각형 구조와 네 방향으로 난 거대 입구, 돌출 현관들과 박공 장식까지 아난다 사원을 모델로 하였음을 알 수 있다. 내부로 들어가면 중앙 기둥 벽으로 탑의 하중을 지탱하면서 내부를 돌 수 있도록 두 개의 통로를 만들었다. 그러나 안쪽 통로는 막혀 있다.

담마얀지에는 내부에 과거 4불과 미래불인 미륵불을 모시고 있다. 그러나 시간적인 격차를 두고 불상과 벽화가 제작되었기 때문에 크기와 양식, 감실, 광배 등이 일관성이 없다. 내부 두 개의 통로 가운데 안쪽 통로의 중앙 벽에 불상을 모시기 위한 벽감을 설치한 것도 동쪽 뿐이다. 다른 방향의 불상들은 바깥쪽 통로에 공간을 만들어 봉안하였다. 이는 안쪽 통로가 동쪽 불상이 있는 곳을 제외한 나머지를 봉쇄하였기 때문이다. 동쪽에 있는 좌불상은 부분적으로

사원 벽면(좌)
담마얀지의 벽은 바늘 하나 들어갈 수 없을 정도로 빈틈이 없다.

석가모니불과 미륵불(우)
서쪽에는 석가모니불과 미륵불이 함께 모셔져 있다.

시멘트로 복구한 뒤 채색하였다. 불상의 얼굴은 바간 양식이지만 인근의 석문에 1343년에 불상을 안치했다는 기록으로 보아 사원을 건립하고 훨씬 뒤에 조성한 것으로 보인다. 붉은 옷을 입은 흰색의 불상이다. 첨두형 아치 모양의 광배에는 보리수나무가 그려져 있고 아래쪽에는 좌우로 예불을 드리는 아라한이 그려져 있다. 그리고 양쪽 벽면에도 공양을 올리는 아라한의 그림이 미완성인 채로 남아 있다.

　남쪽의 불상은 위가 삼각뿔 형태인 광배를 배경으로 앉아 있다. 핑크빛 립스틱을 바른 아주 고운 불상이다. 불상이 있는 공간 좌우로 나 있는 바깥쪽 통로 벽에는 각각 세 명의 아라한이 그려져 있다. 어둠 속에서 희미하게 보이는 아라한의 모습은 환희에 차 있다.

　서쪽에는 석가모니불과 미륵불로 추정되는 두 불상이 모셔져 있다. 광배 역

담마얀지 원경
담마얀지는 나라투왕의 죽음으로 공사가 중단된 미완성 사원이다.

시 두 분을 모시고 있어서 넓고 위의 장식은 뾰족하다. 크기나 얼굴 표정, 손 모양 등이 모두 똑같아 구분이 어려우나 자세히 보면 웃고 있는 입모양이 약간 다르다. 광배 뒤에는 부처님이 누워서 열반하시는 와불이 새겨져 있다.

북쪽 불상은 일반인들이 들어와 처음으로 만나는 불상이다. 금동불이다. 옆으로 난 통로에는 배 그림이 있다. 그리고 광배 뒤쪽 막힌 통로 벽에는 불상을 그린 흔적이 남아 있다.

사원 담장 안쪽의 북서쪽 모서리에는 외벽의 일부만 남아 있는 벽돌 구조물이 있다. 2층 구조로 중간에 사각형 구멍들이 있어 목재를 연결해 층을 구분했음을 알 수 있다. 이 구조물은 사원에 부속된 수도원이다. 사원에 관한 비석에 이곳에 수도원이 있었다고 기록되어 있다. 바간에 있는 다른 사원의 경우에도 수도원을 북쪽에 벽돌로 건설하는 것이 일반적이었다.

국민의 지지를 받지 못하는 통치행위는 모래 위에 지은 누각이다. 만들다가 중단한 것은 만들지 않은 것보다 못하다. 담마얀지로 인해 나라투왕의 악명은 더욱 높아졌다. 권력은 백성으로부터 나온다는 것을 왜 몰랐을까? 담마얀지는 '부처님의 가르침, 진리의 사원'이라는 뜻이다. 담마얀지는 우리에게 진리 하나를 묵묵히 전해주고 있다.

거대 불상벽화의 산실 술라마니 사원

Sulamani Pato

나라빠띠시뚜왕은 할아버지 알라웅시뚜왕 시기의 영광을 되찾기 위하여 스스로를 '시뚜 2세'라고 불렀다. 불교를 진흥시키고 전국에 사원을 건립하면서 국가의 부흥을 추진하였다. 바간에 술라마니를 비롯하여 담마야지카, 고도팔린 등의 기념비적인 사원을 건설하였다. 특히 술라마니 사원은 루비가 발견된 곳에 조성된 바간에서 가장 화려한 사원이다. 어느 날 나라파티시투왕이 투이원

술라마니 사원 전경
술라마니는 보석으로 장식된 왕관이라는 뜻으로 루비가 발견된 곳에 건립되었다.

입구 문에서 본 사원
술라마니는 최초의 바간
후기 양식의 사원이다.

Tuywin산에 갔다가 돌아오는 길에 구덩이에서 빛나는 루비를 발견하였다. 왕은 '이것은 여기에 공덕을 쌓으라는 예시이다' 라고 외치고 구덩이를 메운 뒤 그곳에 술라마니 사원을 건설했다. 술라마니는 바간의 루비와 같은 보석이다.

술라마니는 천상에 있는 탑이다. 술라머니는 팔리어 '쿨라마니Chulamani'에서 연유된 이름으로 '보석으로 장식된 왕관' 이라는 의미이다. 석가모니 부처님이 왕자 시절 출가를 결심하고 자신의 굳은 의지를 표현하기 위해 스스로 삭발을 하였다. 제석천은 부처님의 머리카락을 천상의 세계 도리천忉利天으로 가져가 성물함에 안치하고 탑을 만들어 보관하였다. 이 탑이 바로 술라마니다. 하늘에 있던 탑이 땅으로 내려온 것이다.

술라마니는 최초의 바간 후기 양식의 사원이다. 북쪽 입구 문에서 발견된 비석의 기록에 의하면 1183년에 완성하였다. 바간 왕조의 부흥을 꿈꾸었던 나라

외벽 스투코 장식
술라마니 사원의 스투코 장식은 바간에서 가장 화려하다.

빠띠시뚜왕은 가장 먼저 전기와 중기 양식을 혼용하여 새로운 후기 양식의 술라마니를 건설하였다. 이후 이를 모델로 하여 고도팔린과 틸로민로 등의 사원이 조성되었다.

바간 초기 양식은 안정감을 강조한 수평적인 구조다. 단층으로 된 동굴사원으로 아래쪽 공간이 강조되며 위쪽 하중을 덜 받게 하기 위해 낮게 지어졌다. 벽을 뚫어 만든 창문으로는 빛이 적게 들어와 내부가 어두운 것이 특징이다. 바간 중기 양식은 상승감을 높이기 위해 수직적으로 솟아오른 2층 구조이다. 높은 벽과 지붕에 창문을 만들어 내부가 훨씬 밝아졌다. 술라마니에서 시작된 바간 후기 양식은 사원의 크기와 높이의 균형을 통해서 안정감과 상승감의 조화를 이루었다. 2층과 탑의 하중을 지지하기 위해 중앙 기둥벽을 보완함으로써 내부도 더 밝아지고 넓어졌다. 사원의 2층은 1층에 비해 크기는 작지만 높이는 같다. 또한 입구나 테라스, 모서리 등은 아래층과 같지만 네 방향의 각 면에는 위로 올라갈 수 있는 층계가 있다는 점이 다르다. 피라미드형 지붕 위에는 시카라 형태의 중앙탑이 있다. 중앙탑은 지진 등으로 훼손되었다가 1998년에 보수되었다.

술라마니 사원의 스투코 장식은 바간에서 가장 화려하다. 사원의 입구와 외벽에는 모두 스투코 처리가 되어 있었다. 세월과 지진으로 많은 부분이 훼손되었지만 붙임기둥과 건물 모서리 부분, 벽의 아래 위 끝부분 등에 남아 있다. 불상을 비롯하여 다양한 식물 문양이나 동물상이 조각되어 있다. 바다의 용이라고 불리우는 마카라Makara, 사원을 지키는 수호신 칼라Kala, 사자 모양의 친테 등은 매우 인상적이다. 특히 술라마니에는 녹색과 노랑색의 도기를 벽면에 붙여 장식한 것이 특징이다. 연꽃 문양의 둥근 모양과 기하학적 문양을 넣은 사각형의 도기들이 테라스와 벽면, 문 장식 등에 띠를 두르듯이 박아 놓았다.

술라마니 내부에는 사방불四方佛이 모셔져 있다. 술라마니 사원은 왕조 멸망

내부 불상과 벽화
내부에는 사방불이 모셔져 있으며 장엄한 벽화가 벽에 가득하다.

과 동시에 방치되었던 바간의 다른 사원과는 달리 왕조가 멸망하고 수도가 잉와로 옮겨 간 뒤에도 지속적으로 수리·보수되면서 많은 순례객들이 참배하는 사원이다. 동쪽에 있는 불상만 바간 시대에 조성된 것이고 나머지 불상은 모두 18세기에 제작된 것이다. 현재는 서쪽으로 순례객들이 출입을 하지만 원래는 동쪽이 주 출입문이다. 그래서 동쪽 불상은 다른 불상과는 달리 규모가 거대할 뿐만 아니라 머리 위에 관을 쓴 듯한 독특한 장식을 하고 있다.

술라마니는 거대한 불상 벽화의 산실이다. 내부의 통로 양쪽 벽면에는 석가모니 생애를 중심으로 하는 벽화가 그려져 있다. 대부분이 18세기에 그려진 것이지만 중앙의 천장 벽화는 13세기에 그려진 것으로 추정된다. 벽화는 바간에서 가장 거대하다. 부처님의 상호나 벽화의 내용, 공양하는 사람들의 표정은

공양상(좌)과 좌불상(우)
서쪽 벽면에는 두 사람으로부터 공양을 받는 좌불상이 있다.

마치 우리나라의 민화처럼 정감이 있다.

　서쪽의 안쪽 벽면에는 부처님의 열반상인 와불이 그려져 있다. 베개를 베고 옆으로 누운 거대한 불상이다. 맞은 편 바깥쪽 벽면에는 두 사람으로부터 공양을 받는 좌불상이 있다. 여러 가지 꽃을 두 손 모아 바치는 사람의 표정이 진지하다. 북쪽에는 불상의 오른쪽에 용왕 무찰린다의 보호를 받는 불상이 그려져 있다. 부처님께서 인도 보드가야에서 득도하시고 7주를 머물렀는데 6주째 되는 날 비가 내렸다. 그러자 물의 신 무찰란다가 부처님께서 비바람을 맞지 않도록 보호해 주었다. 연꽃좌에 앉아계신 부처님 양쪽에 여러 마리의 용이 수호하고, 가운데에는 무찰린다 용왕이 부처님을 덮고 있다. 동쪽에는 불상을 모신 감실 좌우에 부처님께서 보드가야 보리수 아래에서 성불하신 후 7주 동안 머

공양상

무신 일을 그렸다. 첫째 주의 깨달음을 얻은 보리수 나무 아래에 머무심, 둘째 주의 보리수 나무를 바라보며 명상에 잠긴 정안탑(靜眼塔), 셋째 주의 보리수 나무 주위를 거닐은 경행(經行), 넷째 주의 대중들에게 어떻게 설법할 것인가에 대한 심오한 명상, 다섯째 주의 용화수 아래에서 바라문을 만남, 여섯째 주의 무찰린다 용왕이 부처님의 몸을 감싸 비바람을 막아줌, 일곱째 주의 상인의 공양을 받고 머리카락을 뽑아 주심 등이 그려져 있다.

　벽화 가운데 가장 장엄한 것은 남쪽이다. 남쪽은 빛이 들어오는 방향이어서 다양한 벽화가 그려진 것으로 생각된다. 상하 여섯 줄로 나누어 그린 벽면에는 과거불과 석가모니 부처님 그리고 그 제자들을 그렸다. 가장 위 첫째 줄에는 과거 28불이 각자 자기가 깨달

은 나무 밑에 자리하고 있다. 둘째 줄에는 부처님께서 35세에 깨달음을 얻고 80세에 열반할 때까지 45년간의 주요 장면을 그렸다. 셋째 줄에는 정중앙의 부처님을 중심으로 왼쪽에는 제자 사리불Sariputta과 신도들이 그리고 오른쪽에는 제자 목건련Moggallana와 신도들이 앉아 있다. 넷째 줄에는 중앙을 중심으로 부처님 생전에 귀의하여 깨달음을 얻은 비구와 비구니를 그렸다. 왼쪽에는 비구 45명, 오른쪽에는 비구니 13명이 그려져 있다. 다섯째 줄에는 부처님 생전에 깨달음을 얻은 재가자在家者들이 그려져 있다. 마지막 여섯째 줄에는 지옥도가 그려져 있으나 훼손되어 단편적인 부분만이 남아 있다. 그리고 이들 옆에는 축제 기간 동안 뱃놀이를 하는 것과 같은 미얀마의 일상생활들이 그려져 있다.

좌불상
불상의 광배에는 보리수 나무가 그려져 있다.

한편 술라마니로 가는 길은 탑들이 숲을 이룬 길이다. 다양한 크기와 형태, 재료들로 자신만의 개성을 가진 탑들이 자신의 자리에 서 있다. 나무들과 밭 사이로 난 길을 달리면 양쪽으로 간격이 고르지 않은 가로수처럼 탑들이 서 있다. 정겨운 길이다. 뽀얗게 먼지를 일으키는 흙길이어서 따사롭다. 붉은 벽돌 탑 사이로 난 붉은 흙길이 연출하는 분위기가 '바간적'이다.

거대 불상 벽화
술라마니는 거대한 불상 벽화의 산실이다.

미륵불을 모신 오각형 탑 담마야지카 탑

Dhammayajika Paya

담마야지카는 '다르마에 속하는 곳'이라는 의미이다. 다르마는 부처님의 가르침, 곧 진리이다. 바간의 부흥을 꿈꾸었던 나라빠띠시뚜왕은 스리랑카로부터 받은 성물聖物을 안치할 자리를 찾고 있었다. 1196년 어느 날 야자나무 주변에서 수증기 기둥이 일어나는 것을 보고 그곳에 탑을 세우기로 하였다. 1197년에 시작하여 이듬해 1198년에 완공하였다.

담마야지카는 바간 왕조의 멸망과 함께 방치되었다가 2003년 군부의 실권자이며 당시 수상이었던 킨뉴 장군의 기부로 복구되었다. 붉은 벽돌의 속살을 그대로 드러낸 채 잡초 속에 묻혀 접근하기조차 힘들었던 탑은 본체와 티에 금칠을 하면서부터 그 일대 사원을 찾아가는 지표가 되었다.

담마야지카는 오각형의 탑이다. 대부분이 사각형 구조인 미얀마의 탑들과는 대조적이다. 일반적인 탑들이 과거 4불을 모신 반면 오각형 탑은 미래불인 미륵불까지 모시고 있다. 과거불과 함께 미래불인 미

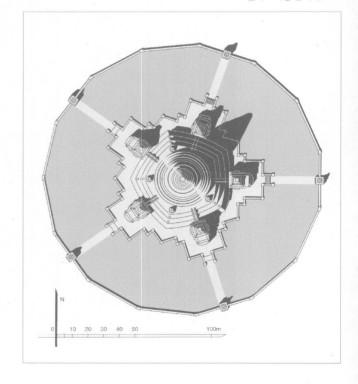

담마야지카 탑 도면
담마야지카는 미얀마 유일의 오각형 탑이다.

담마야지카 탑 전경

담마야지카는 과거 4불과 함께 미륵불을 모시면서 오각형이 되었다.

륵불을 상좌부 불교에서는 매우 중요하게 인식하고 있다. 그러나 상리부 불교라 하더라도 5불을 함께 모시는 경우는 세계 불교국가 가운데 미얀마가 유일한 나라이다. 이같은 전통은 미얀마 고대 국가였던 쀼족 왕국에서 유행했던 것으로 생각된다.

담마야지카는 15각형의 담장으로 둘러싸여 있으며 5개의 출입문이 있다. 이 가운데 정문은 동쪽이다. 순례객들은 남동쪽 문을 주로 이용한다. 사자 네 마리가 법륜을 받들고 있는 석주가 있는 곳이다. 석주는 부처님께서 처음으로 설법하신 인도 바라나시 녹야원에 있던 아쇼카왕의 석주를 모델로 최근에 만든 것이다. 중앙탑을 중심으로 5개의 법당이 마련되어 있다. 법당 안에는 정동正東쪽의 구류손불을 시작으로 시계방향으로 구나함모니불, 가섭불, 석가모니불 그리고 미래불인 미륵불이 모셔져 있다. 불상은 모두 후대에 조성된 것이며 법당의 아치형 천장에 그려진 문양 장식은 건립 당시에 조성된 것 위에 18세기에 새롭게 색을 입힌 것이다.

담마야지카는 3층 테라스 형태로 된 기단 위에 종형의 중앙탑이 건설되었다. 각 층 기단부 테라스에는 부처님의 전생담 자타카로 장식되어 있다. 녹색 도기로 만든 자타카는 현재 371개가 남아 있다. 547개의 자타카 가운데 537개는 1층과 2층에 있으며, 마지막 10개는 3층에 장식되어 있다. 나머지 벽감은 도기판으로 장식하였다. 따라서 남아 있는 벽감은 601개이다. 이곳의 자타카 가운데 많은 수가 바간 고고박물관에 전시되어 있다. 각 모서리에는 작은 탑들을 세웠고 테라스와 성소 주변의 스투코들은 이전의 양식으로 새로 만들어졌다. 탑은 쉐지곤 탑과 비슷한 종 모양이지만 중앙의 띠 장식부터는 거의 수직으로 올라가 장중한 느낌이 든다. 그 위로는 원추형의 띠 장식을 하였다.

담마야지카에서
바라본 바간

3층 테라스에 올라서면 탑이 숲을 이룬 바간의 푸른 평원이 파노라마처럼 펼쳐진다.

법당
담마야지카에는 5개의 법당이 있고 법당 뒤에는 테라스로 올라가는 계단이 있다.

3층 테라스에 오르면 바간의 모든 탑들이 담마야지카를 향해 달려온다. 담마야지카는 순례객들이 3층 테라스까지 올라갈 수 있다. 5개의 법당 뒤에는 3개의 테라스 위까지 오를 수 있는 계단이 마련되어 있다. 테라스에 오르면 바간의 푸른 평원에 탑들의 파노라마가 펼쳐진다. 담마야지카가 바간의 가장 동쪽에 자리하고 있기 때문에 바간 전역이 한눈에 들어온다. 미얀마가 탑의 나라임을 실감할 수 있다.

정복당한 마누하왕의 슬픔 마누하 사원

Manuha Paya

마누하는 아노라타왕에게 정복당한 타톤 왕국의 왕이다. 불교를 국교로 정한 아노라타왕은 불교 경전을 타톤 왕국의 마누하왕에게 정중하게 요청하였으나 거절당하였다. 격분한 아노라타왕은 1057년 무력으로 타톤 왕국을 정복하였다. 타톤에서 이주해온 승려와 학자, 예술가는 바간을 불교와 문화의 중심지로 만들었지만 마누하왕과 왕비는 민카바 마을에서 유배생활을 하였다.

마누하 사원은 1059년에 타톤왕 마누하가 아노라타왕의 승낙을 받아 건설했다고 전해진다. 포로로 잡혀와 감옥생활을 하던 마누하는 바간에 불교를 전파한 공적을 인정받아 석방되었다. 그리고 감옥에서의 참담했던 심정을 그대

불전함

사원 입구에는 사다리를 타고 올라가야 할 정도의 거대한 불전함이 있다.

마누하 사원 전경

아노라타왕에게 정복당한 타톤왕 마누하가 건설했다고 전해진다.

로 묘사한 자신의 사원을 조성하였다. 거대한 좌불상과 열반에 든 와불상을 만든 후 슬픔으로 가득 찬 마음으로 '다음 생에는 어디서 무엇이 되어 태어나든지 다른 사람에게 정복당하지 않게 해주시기를⋯'이라고 기원하였다. 그러나 사원의 양식을 보면 바간 왕조 초기에 건설되었다고 보기는 어렵다. 당시에는 거대불이나 와불상을 조성하지 않았을 뿐만 아니라 사원 뒤쪽에 불상을 조성하는 경우는 없었기 때문이다. 마누하 사원은 비참했던 마누하왕의 심정을 반영하여 후대에 건설한 것으로 추정된다.

마누하 사원에는 3존불과 와불이 봉안되어 있다. 사원은 남북을 축으로 하는 직사각형의 건물 두 개가 붙어있는 구조이다. 정문 동쪽에 있는 건물에는 3존불이 모셔져 있으며 뒤편 서쪽 건물에는 와불이 모셔져 있다. 두 건물은 출입문이 동쪽과 서쪽에 별도로 만들어졌으며 내부에서 연결되는 통로는 없다.

마누하왕 부부상
왕은 미안한 마음에 고개를 숙이고 왕비는 원망하는 심정으로 시선을 외면하고 있다.

동쪽에 모신 3존불은 항마촉지인의 손 모양을 하고 있는 석가모니불로 추정된다. 가운데 불상이 크고 양쪽 불상의 크기는 상대적으로 작다. 서쪽에 모신 와불은 열반상이다. 서쪽은 죽음과 사후세계를 상징한다. 길이 27.5m의 거대한 와불로 발톱 하나가 사람의 얼굴 크기만 하다. 예불을 드리는 통로가 좁기 때문에 북문으로 들어와서 남문으로 나가도록 하였다.

마누하 사원은 답답한 감옥이다. 거대한 불상들이 내부를 꽉 채우고 있는 느낌이다. 불상들이 모두 장소에 비해 너무 크기 때문이다. 이처럼 불상이 꽉 낀 듯 불편한 상태로 있는 것은 포로였던 마누하왕이 감수해야 했던 스트레스와 불편함을 표현했기 때문이라고 한다. 한편으로는 아노라타왕은 가능한 작은 규모의 사원을 허락하였을 것이고 마누하왕의 소원은 컸기 때문이라는 해석도 있다. 주어진 공간은 작지만 마누하왕은 그의 큰 소원을 담아 더 큰 불상을 만들고 싶었던 것이다.

사원 주변에는 여러 가지 부속 건물들이 있다. 사원 입구에는 정문에서 법당 입구까지 연결하는 회랑이 있다. 그 안에는 돌로 만든 불전함이 있다. 바루형태의 불전함은 크기가 너무 커서 사다리를 타고 올라가야 보시를 할 수 있다. 입구 왼쪽에는 인도 아쇼카왕의 석주 같은 높은 기둥이 있다. 요일 탑이다. 미얀마의 요일은 8일이었다. 탑의 하단에 각 요일을 상징하는 동물상이 모셔져 있다. 호랑이, 사자, 상아 없는 코끼리, 상아 있는 코끼리, 쥐, 돼지, 뱀, 가루다 등이다.

사원 남쪽에는 마누하왕과 왕비 부부상이 있다. 왕은 미안한 마음으로 왕비 쪽으로 고개를 돌렸지만 차마 바로 쳐다보지 못하고 아래쪽으로 시선을 돌리

중앙 좌불상
답답한 감옥같은 사원 내부를 꽉 채운 거대불은 유배생활을 한 마누하왕을 상징한다.

고 있다. 왕비는 고개를 왕이 있는 반대쪽으로 돌려 애써 왕의 시선을 외면하고 있다. 두 사람의 마음을 상징적으로 보여주고 있다. 나라의 멸망으로 왕비를 고생시킨 데 대한 미안한 왕의 마음과 왕에 대한 왕비의 원망이 그대로 묻어난다. 만달레이성에 있는 미얀마 마지막왕 티보와 왕비의 모습과 너무나 닮았다.

사원의 남쪽에 있는 낫 사당에는 다양한 낫 신상들이 모셔져 있다. 거위를 타고 있는 여자 낫은 뜨난따리이다. 뜨난따리는 원래 힌두교 브라흐마 신의 부인이자 지혜의 신인 사라스바티Sarasvati이다. 미얀마에서는 지혜와 학문을 상징하는 낫이 되었다. 그래서 그녀는 책이 올려진 접시를 들고 있다. 그 옆에는 세 명의 낫상이 있다. 중앙에 공작새 깃을 들고있는 여성 낫은 '뽀빠산의 어머니'인 메도낫이며 좌우에 있는 남자 낫들은 그녀의 아들 민라이와 민지 형제이다. 이들은 아노라타왕 당시에 왕을 도왔던 낫이다.

뜨난다리 낫상(위)

힌두교 브라흐마 신의 부인 사라스바티이다.

와불상(아래)

사원 뒤편 서쪽에는 별도로 와불상을 모신 법당이 있다.

마누하왕의 감옥 난파야 사원

Nanpaya pato

난파야는 '궁전 사원'이라는 의미이다. 난파야는 아노라타왕과의 전쟁에서 패하고 바간으로 포로가 되어 끌려온 타톤 왕국 마누하왕의 감옥이었다. 아노라타왕은 불경 사본을 보내주는 것을 거부한 타톤 왕국을 공격하여 정복하고 포로로 데려온 마누하왕을 힌두교 사원이었던 이곳 난파야에 가두었다. 불교를 국교로 정한 아노라타왕은 힌두교 사원에 포로가 된 적국의 왕을 가둠으로써 힌두교 사원을 쉽게 불교 사원으로 바꿀 수 있을 것이라는 생각을 가지고 있었기 때문이다.

바간에 있는 대부분의 사원은 벽돌로 지어졌으나 벽돌을 쌓고 그 외부에 사암을 덧씌운 사원은 난파야와 에야와디강에 자리한 짜욱우 우민 두 개밖에 없을 정도로 보기 드물다. 벽돌 크기로 돌을 가공하여 외부 벽에 붙이고 그곳에 조각을 하였다. 회분을 발라 흰색으로 빛나는 마누하와는 달리 난파야는 붉은 사암으로 장중한 느낌이다. 사암에 새겨진 탁월한 조각은 사원의 화려함을 더해 준다.

사원은 단층의 정사각형이다. 정면인

브라흐마상
난파야는 브라흐만 신을 모신 힌두교 사원이다.

난파야 사원 전경

난파야는 궁전 사원이라
는 뜻으로 마누하왕의 감
옥이었다.

동쪽 입구에는 마치 또 하나의 건물을 붙여놓은 것 같은 커다란 현관이 있어
전체적으로 동서로 긴 구조를 하고 있다. 본체 건물과 현관에는 외부로부터 빛
을 받아들이는 창문이 있다. 창문은 벽을 뚫어 만든 초기 양식으로 각각 30개
의 마름모꼴 구멍을 통해 빛이 오게 하였다. 특히 지붕에 있는 네 개의 창문에
서 들어오는 빛은 내부 조각만을 집중적으로 비추어 환상적인 분위기를 연출
한다.

사원의 외부 창문에는 박공 장식을 하여 출입문과 비슷한 분위기를 연출하
였다. 양쪽 기둥은 역삼각형의 식물 문양이고 창문 위에는 수호신 마카라를 조
각하였다. 가운데 박공 면에 새겨진 흘러넘치도록 꽃을 담은 꽃병은 아름다움
을 보탠다. 벽면 하단에는 띠 장식을 둘렀는데 장식 안에는 거위 모양이 새겨
져 있다. 힌두교 브라흐마신이 타고 다니는 백조 함사이다. 사원 안에 있는 브
라흐마 조각과 관련이 있을 뿐만 아니라 마누하왕이 통치했던 타톤 왕국의 바

사원 내부

네 개의 기둥 한가운데 있는 좌대에는 시바신의 상징 링가가 모셔져 있었다.

고 건설설화와도 연결된다.

사원의 내부는 벽돌로 쌓은 사각기둥에 사암을 입힌 네 개의 기둥으로 이루어져 있다. 기둥에는 8개의 브라흐마를 조각하였다. 세 개의 머리를 가진 브라흐마는 연꽃좌 위에 앉아 있다. 창문을 통해 외줄기 햇살이 비치면 살아 움직이는 신을 만난 듯한 느낌을 받는다. 네 개의 기둥 한가운데는 시바신의 상징 링가가 모셔졌던 사각형의 좌대가 있다. 현재 좌대는 주인을 잃었다. 링가는 바간 고고박물관에 전시되어 있다.

난파야는 이웃에 있는 마누하와 함께 패망한 국가의 마지막 왕이 가슴 속에 간직하였던 슬픔과 울분을 품고 있다.

브라흐마상
창문을 통해 들어오는 햇살을 받은 신상은 살아 움직이는 듯하다.

아난다 사원의 전조 나가욘 사원

Nagayon Pato

나가욘은 '나가가 지켜주는 곳'이라는 뜻이다. 짠싯타왕은 아노라타왕의 아들인 동시에 용맹한 전사였다. 아버지 아노라타왕의 명을 받고 태국의 침공을 받은 남부 미얀마 바고를 구원해 주었다. 바고의 왕은 아노라타왕의 도움에 감사하는 뜻으로 딸 킨우를 보냈다. 짠싯타는 바간으로 돌아오는 도중 킨우와 사랑에 빠졌다. 화가 난 아노라타왕이 짠싯타를 죽이려고 하자 도망하여 잠적하였다. 아노라타왕이 죽고 솔루가 왕위에 올랐다. 솔루는 다시 바간에 반기를 든 바고의 공격에 대비하기 위해 짠싯타를 불러들였다. 그러나 왕실 내에서 또 다

사원 내부

입구에는 로카낫이 사원을 수호하고 있다.

나가욘 사원 전경
나가욘은 나가가 짠싯타
왕이 도피생활을 할 때
지켜주었던 곳에 지어진
사원이다.

른 애정행각이 발각되어 군대와 재산을 몰수당하고 도망자의 신세가 되었다. 그가 도피 생활을 할 때 잠이 들면 나가가 나타나 그를 지켜주었다. 후일 왕위에 오른 짠싯타는 나가가 자신을 지켜주었던 곳에 나가욘 사원을 건설하였다.

나가욘은 바간 왕조 초기의 사원으로 바간 최고의 사원인 아난다 사원의 전조前兆이다. 바간 초기 양식은 단층으로 된 동굴사원으로 벽을 뚫어 만든 듯한 창문으로 실내가 매우 어두운 것이 특징이다. 북쪽에 정문을 둔 정사각형의 구조물이지만 정문이 유난히 돌출된 현관 입구로 인해 측면에서는 직사각형으로 보인다. 현관이 있는 북쪽을 제외한 나머지 세 방향에는 돌출 장식을 한 창문을 다섯 개씩 배치하였다. 그리고 사원의 본체 위에는 3단의 피라미드형 테라스를 만들고 그 위에 중앙탑을 올렸다. 중앙탑은 이전과는 다른 시카라 형태를 하고 있다. 전체적인 규모와 구조는 다르지만 건축 비율과 테라스, 시카라 형태의 중앙탑은 아난다 사원과 유사하다.

불당에는 삼존의 입불상立佛像이 있다. 현관을 들어서면 아치형으로 된 공간이 나타난다. 양쪽으로 열 개의 벽감이 있고 그 안에 부처의 생애를 묘사한 돌 조각이 있다. 바닥은 사암인데 광택이 나도록 녹색 유약을 칠한 흔적이 있다. 중앙 아치형 입구 양쪽에는 최근에 스투코 처리를 하고 색칠을 한 수호 낫이 있다. 법당에는 금빛의 입불상이 있다. 삼존불이다. 가운데 큰 불상은 뱀 위에 올려진 연화좌대 위에 있는데 그 위로 나가의 머리가 개 모양으로 서 있다. 가운데 중앙불은 중생의 근심걱정을 없애고 소원을 들어주는 수인인 시무외인施無畏印과 시원인施願印을 하고 있고, 양쪽의 협시불은 설법을 하는 수인인 전법륜인을 취하고 있다. 이곳 입불상은 아난다 사원 입불상의 모델이 되었다.

내부에는 과거 28불이 안치된 회랑이 있다. 사원 내부를 돌 수 있는 회랑은 초기 양식의 전형적인 형태로 폭이 좁고 어둡다. 통로의 바닥은 녹색 유약을 입힌 벽돌로 되어 있고 통로 양쪽에는 감실이 있다. 감실에는 과거 28불이 안치되어 있다. 남쪽 면 중앙에 있는 것을 제외한 나머지는 복제품이다. 진품은 바간 고고박물관에 있다. 사암으로 만들어진 바간 왕조 초기 즉 11세기 불상의 전형적인 모습이다. 허리가 잘록하고 세련된 모습은 바간 왕조의 국력과 문화수준을 상징적으로 보여준다.

회랑의 감실 주변에는 벽화가 있다. 보존 상태가 좋지 않아 분명하지는 않지만 과거불들의 생애를 표현하고 있다. 동남쪽에는 무희와 악사들이 공연하는 그림이 남아 있는데 비교

삼존 입불상
나가욘 사원의 입불상은 아난다 사원 입불상의 모델이 되었다.

346 •

적 선명한 편이다. 창문과 감실의 천장 부분에는 둥근 원 안에 꽃잎이 중첩된 문양을 그려서 하늘에서 꽃비가 내리는 것을 표현하였다.

　나가욘 사원은 내부가 어두운 동굴사원이다. 벽면에 그려진 벽화를 감상하기 힘들 정도이다. 그러나 어둠은 오히려 창문을 통해 들어오는 햇살을 특정한 곳을 비추는 조명과 같은 효과를 가져오게 한다. 좁은 창문을 통해 들어오는 한 줄기의 햇살은 내부 통로에 안치된 감실의 불상에 집중된다. 감실의 불상은 시간에 따라 각도를 달리하는 빛의 방향에 따라 다른 표정을 연출한다. 불상은 박제화 된 과거불이 아니라 살아 움직이는 현재불이다.

감실 불상(좌)
바간 왕조 초기 양식으로 왕조의 국력과 문화수준을 상징적으로 보여준다.

내부 벽화(우)
동남쪽에는 무희와 악사들이 공연하는 그림이 남아 있다.

한국 불자의 보시로 복원된 사원
레미엣나 사원 *Lay Myet Hna Paya*

레미엣나 사원은 우리나라 불교도의 보시로 복원된 사원이다. 복원되기 전에는 거의 반파되어 무너진 벽돌더미 형태로 잡초에 묻혀 있었다. 한국 조계종 평화통일 불사리탑사 주지 도림스님과 신도들의 보시로 2000년 복원을 시작하여 2001년 1월에 완료하였다. 바간의 유적지 복원에 우리나라 불자들의 정성을 보태어 미얀마의 역사에 아름다운 모습으로 남게 되었다.

　레미엣나 사원은 11세기 알라웅시뚜왕이 건립한 것으로 추정된다. 고고학적인 측면과 조각, 벽돌을 쌓는 형태, 벽화 등을 종합해 볼 때 사원의 건립 시기

사원 내부
사원을 관리하는 할아버지는 또 다른 부처님이다.

레미엣나 사원 전경
우리나라 불자들의 보시
로 복원된 사원이다.

는 짠싯타왕의 손자인 알라웅시뚜왕 당시에 만들어진 것으로 판단하고 있다.

사원의 내부 중앙에 있는 사각기둥에 석가모니 부처님의 4대 성지를 상징하는 불상이 봉안되어 있다. 북쪽의 탄생, 동쪽의 성도, 남쪽의 초전법륜, 서쪽의 열반으로 구성되어 있다. 북쪽에는 마야부인이 룸비니 동산에서 오른쪽 옆구리로 석가모니를 출산하는 장면이다. 동쪽은 사원의 주불主佛로서 항마촉지인을 한 성도의 모습의 부처님이다. 남쪽은 설법인으로 바라나시에서 처음으로 설법하시는 모습이다. 서쪽은 열반상으로 부처님께서 80세에 구시나가라에서 누워서 열반하시는 장면이다. 북쪽은 마야부인이 오른쪽 옆구리로 부처님을 출산하자 부처님은 바로 일어나 오른손은 하늘로, 왼손은 땅을 가르키시며 '천상천하天上天下 유아독존唯我獨尊 삼계개고三界皆苦 아당안지我當安之'를 외치셨다. 이들 불상들은 아난다 사원의 조각을 모방하여 최근에 만든 것이다.

사원 내부의 통로를 한 바퀴 돌면 부처님의 4대 성지를 참배하는 것과 같은 의미다. 부처님은 열반하시기 전에 제자 아난다에게 부처님의 성지를 참배하라고 말씀하셨다. 부처님의 행적이 남아 있는 성지를 순례하는 것은 성지에서 부처님을 만나 부처님처럼 살라는 의미이다. 레미엣나 사원은 인도에 가지 않고도 이곳에서 성지를 순례하는 효과를 갖도록 배려한 것이다.

2층으로 올라가는 길은 왼쪽에 좁고 가파른 길이다. 머리를 완전히 숙이고 몸을 최대한 낮추지 않으면 오르기 힘들다. 자신을 낮추고 겸손을 몸소 실천하도록 배려한 건축 표현방식이다. 2층에도 역시 1층에서처럼 동쪽으로 열려 있는 불당을 만들고 불상을 모셨다. 부처님의 자리에서 밖을 내다보면 솟아 있는 수많은 탑들이 숲을 이루고 있다. 해가 떠오를 때면 부처님의 자비처럼 법당 안에는 부드러운 햇빛이 가득 들어찬다. 법당 뒤를 돌아가면 바로 앞에 나가욘 사원이 보인다. 특히 일몰에만 볼 수 있는 나가욘 사원의 실루엣은 환상적이다.

앞마당에 자리한 건축물은 수도원이다. 단층 건물 위에 탑을 하나 올린 단순한 건물이다. 안으로 들어서면 십자형의 통로에 6개의 방이 있다. 창문이 없는 어두운 방이다. 우민 즉 동굴형의 수도원이다. 열대지방의 따가운 햇살과 더위를 피하면서 수행할 수 있는 최적의 공간이다. 바간시대 수도원이 목조가 아닌 동굴형식의 벽돌 건축물도 있었음을 보여준다.

레미엣나 사원은 나가욘 사원의 이웃이다. 나가욘 사원을 나와 오른쪽으로 방향을 틀면 바로 동쪽에 있다. 아담한 담장으로 둘러싸인 사원은 웃고 있는 여인처럼 아름답다. 입구에 들어서면 왼쪽에는 수도원이 있고 오른쪽에 사원이 있다. 사원의 정문인 동쪽문을 들어서면 부처님의 자비로운 미소가 순례객을 반긴다. 특히 순례객이 거의 없는 사원을 관리하는 할아버지는 멀리서 온 이방인을 진심으로 반갑게 맞아준다.

탄생

득도

열반

설법

사원 내부를 한 바퀴 돌면 부처님의 4대 성지를 순례한 것이다.

바간 왕조 마지막 탑 밍글라제디 탑

Minglazedi paya

밍글라제디는 바간 왕조의 마지막 탑이다. 밍글라제디는 '행운의 탑'이라는 의미이나 이름과는 달리 바간 왕조 마지막으로 건설된 탑이다. 『유리궁 연대기』에 따르면 바간 왕조의 실질적인 마지막 왕 나라티하파티^{Narathihapati}는 1268년에 밍글라제디를 건설하기 시작하였다. 탑을 건설하는 동안 백성들 사이에서 '페야삐 삐삐엣' 즉 탑이 완공되면 나라가 망한다는 괴소문이 퍼졌다. 왕은 공사를 중단하고 왕실 예언자에게 사실의 진위를 확인하였다. 예언자 역시 탑이 완성되면 바간이 파괴되어 먼지 속으로 흩어질 것이라고 하였다. 나라티하파

자타카
밍글라제디는 부처님의 전생담인 자타카가 가장 많이 남아 있는 탑이다.

밍글라제디 탑 전경
바간 왕조 마지막 탑이다.

티왕은 두려움에 탑의 건설을 중지시켰다. 공사가 중단된 지 6년 후에 국사國師인 승려 판타구가 왕에게 '운명은 정해진 것입니다. 탑을 건설하는 것은 자비와 공덕을 쌓는 일로 나라의 멸망과는 상관이 없습니다. 영원히 존속하는 나라도 없고 왕도 죽지 않을 수 없습니다'라고 조언하였다. 깨달음을 얻은 왕은 다시 공사를 재개하여 1274년에 완공하였다. 그리고 순금으로 주조한 과거 28불을 밍글라제디에 안치하였다. 이후 몽골의 공격을 받은 나라티하파티왕은 바간을 떠나 도망가다가 반역자에 의해 독살당하고 바간 왕조는 1287년 몽골에 의해 멸망하였다. 승려 판타구의 말처럼 나라도 망하고 왕도 죽었지만 불심은 살아 밍글라제디는 오늘날까지 남아 있다.

밍글라제디는 종형鐘形 탑의 전통을 계승하고 있다. 쉐지곤에서 시작된 바간 왕조 종형 탑의 전통은 쉐산도를 거쳐 밍글라제디에 이르고 있다. 기단부와 탑신부, 상륜부로 구성된 밍글라제디는 이들 간 건축 비율의 조화로 안정적이면서 상승감이 돋보인다. 사각형의 기단부는 3단의 테라스 형태로 되어 있다. 각 면에는 테라스로 오를 수 있는 계단이 마련되어 있으며 각 테라스에는 녹색도기로 만든 자타카를 배치하였다. 탑신부는 종형이다. 팔각형의 3단 기단 위에 원통형의 탑신을 올려놓았다. 땅을 상징하는 사각형에서 팔각형을 거쳐 하늘을 상징하는 원형의 탑신을 배치함으로써 외형적인 측면뿐만 아니라 상징적인

면에서도 땅에서 하늘로 솟아오르는 탑의 의미를 반영하였다. 상륜부는 완전한 복원이 이루어지지 않아서 상륜부 장식인 티가 없다.

밍글라제디는 부처님의 전생담을 표현한 자타카가 가장 많이 남아 있는 탑이다. 녹색의 유약을 칠한 도기판 형태의 자타카는 하단에 제목과 번호를 새겨두었다. 정문인 동쪽의 1층 계단 왼쪽에서 시작된 자타카는 시계방향으로 진행된다. 1층에는 216개의 자타카가 있었으나 현재는 절반 정도가 분실되거나 훼손되었다. 가장 잘 보존되어 있는 곳은 2층 테라스 남쪽이다. 그리고 마지막 자타카 538번부터 547번까지의 자타카는 3층 테라스와 그 위 팔각 기단에 남아 있다.

외벽을 장식하였던 스투코는 거의 떨어져 나가 붉은 벽돌 탑의 질감을 그대로 보여준다. 하얀 스투코 장식으로 눈부신 쉐산도와는 달리 벽돌이 그대로 노출되어 있어서 본질이 주는 아름다움을 느낄 수 있다. 특히 화려한 장식이 없는 단순함으로 탑의 유려한 곡선이 탑의 매력으로 부각된다.

밍글라제디는 일출과 일몰이 아름다운 탑이다. 탑 자체가 아름다운 것 이상으로 탑에서 바라보는 일출과 일몰이 아름답다. 밍글라제디는 바간의 가장 서쪽에 자리하고 있다. 그래서 동쪽 바간 평원에 파노라마처럼 펼쳐진 모든 탑들 사이로 떠오른 햇살이 환상적이다. 그리고 밍글라제디는 에야와디강 바로 옆에 있다. 따라서 에야와디강을 붉게 물들이고 서쪽으로 숨어들어가는 석양은 남다른 감회를 느끼게 한다. 바간 왕조의 마지막 탑에서 바라보는 하루의 끝자락이 연출해 내는 일몰은 또 다른 의미를 생각하게 한다.

밍글라제디에서 본 일몰
일몰처럼 나라도 망하고 왕도 죽었지만 불심은 탑과 함께 살아 있다.

낫 신앙의 최고 성지 **뽀빠산**

Popa Mountain

뽀빠산은 미얀마 낫 신앙의 성지^{聖地}로 바간으로부터 남동쪽으로 약 50km 떨어진 곳에 있다. 탑처럼 솟아 있는 이 산은 기원전 422년 대지진으로 생성되었다. 원래 주산인 뽀빠따웅마지(1,518m)를 지칭하는 것이었으나 일종의 기생화산인 뽀빠따웅끌라(737m)가 미얀마 낫 신앙의 성지가 되면서 뽀빠산의 대명사가 되었다. 뽀빠산은 37낫의 지배자인 마하기리^{Mahagiri}를 모시면서 미얀마 낫 신앙의 성지가 되었다. 뽀빠^{Poppa}는 산스크리트어로 '꽃'이라는 뜻이다.

마하기리는 원래 스가나무의 정령 마웅띤데였다. 옛날 마웅띤데라는 대장장이가 있었다. 그는 코끼리의 상아를 일격에 부러뜨릴 수 있으며, 코도 단숨에 떼어내 버릴 정도의 괴력을 지닌 장사였다. 뜨가웅 왕국의 왕은 마웅띤데가 자신의 왕위를 넘보지 않을까 두려웠다. 마침내 왕이 군대를 동원하여 마웅띤데를 잡아들이려 하자 그는 깊은 산속으로 숨었다. 왕은 그의 누이동생 소메야를 왕비로 맞이하면서 마웅띤데를 유인하였다.

왕은 약을 넣은 음식을 먹여 마웅띤데가 잠든 사이 그를 스가나무에 묶었다. 무사들이 창과 칼로 찔렀지만 전혀 들어가지 않았다. 왕은 스가나무에 불을 붙여 마웅띤데를 불태워 죽였다. 이때 왕비 소메야도 왕에게 속아 오빠를 유인하게 된 것을 알고 함께 불속에 뛰어들어 불타죽었다.

이후 스가나무 아래에서는 어떤 생명체도 살아 남지 못했다. 사람들이 스가나무에 마웅띤데 남매의 원한이 깃들어 있기 때문이라고 믿었다. 결국 이 스가나무는 뿌리째 뽑혀 에야와디강에 던져졌다.

한편 바간 부근 에야와디 강가에 자리한 띠리비자야 왕국의 띤리자웅왕은 수많은 낫들을 정리하여 신앙의 통일성을 기하고자 하였다. 19개의 마을로 이루어진 왕국을 통치하기 위해서는 마을마다 다른 낫을 하나로 통일하는 것이 효과적이라고 판단했기 때문이다. 마침 국왕은 꿈속에서 마웅띤데의 넋을 보았다. 에야와디강으로 나가 전설이 깃든 스가나무를 건져 올려 마웅띤데 남매의 오누이상을 만들었다. 그리고 이들을 미얀마 최대의 성스러운 뽀빠산에 봉안하고 제사를 지내 그들의 원혼을 위로하였다.

뽀빠산에 새겨진 기록에 의하면 마웅띤데 오누이상은 가마에 담겨진 꽃, 잔, 차를 담는 항아리, 물주전자, 꿍야를 뱉는 통, 지배자를 상징하는 종, 붉은 북, 심벌즈, 기타, 피리 등과 함께 뽀빠산으로 옮겨 모셔졌다. 띤리자웅왕은 일곱 상궁으로 하여금 이 오누이상을 돌보는 임무를 부여하였다. 이것이 전통이 되어 계속 뽀빠산에서는 낫을 돌보는 사람들이 이어졌다.

뽀빠산 전경
뽀빠산은 미얀마 낫 신앙의 성지이다.

산 정상의 풍경
산을 오르는 길은 힘들지만 소원을 빌고 돌아가는 발길은 가볍고 행복하다.

이후 마웅띤데의 영혼은 낫당에 모셔져 '거산巨山'의 뜻을 가진 마하기리라는 이름으로 숭배되었다. 여동생 소메야도 '거산의 여주인'인 동시에 '황금 얼굴'이라는 뜻의 쉐미엣나 혹은 마맛흘라라는 이름으로 숭배받고 있다.

뽀빠산에는 37개 낫들의 지배자인 마하기리를 비롯한 여러 낫들이 모셔져 있다. 신당의 제사를 주관하는 낫거도natgadaw는 계율에 따라 위대한 낫들이 거주하는 따웅본, 뻐간과 함께 뽀빠산을 매년 순례하며 경배한다. 5월과 6월 보름에는 정기적으로 성대한 의례의식이 열린다.

큰 바위 산을 나선형으로 감아 돌아 올라가면 낫 사당이 있다. 바위산의 정상은 넓지 않기 때문에 여러 사당의 간격은 좁다. 그것이 오히려 아늑한 분위기를 조성하여 소원을 빌러 온 사람들에게 정겹게 다가설 수 있다. 사당 안에는 중앙에 부처님을 모시고 좌우로 낫신이 부처님께 예불을 드리는 형상으로 조성되었다.

미얀마 사람들뿐만 아니라 세계 각국에서 온 사람들의 소원은 산의 높이를 훨씬 능가한다. 힘들게 올라왔지만 돌아가는 발길은 가볍고 행복하다.

낫상

뽀빠산에는 37개 낫의 지배자인 마하기리를 비롯한 여러 낫들이 모셔져 있다.

4

미얀마 역사와 문화의 중심
만달레이

만달레이

만달레이Mandalay는 미얀마의 정중앙에 자리하고 있다. 동쪽 산악지대와 서쪽의 평야지대의 경계선을 따라 북쪽에서 남쪽으로 에야와디강이 흐른다. 미얀마의 가장 북쪽에 자리한 5,881m의 카카보라지산에서 시작된 에야와디강은 남쪽 벵갈만으로 흘러간다. 만달레이는 에야와디강의 중간 지점에 위치하여 북쪽의 산악문화와 남쪽의 해양문화를 연결하는 고리 역할을 한다.

만달레이는 미얀마 역사의 중심 무대였다. 만달레이를 중심으로 하는 사가잉, 잉와, 아마라뿌라 등은 오랜 역사를 통해 버마족의 주 무대였으며 미얀마 패권의 중심지였다. 만달레이 지역은 천혜의 자연적인 요새다. 서쪽에는 산맥이 도시를 둘러싸고 있고 동쪽과 남쪽에는 에야와디강과 밋응에강이 흐른다. 타웅타만Thaunhthaman 호수 역시 방어벽과 저수지의 역할을 하였다. 에야와디강 건너편에는 사가잉 언덕이 있고 만달레이 시내 도시 한가운데는 만달레이 언덕이 있어서 도시의 중심축과 감시초소의 역할을 담당하였다. 따라서 이 지역은 미얀마의 중앙에 위치하고 있어 육군은 물론 에야와디강을 따라 진격하는 수군까지 통제할 수 있었으며 동쪽으로는 샨족을 견제할 수 있는 군사적 요충지였다. 또한 남쪽으로는 비옥한 평야가 펼쳐지는 짜욱세 지역으로 이어져 식량 확보에 유리한 위치였다.

에야와디강 건너편 언덕에 자리한 사가잉은 사가잉 왕국의 수도였다. 바간 왕조를 멸망시킨 몽골족이 퇴각하자 샨족 티하투는

만달레이 지역

민군

까웅무도 탑

만달레이

에야와디강

사가잉

아마라뿌라

잉와

밋응에강

에야와디강
미얀마의 젖줄 에야와디
강 정중앙에 만달레이가
있다.

새로운 왕국을 건설하였다. 티하투는 샨족과 버마족의 융합과 왕위 정통성을
위해 바간 왕의 왕비를 자신의 왕비로 삼고 그녀의 아들을 후계자로 삼았다.
샨족의 왕비에게 태어난 장남 소윤은 이에 반발하여 1315년에 사가잉에 또 다
른 왕국을 건설하였다. 그러나 사가잉 왕국은 잉와 왕조 따도민뱌Thadawminbya
왕에 의해 50년 만에 멸망하고 말았다.

만달레이 남쪽에 있는 잉와는 약 400년 동안 미얀마의 패권을 장악한 왕국
의 수도였다. 따도민뱌는 잉와를 중심으로 잉와 왕조(1364~1555)를 건국하였
다. 그는 스스로 바간 왕조를 계승한 왕이라고 주장하며 잉와를 도읍으로 샨족
뿐만 아니라 버마족, 몬족을 하나로 묶는 단일국가를 건설하였다. 따웅우 왕조
(1280~1752)의 따룬왕은 1636년 수도를 남부 바고에서 북부 잉와로 이전하였
다. 제국주의 국가들의 공격과 몬족의 반란으로부터 왕실을 보호하기 위한 조
치였다. 꼰바웅 왕조(1752~1885)는 1765년에 잉와를 수도로 삼았다. 알라웅
폐야왕은 이 쉐보를 수도로 하여 꼰바웅 왕조를 세웠고, 신뷰신왕이 수도를 쉐
보에서 잉와로 옮긴 후 '미얀마 르네상스'라고 일컬을 정도로 문학과 예술의 번

성기를 맞이하였다.

만달레이와 잉와 사이에 있는 아마라뿌라는 꼰바웅 왕조 후반부의 수도였다. 왕실 내의 권력 투쟁을 통해 왕권을 장악한 보도폐야왕은 피로 얼룩진 수도 잉와를 버리고 1783년 영원한 도시라는 뜻을 가진 아마라뿌라로 수도를 옮겼다. 보도폐야왕은 라카인주를 정복하고 마하무니 불상을 강제로 만달레이로 가져왔으며, 자신의 권위를 과시하기 위해 민군에 세계 최대의 사원과 종을 만들고자 하였다. 그러나 이 사업은 미완성으로 끝났다. 바지도왕이 1823년 수도를 전쟁의 이미지가 강한 아마라뿌라에서 잉와로 옮겼다가, 따야와디왕이 영국과의 전쟁에서 패배한 것을 설욕하기 위해 잉와에서 아마라뿌라로 옮겼다. 그러나 영국과의 전쟁에서 승리하지 못하고 왕위도 동생 민돈왕에게 넘어갔다.

원래 지명이 '보석으로 가득찬 도시'라는 뜻의 라타나푸나^{Ratanapunna}였던 만달레이는 미얀마 왕조의 마지막 수도였다. 민돈왕은 1857년 영국과의 전쟁에서 패한 국민들의 사기를 진작시키고 분위기 쇄신을 위해 수도를 만달레이로 이전하였다. 1857년은 만달레이 힐에서 석가모니가 '2400년 뒤에 이곳에 위대한 도시가 설 것이다'라는 예언한 해였다. 그리고 불교의 진흥을 통해 국정의 안정과 자주성을 회복하겠다는 생각으로 세계 5차 불교회의를 통해 5번째 불교경전의 결집을 추진하여 세계에서 가장 거대한 불경을 새긴 729개의 비석을 봉안한 꾸토도 사원을 건설하였다. 그러한 노력에도 불구하고 미얀마는 다음 왕인 띠보왕에 이르러 멸망하였다. 영국과의 전쟁에서 11일 만에 패한 띠보왕과 왕비는 두 마리의 들소가 끄는 수레를 타고 인도 봄베이로 추방되었다. 그리고 수도는 영국군의 본부가 있던 양곤으로 이전하였다.

만달레이는 문화와 종교의 도시이다. 새로운 수도인 네삐도가 미얀마 행정의 중심지이고 양곤은 정치·경제의 중심지라면 만달레이는 문화와 종교의 중심지이다. 가장 오랫동안 미얀마 왕조의 수도가 있었던 만달레이 지역은 역사와 문화의 중심지이다. 그리고 불교사원과 승가대학 등이 전국에서 가장 많아 미얀마 승려의 60%가 바로 만달레이를 중심으로 한 지역에 거주하고 있다.

현재 만달레이는 인구 100만이 사는 미얀마 제2의 도시이다. 미얀마 중앙에 위치하는 지정학적 특성을 바탕으로 중국과 태국 북부, 인도와 연결하는 국제 관문의 역할을 담당하고 있다. 그리고 에야와디강 중류에 자리하고 있어서 미얀마 남북을 연결하는 교역과 교통의 중심지가 되었다. 왕궁을 중심으로 도시 구획정리가 반듯하게 되어 있는 계획도시 만달레이는 고대와 현대가 공존하는 도시의 매력을 가지고 있다.

우베인 다리
만달레이는 문화와 종교의 중심지이다. 타웅타만 호수에는 우베인 다리가 있다.

무너진 보도폐야왕의 욕망 민군 탑과 종

Mingun Paya, Bell

민군은 왕실의 휴양처라는 뜻이다. 작은 산을 배경으로 앞에는 에야와디강이 흐르고 있는 민군은 조용하고 한가로운 전원이다. 왕실 내 권력투쟁에서 왕권을 장악한 꼰바웅 왕조의 보도폐야왕은 1783년 아마라뿌라에 수도를 건설한 뒤 1790년에 피서지로 민군을 선택하였다. 민군 탑을 건설하기 시작한 초기에는 왕이 탑 근처에 머물렀으나 후에 강 건너편 모래톱에 임시 궁전을 건설하고 그곳에서 주로 머물렀다. 우기에는 물에 잠겼다가 겨울철에만 그 모습을 드러내는 모래톱은 섬과 같아서 방어에 유리하여 여러 차례 쿠데타를 겪은 왕에게는 편안한 휴식처가 되었다.

민군 탑은 중국으로부터 받은 부처님 치아사리를 봉안하기 위한 것이다. 중국과 미얀마는 상호 긴장 관계에 있었다. 따라서 양국 간의 공식적인 무역거래가 허용되지 않았으나 1790년 두 나라 사이의 교역을 원한 중국 운남성의 상인들이 중국 황제가 보냈다고 속이며 부처님의 치사리를 보도폐야왕에게 가져왔다. 더불어 황제의 손녀들이라며 중국 소녀 3명도 데려왔다. 왕은 그에 대한 감사의 편지와 공물을 황제에게 보냈고, 황제는 기쁜 마음으로 미얀마와의 교역을 허락했다. 선조들과 같은 업적을 남기려 했던 보도폐야왕은 위대한 왕들만 얻을 수 있는 성유물聖遺物을 자신도 얻게 되자 그것을 안치할 거대한 탑을 건설할 계획을 세웠다.

1791년 1월 9일에 금과 은으로 된 벽돌을 왕이 직접 땅에 놓으며 탑 건축의 시작을 알렸다. 탑의 위치를 에야와디 강가로 한 것은 강가에 자리한 바간의 쉐지곤이나 양곤의 쉐다곤과 같은 탑을 만들겠다는 계획이었다. 왕은 탑의

민군 탑 전경

보도폐야왕은 세계에서 가장 큰 탑을 건설하고자 하였으나 미완성으로 끝났다.

디자인이나 전반적인 진행을 직접 지휘하면서 전체 높이가 약 150m에 달하는 세계에서 가장 규모가 큰 탑을 건설하고자 하였다.

왕은 스스로 미래의 부처, 미륵불이라 칭하였다. 백성들이 미래의 부처라고 평가한 꼰바웅 왕조를 건국한 알라웅폐야왕처럼 자신도 미래의 부처가 될 것이라고 선언하였다. 그 근거로 중국으로부터 받아온 부처님 치아사리와 라카인 지역에서 가져온 마하무니 불상을 들었다.

중국으로부터 받은 치아사리에는 전설이 있다. 부처께서 예언하시기를 치아사리는 5천 년 동안 중국에 머물렀다가 중국을 떠날 것이며 그때 미래불인 미륵불이 나타난다고 하였다. 이전의 바간 왕조시대 아노라타왕과 알라웅시뚜왕도 이를 가져오고자 하였으나 그 뜻을 이루지 못하였다. 그런데 보도폐야왕이 1790년에 치아사리를 받게 되자 이전의 왕들보다 영적으로나 군사적으로 더 뛰어남을 역설하였고 스스로 미래불이라 칭하였다. 마하무니 불상에 대한 또 다른 전설은 이 불상은 절대 라카인 지역을 떠나지를 않을 것이고 오로지 미륵불만이 불상을 옮길 수 있다는 것이었는데 보도폐야왕이 이를 성공하였으니 자신이 바로 미륵불이라는 주장에 더 큰 힘을 실어 주게 된 것이다.

그러나 민군 탑은 미완성으로 끝났다. 미얀마에서는 사원이나 탑을 공사할 때는 반드시 정해진 인건비를 주고 장인과 노동자를 고용하였다. 그런데 보도폐야왕은 수차례의 전쟁과 토목공사로 국고가 넉넉하지 않아 자신이 정복한 아라칸의 주민을 강제로 이주시켜 공사를 진행했다. 그리고 비용을 충당하기 위해 많은 세금을 거두어 들였다. 탑의 공사가 강압적으로 무리하게 진행되자 백성들 사이에서 탑이 완성되면 왕은 죽고 나라는 망할 것이라는 소문이 돌았다.

결국 1797년 국고가 고갈되면서 탑의 공사는 중단되었다. 그리고 보도폐야왕 자신이 미륵불이라는 주장도 승려들과 백성들의 냉소와 반발로 스스로 철회하기에 이르렀다.

보도폐야왕이 죽고 20년 뒤인 1839년 3월 23일에 일어난 거대한 지진은 탑에 크게 벌어진 균열을 남겼다. 그리고 탑의 규모에 걸맞게 벽돌로 만들어진 거대한 사자, 친테상은 엉덩이만 남긴 채 붕괴되었다.

민군으로 가는 길은 두 가지이다. 하나는 만달레이에서 배를 타고 에야와디강을 거슬러 올라가는 방법이다. 에야와디강의 참맛을 느낄 수 있으며 멀리서부터 민군 탑의 웅장한 모습을 볼 수 있다. 다른 하나는 자동차로 사가잉에서 에야와디 강변 길을 타고 가는 방법이다. 아슬아

민군 탑 외벽
지진으로 거대한 균열이 생겼다.

슬한 절벽 길도 있지만 대부분은 에야와디강을 오른쪽으로 보면서 가는 한가로운 길이다. 그러나 이 길에서 보는 민군 탑의 첫인상은 신앙심을 불러일으키기보다는 마치 거대한 저장 탱크와 같은 모습이다.

미완성의 민군 탑은 지진으로 붕괴되었음에도 거대한 규모에서 오는 느낌은 위압적이다. 각 변의 길이가 72m인 정사각형에 높이는 50m이다. 연대기에 따르면 벽돌로 쌓은 두터운 벽의 뒤쪽에는 수많은 방이 있고 거기에는 약 4만여 점의 유물이 안치되어 있다고 한다. 중국에서 가져온 치아사리를 비롯하여 금과 은으로 된 불상, 부처님의 어머니와 아들, 그리고 그의 아버지의 형상들을 제작하여 봉안하였다고 한다. 그러나 탑 아래에 안치되었던 유물은 마치 바다의 밑바닥에 침몰해 가라앉은 것처럼 현재까지 약 200년 동안 아무도 건드릴 수 없는 상태로 남아 있다.

남쪽 감실 내부
박쥐들이 날아다니는 감실 내부에 작은 불상이 자리잡고 있다.

민군 대탑은 에야와디강이 있는 동쪽이 정문이다. 배에서 내려 파손된 채 커다란 엉덩이만 드러낸 두 마리의 친테상 사이길로 들어서면 5단의 기단부 위에 정육면체의 거대한 탑이 자리하고 있다. 기단의 바닥은 전돌을 깔았으며, 각 단의 배수구는 악어가 입을 벌리고 있는 모습의 마카라Makara가 조각되어 있다. 탑에는 네 방향에 감실을 만들었다. 남쪽 감실에는 최근에 만든 작은 불상 하나가 박쥐들 틈새를 비집고 자리하고 있고 균열로 인해 무너질 것 같은 서쪽 감실에는 '비틀즈가 천국에 가기'라는 낙서가 자리를 지키고 있다. 북쪽 감실은 텅 비었다. 다만 정문에 해당하는 동쪽 감실에 흰 분칠을 한 불상이 모셔져 있다. 불상의 손 모습은 오른손은 시무외인, 왼손은 시원인이다. 마치 부처님의 오른손이 보도폐야왕의 허망한 꿈을 탄식하며 가슴을 치는 듯하다. 답답한 가슴을 풀 수 있는 방법은 동쪽 감실 우측에 있는 계단을 통해 탑 위로 올라가는 것이다. 그곳에서 민군의 확 트인 전경과 에야와디강의 장엄함을 보노라면 가슴이 탁 트인다. 그러나 2012년 11월 일어난 지진 이후 출입이 통제되었다.

보도폐야왕은 민군 탑을 건설하면서 탑에 걸맞는 세계 최대 규모의 종을 주조하였다. 탑에서 100m 북쪽에 있는 민군 종이 그것이다. 종의 크기는 높이 3.65m, 종 아랫부분의 지름이 4.94m, 무게는 87톤에 이른다. 세계의 종 가운데 러시아 모스크바에 있는 '황제의 종' 다음으로 큰 종이다. 그러나 러시아의 종은 균열과 파손이 심해 더 이상 종으로서의 역할을 할 수 없다. 따라서 현재 소리가 나는 종 가운데 세계에서 가장 큰 종은 민군 종이다.

이 종은 1808년에 완성되었다. 당시 최고의 기술력으로 종을 완성한 보도 폐야왕은 이 종이 세계 최고의 종이라는 자리를 지키고자 하였다. 더 이상 이

입구 친테상
지진으로 친테상의 앞부분은 파손되고 커다란 엉덩이만 남았다.

민군 종

보도폐야왕은 민군탑을 건설하면서 탑에 걸맞는 세계 최대 규모의 종을 주조하였다.

렇게 큰 종을 만들지 못하도록 종이 완성된 뒤 종을 만든 기술자들을 모두 죽였다. 종은 1838년 지진으로 바닥으로 떨어졌다. 다행히 큰 손상을 입지 않아 1896년에 다시 받침대 위에 걸려 오늘에 이르게 되었다.

　종각은 사각형의 탑형 건축물이다. 지붕은 3층의 탑 모양으로 되어 있다. 안에는 종의 무게를 감당할 수 있도록 양쪽에 쇠기둥을 세웠다. 그리고 지붕에는 미얀마 목조 건축에서와 마찬가지로 많은 조각상들이 배치되어 있다. 그 가운데 네 방향의 박공면에는 아름다운 여신상들이 새겨져 있는데 특히 남쪽 박공면에 있는 여신상은 입을 가리고 수줍은 듯이 웃고 있다. 전형적인 미얀마 여인의 모습이다.

　종을 거는 고리인 종뉴의 양쪽에는 두 마리의 친테상이 있다. 종소리는 부처님의 말씀이다. 사자는 백수의 왕으로 부처님을 수호할 뿐만 아니라 부처님의 설법을 사자가 포효하는 것과 같다고 하여 사자후라고 표현한다. 따라서 두 마리의 사자는 부처님인 종을 보호하고 또한 종소리가 부처님의 목소리라는 것을 상징하기 위한 것이다. 종의 외부에는 아무런 장식도 없다. 그러나 숨바꼭

민군 종 내부
종의 내부는 소원을 적은
낙서의 천국이다.

종각 박공면 여인상
수줍은 듯이 입을 가리고 웃고 있는 여신상은 전형적인 미얀마 여인의 모습이다.

종각 장식
종각의 지붕에는 종소리처럼 아름다운 조각이 새겨져 있다.

질을 하듯이 종 속으로 들어가는 동네 꼬마를 따라 종 속에 들어가보니 종의 내면에는 숱한 낙서 천국이다. 많은 사람들이 소원을 보이지 않는 종의 내부에 적어 놓은 것이다. 소원은 오늘도 계속되고 있으니 낙서 또한 계속될 것 같다.

종소리는 종의 크기와는 무관하다. 종의 재원은 종 앞의 비석에 새겨 놓았다. 무게 : 87톤, 외부 높이 : 3.65m, 내부 높이 : 3.5m, 맨 위 직경 : 2.58m, 중간 직경 : 3.04m, 맨 아래 직경 : 4.94m, 아랫부분 둘레 : 15.51m 등이다. 종을 칠 때는 홍두깨 같은 나무로 종의 끝 부분을 세 번 친다. 종을 치는 막대기가 종의 크기에 눌려 성냥개비처럼 보인다. 그런데 종소리는 어른이 치나 어린이가 치나 꼭 같다. 큰 종에게 사람의 차이는 아무런 의미가 없다. 만민은 평등하다는 부처님의 말씀을 듣는 듯하다.

순백색의 수미산 신뷰메 사원

Hsinbyume Paya

신뷰메 사원은 바지도왕이 왕비를 위해 건립한 사원이다. 바지도왕은 민군 탑을 만든 보도폐야왕의 손자이다. 보도폐야왕의 통치기는 내우외환으로 얼룩진 시기였다. 왕실 내의 권력 암투가 지속되면서 반란과 진압의 과정이 반복되었다. 사원 건립 등 무리한 건설 사업 등으로 세금을 지나치게 거두어들여 백성의 원성은 높았으며 업적을 만들기 위한 주변국과의 전쟁은 국가 재정의 파탄과 불안감을 가중시켰다. 이 와중에 1808년에 우뽀 왕세자가 죽고 뒤이어 왕세손 바지도의 비도 죽음으로써 왕실 또한 비극의 무대가 되었다. 보도폐야왕의 재위 말기였던 1816년 왕국의 분위기가 이렇게 암울한 가운데도 당시 왕세손이었던 바지도는 자신이 사랑했던 죽은 부인 신뷰메를 위해 사원을 건립했다.

미야테인단Myatheindan 사원이라고도 불리는 신뷰메 사원은 민군 탑과 민군 종 바로 북쪽에 있다. 사원은 바지도왕이 동생 따야와디에게 왕위를 찬탈당한 지 2년이 되는 1839년 지진으로 파손이 되어 방치

사원 내부 불상

옛날 불상 앞에 새로운 불상을 모신 특이한 형상이다.

신뷰메 사원 전경

바지도 왕이 죽은 왕비를
위해 건립한 순백색 사원
이다.

되었다가 1874년 민돈왕은 신뷰메 사원을 복원하였다. 영국과의 전쟁에서 패배로 땅에 떨어진 미얀마의 자존심을 불교의 부흥을 통해 다시 회복시키고자 하였다. 현재 신뷰메 사원은 민군지역 주민들에게 가장 성스러운 곳이다. 이곳에서 소원을 빌면 이뤄진다는 믿음 때문이다.

이 사원은 수미산須彌山을 상징한다. 불교의 우주관은 세계의 중앙에 일곱 개의 산과 여덟 개의 바다로 둘러싸인 거대한 수미산이 있다. 이 산의 꼭대기에는 욕계의 두 번째 하늘 세계인 도리천忉利天이 있고 중턱에는 사천왕천이 있다. 도리천에는 제석천帝釋天이 머물면서 사천왕과 주위의 33천 세계를 통솔한다. 일찍이 득도하신 부처님께서 도리천에 올라가 어머니 마야부인에게 설법을 하신 적이 있다. 제석천은 사자좌를 설치하고 정성을 다해 장엄하게 부처님을 영접하였다. 그리고 부처님께서 다시 인간세계로 내려오실 때 제석천은 신통력

입구에서 본 탑
신뷰메는 수미산을 상징
한다.

으로 삼도보계三道寶階를 만들었다. 부처님은 가운데 수정계단으로 내려오시고, 범천Brahma은 부처님 오른쪽에서 불자 즉 흰채를 들고 은계단으로 내려오고, 제석천Indra은 부처님 왼쪽에서 일산日傘을 들고 금계단으로 내려왔다.

　미얀마의 탑은 사각형에서 위로 올라가면서 팔각형으로 바뀌었다가 다시 원형으로 바뀌는 것이 일반적이다. 하늘은 둥글고 땅은 네모나다는 천원지방天圓地方 사상에 의해 탑은 땅에서 하늘로 올라가는 형상으로 지어진다. 그러나 신뷰메 사원은 처음부터 원형 기단으로 시작한다. 물결 모양으로 장식한 테라스는 원형을 이루며 7층으로 되어 있고 위로 올라갈수록 좁아지는 구조다. 사원을 불교의 우주관에 입각하여 천상의 세계 수미산을 형상화하였기 때문이다. 신뷰메 사원은 그 자체가 하늘이다.

　신뷰메 사원은 3단으로 되어 있다. 1단은 수미산을 둘러싸고 있는 일곱 개의

테라스의 작은 탑

순백색의 탑은 어린 왕비가 수줍어서 바로 보지 못하도록 하는 듯 눈이 부시다.

산과 여덟 개의 바다를 상징한다. 동쪽으로 보이는 에야와디강은 바다를, 테라스를 장식한 7단의 물결 모양은 일곱 개의 산을 상징한다. 위로 올라갈수록 좁아지는 원형의 테라스를 물결 모양으로 장식하는 경우는 다른 사원에서는 찾아보기 힘들다.

2단은 수미산을 상징하는 원통형 구조물의 하단부이다. 수미산 하단부는 제석천을 도와 불법과 부처를 수호하는 신들이 모셔진 사천왕천이다. 수미산 주위에 5열로 둘러싼 벽감을 만들고 벽감의 안쪽에 대리석으로 만든 수호신상들을 모셨다. 이들은 제석천의 권속들로 악마들과 아수라로부터 수미산을 지키는 역할을 한다.

3단은 제석천이 다스리는 도리천이다. 바로 이곳이 제석천이 석가모니 부처님이 출가하며 스스로 자른 머리카락을 가져와 술라마니 탑을 만든 곳이다. 그리고 부처님의 어머니 마야부인이 죽어서 다시 태어난 곳으로 부처님께서 오셔서 3개월 동안 설법한 곳이기도 하다. 바지도왕은 죽은 왕비가 이곳 도리천에 다시 태어나기를 기원하면서 사원을 건립하였다. 탑의 3단 내부에는 동쪽에만 불상이 모셔져 있다.

신뷰메 사원 정상으로 올라가는 계단은 삼도보계이다. 부처님께서 도리천에 계시는 어머니 마야부인에게 설법하고 내려오실 때의 계단을 그대로 재현한 것이다. 에야와디강이 있는 동쪽에 만들어진 계단은 세 개로 이루어져 있다. 부처님께서 내려오신 계단은 12개의 문장식을 한 지붕을 덮었다. 그리고 중앙계단 양쪽에는 지붕이 없는 좁은 계단을 만들었다.

신뷰메 사원은 눈부실 정도의 순백색 사원이다. 바지도왕의 어린 왕비가 수줍어서 바로 보지 못하도록 하는 듯 눈이 부셔서 눈을 뜰 수가 없다. 열대지방의 강렬한 햇살은 천상 세계의 순수성을 더욱 빛나게 한다. 멀리 민군 탑이 보인다. 탑은 그저 큰 덩어리의 물질로만 보일 뿐 탑도 아니고 부처님도 아니다. 가까이 들여다보면 굴러다니는 돌멩이까지 사연을 갖고 있는 복잡한 인간세상도 하늘에서 보면 아무 것도 아닌 순환의 과정일 뿐이다.

계단

사원 정상으로 올라가는 계단은 부처님이 도리천에서 내려오실 때의 계단인 삼도보계를 재현한 것이다.

살아 있는 미얀마 최고의 불상
마하무니 사원 *Mahamuni Paya*

마하무니는 '위대한 성인^{聖人}'이라는 뜻이다. 위대한 성인은 석가모니 부처님을 의미한다. 이 사원의 불상은 양곤의 쉐다곤 탑과 바고의 짜익띠요와 함께 미얀마 3대 불교성지 가운데 하나이다. 쉐다곤 탑과 짜익띠요는 부처님께서 주신 머리카락을 봉안하였고 이곳 마하무니 불상은 부처님의 실물과 꼭같이 만든 형상에 부처님께서 직접 생명을 불어넣어 주었다.

마하무니 불상은 원래 미얀마 서쪽 해안지역 라카인에 있었다. 서쪽 면은 벵갈만으로 이어진 긴 해안선을 가지고 있고 북쪽 면은 늪지와 강을 경계로 방글라데시와 접해 있다. 동쪽으로는 긴 아라칸 요마 산맥이 해안선과 평행으로 이어져 있어서 미얀마 내륙과는 분리되어 있다. 따라서 라카인 지역에는 일찍부터 미얀마 내륙과는 분리된 라카인족에 의해 수립된 독립국가가 형성되어 있었다.

전설에 의하면 인도에서 온 석가Sakkya족 왕자에 의해 단야와띠Dhanyawaddy 왕국이 건국되었으며 인도와 활발하게 교류하였다. 그리고 4세기경에는 끄라단 강과 레묘강 사이에 외딸리Vesali라는 고대 도시국가가 건국되었다. 외딸리라는 명칭은 부처님께서 마지막을 보내셨던 대림정사가 있는 북인도의 중심 도시 바이살리Vaisali를 본 따서 붙인 것으로 추정된다. 외딸리에서는 인도의 아쇼카 왕이 사용하였던 나가리 문자가 새겨진 석문을 비롯하여 산스크리트어와 빨리어 석문이 발견됨으로써 불교를 매개로 하는 인도와의 교류가 빈번했음을 알수 있다. 이처럼 라카인은 독자적인 문자와 언어 그리고 화려한 문화를 가지고 있었다.

마하무니 탑 전경

미안마 3대 불교성지 가운데 하나인 마하무니는 위대한 성인이라는 뜻이다.

　　그러나 11세기 초 바간 왕조의 아노라타왕이 최초로 미안마를 통일하면서 라카인은 미안마에 복속되었다. 이후 라카인은 내륙의 정세에 따라 영향을 받게 되었다. 미안마 내륙에 통일 왕조가 들어서면 라카인은 종속되었으나 내륙이 분열하면 다시 독립국가를 이루었다. 그리고 내륙이 혼란할 때는 오히려 라카인이 미안마 왕조의 수도까지 침공하는 강력한 힘을 보여주기도 하였다. 이처럼 라카인은 먀욱우Myauku을 중심으로 종속과 독립을 반복하면서 독자적인 왕권을 유지했다. 그러나 1784년 보도페야왕이 라카인을 점령하여 병합함으로써 미안마에 완전히 편입되었다.

　　단야와띠 왕국의 찬다 수리야왕은 인도 상인을 통해서 석가족의 왕자가 출가하여 깨달음을 얻었으며 많은 왕들과 용맹스런 전사들조차도 그에게 머리를 숙이고 설법을 듣는다는 사실을 알게 되었다. 왕도 석가모니의 설법을 듣고자 하는 마음으로 매일같이 기원하였다. 이 기원을 인지하신 석가모니 부처님께서 500여 명의 아라한과 제자 아난존자를 거느리고 라카인을 방문하였다. 석가모니의 설법을 통해 왕은 법열法悅을 느꼈고 불교에 귀의하였다. 석가모니가 인도로 돌아갈 때가 되자 왕은 예불을 드릴 수 있도록 부처님과 똑같은 형상의 청동상을 주조시켰다. 부처님은 자신과 똑같은 모양의 청동상을 일곱 번이나 안아주며 생기를 불어넣었다. 부처님은 이 불상에는 부처님의 초능력이 깃들어 있으며, 부처님께서 열반에 든 이후에도 5000년 동안 생명을 유지할 것이라고 예언하였다. 부처님께서 떠난 후 마하무니 불상은 스스로 시리구타Siriguta 언덕에 올라 다이아몬드로 장식된 왕좌에 앉았다. 이후 불상 위로는 새들이 날지 않았으며 비신도가 다가오면 불상으로부터 나오는 영롱한 빛이 사라지는 등 여러 가지 기적이 일어났다.

사원 내부
남자들은 불상에 금박을 입힐 수 있지만 여자들은 불상 가까이 갈 수 없다.

미얀마를 통일하고 라카인을 정복한 미얀마의 왕들은 마하무니 불상을 가져오고자 여러 차례 시도하였다. 미얀마를 최초로 통일한 아노라타왕은 불교를 국교화하고 전 국민들에게 불교를 전파하는 데 이용하기 위해 마하무니 불상을 획득하고자 하였다. 그러나 라카인의 정복에는 성공하였지만 불상을 가져오는 데는 실패하였다. 세 번째로 미얀마를 통일하여 꼰바웅 왕조를 건국한 '부처가 될 왕'이라는 의미의 이름을 가진 알라웅페야왕의 시도도 배가 침몰하여 뜻을 이루지 못하였다. 마침내 꼰바웅 왕조의 보도페야왕이 라카인을 정복하고 마하무니 불상을 가져왔다. 보도페야왕은 선대 왕들의 위업에 못지 않은 업적을 이루기 위해 1784년, 왕세자 우뽀를 총사령관으로 임명하여 라카인을 침공했다. 당시 라카인은 국내외 문제로 혼란에 빠져 있었기 때문에 오히려 군대를 동원해 자국의 법과 질서를 회복시켜 주기를 간청하였다. 보도폐야 군대가 라카인에 들어가자 국민들은 환영하였다. 그러나 보도폐야 군대는 점령군으로 대대적인 약탈을 자행하였으며 라카인의 자부심이며 불교의 상징인 마하무니 불상을 아마라뿌라로 가져왔다. 수천 명의 라카사람들을 강제로 동원하여 아라칸 요마 산맥을 넘어 에야와디강에 이르렀고 여기에서 뗏목으로 아마라뿌라로 운반하였다.

1785년 5월 마하무니 불상은 아마라뿌라에 도착하였다. 전설에 의하면 부처님께서 마하무니 불상은 미래불인 미륵불이 나타났을 때만 움직일 수 있다고 예언하였다는 것이다. 따라서 보도폐야왕은 자신이 미륵불이라고 자칭하였다. 그리고 마하무니 불상을 봉안하기 위한 사원을 건립하였다.

마하무니 불상
부처님은 마하무니 불상에게 직접 생명을 불어 넣어 주셨다.

마하무니 사원은 십자형의 기단 위에 사각뿔 형태의 황금빛 피아탓을 세웠다. 동서남북에 출입문을 만들었으며 동쪽 문이 주 출입문이다. 동굴처럼 된 통로에 가게들이 즐비하다. 부처님께 바칠 꽃과 불상에 붙일 금박, 불상들을 제작하여 판매하고 있다. 7층으로 된 탑의 중앙에 3.8m 높이의 좌불상이 동쪽을 향해 앉아 있다. 라카인에서 가져온 마하무니 불상이다.

마하무니 불상이 이곳에 안치되면서부터 미얀마 불상의 표준이 되었다. 이 불상은 사각형의 얼굴에 눈썹이 콧등으로 연결되어 있다. 체구는 강인해 보이고 전륜성왕처럼 투구 형태의 관과 갑옷 형태의 의복을 입었다. 금으로 도금한 얼굴과 관을 제외하고는 처음의 형태를 명확히 알아볼 수 없을 정도로 온통 개금되어 있다.

미얀마 사람들에게 마하무니 불상은 여전히 살아 있는 불상이다. 매일 새벽 4시가 되면 스님들은 살아 계시는 부처로 간주하여 불상의 얼굴을 씻기는 세안식을 거행한다. 전단향을 뿌린 물로 부처님 얼굴을 사람들이 금박을 붙이는 개금 행사를 한다. 금박을 붙이는 것은 이후에도 계속되는데 남자에게만 허용되며 여자는 법당 안에 들어갈 수 없다. 금박은 새털보다 가볍고 종이보다 얇게 만든다. 종이 사이에 금 조각을 넣고 사슴가죽으로 잘 싼 다음 돌 위에 고정시키고 망치로 두들겨서 만든다. 법당의 동남쪽에는 시대별로 찍은 마하무니 불상의 사진이 있다. 현재 불상에 얼마나 많은 개금을 하였는지 짐작할 수 있다.

마하무니 사원에는 수많은 부속건물들이 있다. 중앙탑을 중심으로 동서남북으로 출입구가 있어서 사원 내부는 4구역으로 구분된다. 사원의 동북쪽 마당에는 사원과 관련된 그림을 모아놓은 박물관이 있다. 상단에는 입구에서부터 시계 방향으로 마하무니 불상을 조성하게 된 전설과 이곳 사원까지 오게 된 과정이 유화로 그려져 있다. 입구에는 미얀마 지도에 마하무니 불상의 이동 경로를 표시해놓았다. 그 외에도 사원과 연관된 도면과 마하무니 불상의 그림이 전시되어 있다. 조금 멀리 떨어진 곳에 2층으로 된 불교 박물관이 있다. 부처님께서 도리천에서 어머니 마야부인에게 설법을 하고 세상으로 내려오는 장면을 재현하면서 바닥에는 세계 지도 위에 불교 국가들의 주요 유적지들을 표시해 두었다. 가운데 미얀마가 있고 왼쪽에 인도와 네팔, 스리랑카, 오른쪽

왕세자 우뽀 동상
보도폐야왕의 아들 우뽀는 아버지의 명을 받고 라카인에서 마하무니 불상을 옮겨왔다.

불상에 금박 붙이기

오랜 세월 동안 소원을
담은 금박을 붙여서 불상
의 외형은 많이 달라졌다.

에 태국, 베트남, 캄보디아, 인도네시아와 티벳, 중국, 한국, 일본이 있다. 미얀
마가 세계 불교의 중심에 있다는 자부심의 표현이다. 그리고 이것을 내려다 볼
수 있는 2층 테라스에는 세계 불교국가들의 불상과 사원, 불교유적 등을 모형
혹은 사진으로 전시하였다. 우리나라 3보 사찰인 통도사, 해인사, 송광사의 사
진이 있다.

사원의 북동쪽 안마당에는 마하무니 불상과 함께 라카인에서 가져온 캄보디
아 앙코르 왕국의 청동상들이 있다. 이들 유물은 참으로 먼 길을 돌아 이곳에
왔다. 태국의 아유타야 왕국이 1431년 캄보디아 앙코르 왕국을 공격하여 많은
유물을 약탈하였다. 그 후 미얀마의 따웅우 왕조의 버인나웅왕이 1564년에 아
유타야 왕국을 점령하고 전리품으로 이것을 수도 바고로 가져왔다. 1600년 라
카인의 왕 라자지가 바고를 침략하여 라카인의 먀욱우Myauku로 옮겨 갔던 것을

1784년 보도폐야왕이 이곳 아마라뿌라로 가져온 것이다. 남자상은 남신 드바라팔라상Dvarapala이다. 여신 데바타와 함께 사원이나 왕궁을 수호한다. 머리가 세 개 달린 코끼리는 힌두교에서 하늘의 신 인드라가 타고 다니는 아이라바타이다. 사자 세 마리 가운데 두 마리는 크기가 같은 것으로 보아 한 쌍으로 추정된다. 사자 역시 사원이나 왕궁 등을 지키는 수호신의 역할을 한다. 그런데 청동상의 가슴과 배, 무릎, 발 등 특정 부분이 반질반질하다. 청동상에서 자신이 아픈 곳과 같은 부위를 문지르면 낫는다는 전설 때문이다. 원래의 조성하게 된 뜻과는 전혀 상관없이 약탈자들은 자기 방식으로 해석한다. 이곳에는 이외에도 30여 개의 청동 조형물이 있었으나 미얀마 마지막 왕인 티보왕이 그것들을 녹여 만달레이궁을 방어하기 위한 포탄을 만들었다고 한다.

한편 앙코르 왕국 청동상 있는 건물의 왼쪽으로는 거대한 편종片鍾이, 오른쪽

불교 박물관 내부

박물관 내부 홀에 부처님께서 도리천에서 삼도보계를 통해 하강하시는 모습을 재현하였다.

으로는 무게가 5톤인 버마의 전통 징鉦이 있다. 거대한 편종은 가운데 유두처럼 솟아 있다. 사람들이 소원을 빌며 그 위를 만져서 반질거린다. 지름이 사람 키의 두 배가 넘는다. 편경은 아름다운 낫 여인 둘이 들고 있다. 아름다운 미얀마 여인의 모습에 더 정이 간다. 편경 가운데에는 토끼가 새겨져 있는데 이는 달을 상징한다.

서남쪽의 안마당에는 식당과 비석을 모아 둔 비림碑林이 있다. 그리고 남동쪽의 안마당에는 왕세자 우뽀의 동상이 있다. 전통적인 미얀마 장군 복장을 한 실물 크기의 우뽀 왕세자 동상은 유리관 안에 전시되어 있다. 우뽀 왕세자는 아버지 보도폐야 명령을 받들어 라카인을 점령하고 마하무니 불상을 이곳으로 옮겼다. 그러나 불행하게도 1808년에 병으로 급사함으로써 왕위에 오르지는 못하였다. 그의 아들 바지도가 조부 보도폐야왕의 뒤를 이었다.

앙코르 청동상
전쟁의 전리품으로 여러 나라를 거쳐 아마라뿌라로 왔다.

마하무니 사원은 언제나 갖가지 소원을 가지고 온 사람들로 붐빈다. 부처님의 몸에 붙여지는 금박만큼이나 무거운 책임감이 어깨를 짓누른다. 모든 근심을 두고 소원을 들어주리라는 희망을 안고 가는 그들은 오늘도 행복하다. 미얀마 사람들에게 부처님을 만나러 가는 것은 최고의 나들이이다.

편경(좌)
아름다운 낫 여인이 들고 있으며 편경에는 달을 상징하는 토끼가 새겨져 있다.

징(우)
거대한 징은 사람들이 소원을 빌며 만져서 반질거린다.

동자승

미얀마 사람들에게는 부처님을 만나러 가는 것이 최고의 나들이이다.

수도원으로 바뀐 황금궁전 **쉐난도 수도원**

Shwenandaw Kyaung

쉐난도는 '황금 궁전'이라는 뜻이다. 1880년 민돈왕의 아들 티보Thibaw왕이 만달레이 왕궁에 있던 민돈왕의 침전을 옮겨와 수도원을 만들었다. 민돈왕의 사후 미얀마의 마지막 왕 티보(1878~1885)는 이 건물을 현 위치로 이전하여 자신의 명상 장소로 사용했다. 그리고 얼마 후 승려들의 수행을 위한 수도원으로 기부했다. 내부에 남아 있는 황금빛은 이 건축물이 옛날 황금궁전이었음을 암시한다.

쉐난도 수도원은 미얀마 최고의 목조 건축물이다. 미얀마에서 불상을 모신 사원이나 탑은 벽돌로 건축한 반면 국왕이 사는 왕궁이나 승려들이 수행하는 수도원은 나무로 지어졌다. 나무로 지어진 목조 건축물은 화재로 소실되는 경우가 많았다. 특히 왕궁은 왕조가 바뀌거나 수도를 옮기게 되면 해체하여 새로운 왕궁을 건설하는 데 사용하였다. 쉐난도 수도원은 현 위치로 이전하여 2차 세계대전 말기에 만달레이 왕궁이 전소되었을 때 피해를 면할 수 있었다. 현재 남아 있는 유일한 왕궁 건축물이다.

쉐난도 수도원은 꼰바웅 왕조의 뛰어난 목조 예술의 진수를 보여준다. 만달레이로 수도를 옮겨 새로운 왕궁을 건설한 민돈왕은 자신의 침전을 당시 최고의 건축물로 지었다. 비와 습기를 막기 위해 검게 타르를 칠해 어두워 보이지만 이것이 오히려 더 장중하고 무게감을 준다. 안정적인 구조 위에 날카롭게 올라간 처마와 지붕장식의 화려함도 훌륭하지만 이 건물의 매력은 가까이 갈수록 더 강하게 다가온다. 난간과 벽, 기둥과 문 어느 한 곳도 여백없이 정교한 조각 장식으로 가득 차 있기 때문이다. 같은 공간에는 같은 조형이 반복되고

쉐난도 수도원 전경
쉐난도는 왕궁의 침전을 옮겨와 수도원을 만들었다.

전체적으로는 아주 다양한 조형들이 크기를 달리하며 배열되어 있다. 다양성과 통일성의 기막힌 조화이다.

쉐난도 수도원은 1층의 기단 위에 3층으로 건축한 전형적인 수도원이다. 1층 기단은 수상가옥처럼 100개의 나무 기둥으로 받치고 있다. 안쪽 기둥은 일반적인 원기둥을 연꽃 주춧돌 위에 세웠지만 바깥쪽의 기둥에는 네 발을 가진 용의 모습으로 문이나 기둥 등에 장식하면 악귀를 몰아낸다고 하는 토나야 장식을 하였다. 용이 아래로 내려오면서 고개를 들고 있는 모습이다. 동서남북에는 수도원으로 올라가는 계단이 있다. 넓은 남쪽과 북쪽에는 각각 두 개의 계단이 있다. 좁은 동쪽과 서쪽에는 각각 한 개의 계단을 만들었다. 그러나 계단이 건물에 비해 커서 오히려 목조 건축물을 압도하는 느낌이다.

쉐난도 수도원은 일반적인 수도원과 마찬가지로 동쪽 불당과 서쪽 강당의 구조이다. 국왕의 침전과 수도원은 그 구조가 동일하기 때문에 왕궁의 침전을 그대로 현 위치로 옮겨와 용도는 수도원으로 바뀌었지만 변형은 거의 없었다. 계단을 통해 수도원에 올라서면 건물은 동서 두 개의 방과 건물 전체를 한 바퀴 돌 수 있는 테라스로 되어 있다. 테라스는 기단부에서 올라 온 가장 바깥쪽 기둥을 높여서 그것에 기대어 난간을 만들었다. 넓은 난간의 판은 빈틈없이 화려하게 꽃 문양을 장식하였다.

불당과 강당에는 문이 많다. 문은 창문인 동시에 출입문이다. 불당인 동쪽 방은 동쪽 가운데 주 출입문이 있고 좌우로 세 개씩 여섯 개의 작은 문이 있다. 강당인 서쪽 방도 구조는 불당과 같다. 테라스에서 방으로 들어갈 수 있는 문은 남쪽과 북쪽에도 각각 12개씩 있다. 이렇게 많은 문들을 만든 것은 빛의 모습으로 세상에 오시는 신을 불당과 강당 가득히 받아들이기 위함이다. 문과 벽

불당 내부
내부에 남아 있는 황금빛은 이 건물이 옛날 황금 궁전이었음 암시한다.

에는 수많은 인물과 동물 그리고 신상들을 조각하여 붙여 놓았다. 다양한 모습의 미얀마 사람들, 원숭이와 말 등 불경에 등장하는 동물들, 그리고 국왕과 부처님을 수호하는 신 등이다. 햇살을 받아 살아 움직이는 듯한 이들은 모두 국왕의 통치를 받는 백성이며 부처님께서 구원해야 할 중생이다.

동쪽 불당에는 국왕이 앉았던 왕좌 위에 불상을 봉안하였다. 좌대를 둘러싸고 있는 기둥 아래쪽에는 부처님의 전생담을 투공의 기법으로 조각한 장식을 붙였다. 그리고 좌대 난간에는 화려한 푸른빛 유리병 모양을 장식하였다. 수미단 위에는 불상이 계시고 좌우에는 공양을 올리는 아라한이 있다. 서쪽 강당에도 작은 불상이 모셔져 있으며 구조는 불당과 거의 같다. 좌대 난간이나 기둥 장식들은 불당에 비해 단순하고 소박하다. 국왕 침전의 뒷방이었던 이곳은 승려들이 수업을 하는 강당이 되었다.

좌대 난간 조각
기둥 아래 부처님의 전생담을 투공 기법으로 조각한 장식을 붙였다.

문 조각 장식

문에는 수많은 인물과 동
물 그리고 신상을 조각하
여 붙여 놓았다.

벽 조각 장식

조각 장식이 햇살을 받아
살아 움직이는 듯한 역동
성을 보여준다.

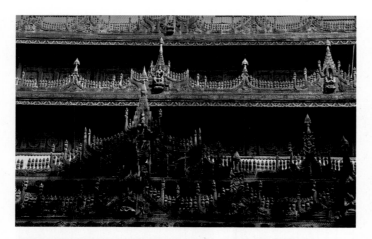

외부 장식

지붕 끝에는 인물상을 비롯한 화려한 장식들이 불꽃처럼 피어오른다.

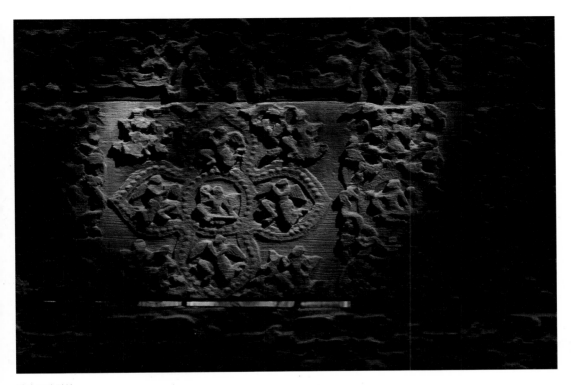

난간 표면 장식

난간의 표면을 빈틈없이 화려한 꽃문양으로 장식 하였다.

사원의 지붕은 3층이다. 내부는 천장까지 뚫려 있는 단층의 통구조이지만 외부는 3층으로 되어 있다. 1층은 이중 지붕의 형태이지만 2, 3층은 단일 지붕으로 끝에는 화려한 장식을 하였다. 추녀 끝은 물론 처마 끝에도 합장한 인물상들을 조각한 화려한 장식이 불꽃처럼 피어오른다. 벽면에는 칸을 나누고 그 속에 태양을 상징하는 공작새를 조각하였다. 미얀마 사람들은 자신들이 태양의 후손이라고 믿는데, 연꽃 속에 조각된 공작새는 태양의 상징이며 미얀마의 상징이다. 오늘도 미얀마 사람들은 쉐난도 수도원에서 태양처럼 빛나는 미래를 기원한다.

세계에서 가장 큰 불경 책 꾸토도 사원

Kuthodaw Paya

꾸토도 사원은 경전 결집을 통하여 완성한 불경을 가로 1m, 세로 1.2m 크기의 대리석판 729개에 새겨 둔 하나의 책이다. 대리석 판에 새겨진 불경을 책으로 만들면 400쪽으로 된 책 38권에 이른다. 그리고 여기에 기록된 불경을 한 사람이 하루에 8시간씩 읽는다면 이것을 다 읽는 데 450일이 소요된다고 한다. 책의 내용을 기준으로 하면 꾸토도 사원에 새겨진 분량보다 큰 책이 많지만 사원 자체를 하나의 책으로 보았을 경우에는 세계에서 가장 큰 책이 분명하다.

불교의 경전 결집은 5차에 걸쳐 이루어졌다. 부처님 열반 후 이루어진 경전 결집 가운데 1차부터 4차까지는 인도에서 이루어졌다. 제1차는 부처님께서 열반하신 후 6개월이 지난 다음 부처님의 제자 가섭존자의 주도로 마가다국 베하라산 칠엽굴에서 이루어졌다. 500명의 아라한이 모여 부처님의 가르침인 경장經藏은 아난존자, 불자가 지켜야 할 계율인 율장律藏은 우바리존자가 담당하였다. 제2차는 부처님 열반 후 110년이 지나 인도의 바이샬리에 700여 명의 아라한이 모여 태만한 비구들의 행실을 질책하고 계율을 정비하기 위하여 이루어졌다. 2차 경전 결집으로 불교교단은 보수적인 상좌부와 진보적인 대중부로 분열하였다. 제3차는 인도의 아쇼카왕이 파탈리푸트라에서 목갈라풋타 팃사를 중심으로 1,000명의 아라한이

탑 내부 비석
꾸토도 사원은 경전결집으로 만든 비석의 숲이다.

꾸토도 사원 전경

꾸토도 사원은 사원 자체
가 세계에서 가장 큰 책
이다.

모여 개최하였다. 이때 비로소 장로 비구들의 논서를 담은 논장論藏이 마련되어
경장, 율장, 논장이 완성되었다. 아쇼카왕은 경전 결집으로 이루어진 소승불교
를 불교 사절단 파견을 통해 외국에 전파하였다. 제4차는 인도 쿠산 왕조의 카
니시카왕(73~103)에 의해 카슈미르에서 경·율·논 3장에 능통한 500비구들을
모아 이루어졌다. 4차 경전 결집으로 대승불교의 기초가 마련되었다. 한편 소
승불교에서는 4차 경전 결집이 기원전 1세기경 스리랑카의 상좌부 교단에서
이루어졌다고 인식하고 있다.

　제5차는 미얀마 만달레이에서 민돈왕에 의해 경전을 돌에 새기는 석경石經의
형태로 이루어졌다. 민돈왕은 서양의 종교로부터 불교를 보호, 육성하고 국민
들의 문화적 자부심을 고취시키고자 불교 진흥에 적극적으로 힘썼다. 그는 새
로운 수도의 건설과 함께 많은 불교 사원들을 건설하면서 미얀마에 혼재해 있

는 여러 불경들을 정리할 계획을 세웠다. 민돈왕은 4차 경전 결집 이래로 패엽에 기록되어 있어 여러 차례 필사하면서 생긴 오류를 시정하고자 하였다. 결집된 경전은 금과 잉크, 철필로 필사하도록 하였다. 그는 전승되어 내려오는 다양한 불경을 종합 정리하여 버마의 진본 불경으로 지정하였으며, 1860년 10월부터 1868년 3월까지 7년 6개월에 걸쳐 이 불경을 대리석 판에 새겨 꾸토도 사원에 보존하도록 하였다. 그리고 1871년 4월 15일 만달레이에 2,400명의 비구 장로들을 모아 제5차 불교대회를 개최하여 결집된 경전을 150일간 독송誦함으로써 결집을 마무리하였다. 한편 제6차 경전결집은 상좌부 불교 연대기에 따라 부처님 서거 2500주기를 기념하여 1954년 5월부터 1956년 5월까지 양곤에서 3년에 걸쳐 진행되었다.

　　민돈왕은 경전 결집 내용을 영구적으로 보존하기 위해 대리석에 새겨 꾸토

중앙탑
꾸토도 사원은 만달레이의 중심 사원이며 중앙탑은 도시의 중심축 역할을 한다.

도 사원에 보관하였다. 5차 경전 결집으로 이루어진 성과는 처음에는 금판이나 은판에 기록하려고 하였으나 도난의 위험이 있었다. 그래서 만달레이산에서 생산되는 대리석 729판에 결집된 경전의 내용을 새겼다. 경장 410판, 율장 111판, 논장 208판이다.

꾸토도 사원은 중앙탑을 중심으로 비석을 모신 비림碑林이다. 부처님의 말씀은 곧 부처님이다. 부처님의 말씀을 새긴 비석 또한 부처님이다. 그래서 비석을 부처님 모시듯 729개의 하얀 탑을 만들고 그 속에 모시게 되었다. 비석을 모신 비각은 모두 흰색이며 탑의 형태로 되어 있다. 비각의 탑 모양은 사방에 문을 만든 정육면체 위에 종형의 탑을 세웠다. 모두 흰색이지만 티는 황금빛으로 빛난다. 꾸토도 사원은 비석의 숲이다.

꾸토도 사원은 만달레이의 중심 사원이다. 민군왕은 바간의 쉐지곤을 모방하여 꾸토도 사원의 중앙탑을 건설하였다. 쉐지곤 탑이 바간의 중심이듯이 꾸토도 중앙탑을 새롭게 건설한 수도 만달레이의 중심축으로 활용하고자 하였다. 비석을 모신 하얀 탑들과는 대조적인 황금빛의 중앙탑은 모서리의 마눅티하 장식과 외부로 오를 수 있는 계단과 테라스, 종 모양의 탑은 쉐지곤 그 자체라 할 수 있다.

꾸토도 사원은 중앙탑을 중심으로 동서남북으로 문이 만들어져 있고 주 출입문은 남문이다. 세 개씩의 붉은 일주문을 지나면 불상을 모신이 불당이 있고 불당 뒤에 중앙탑이 있다. 동서남북에는 네 개의 불당이 있는데 탑과 부처님을 모신 불당을 구분하여 탑 속에 부처님을 모시지 않고 별도를 건물을 지어 부처님을 봉안하였다. 북문으로 나가면 바로 만달레이 언덕을 만난다. 만달레이 언덕에 솟아 잇는 탑들도 꾸토도 사원의 일부가 된다.

거대한 대리석 불상이 봉안된 곳
짜욱도지 사원
Kyaukdawgyi Pato

짜욱도지 사원은 '돌부처 사원'이라는 뜻으로 사원에는 순백색의 대리석으로 만든 거대한 좌불상이 모셔져 있다. 이 불상은 1865년 사가잉 근처에서 채취한 대리석으로 조성한 불상으로 이곳에 안치하며 대대적인 행사를 벌였다. 높이 9m, 무게 8톤의 거대한 불상을 운반하기 위해 만 명의 인부가 13일 동안 수로와 육로를 이용하여 이곳까지 옮겼다.

민돈왕은 영국과의 전쟁에서 패배로 상처받은 미얀마의 자존심을 불교의 부흥으로 회복하고자 하였다. 왕이 즉위하던 1853년 만달레이 힐 남쪽에 짜욱도지 사원을 건설하기 시작하였다. 패배한 전쟁 당시의 수도였던 잉와와 아마라뿌라의 비극적인 기억을 지우기 위해 만달레이로 수도를 옮기고자 하는 의도에서 비롯된 것이다. 1857년 수도를 아마라뿌라에서 만달레이로 이전하고 1865년에는 거대한 대리석 불상을 안치하면서 사원의 완공을 위해 적극적인 지원을 아끼지 않았다. 그러나 불상을 안치한 다음 해에 그의 아들 민군 왕자가 일으킨 반란으로 왕세자 카나웅 왕자와 관료들이 암살되었다. 상심한 왕은 죽은 카나웅 왕자를 추모하기 위해 산다무니 사원의 건설을 서두르면서 이 사원의 공사는 중단되었다. 그 후 이 사원에 대한 관심이 줄어들어 1878년에야 사원이 완공되었다.

민군왕은 만달레이에 아난다 사원과 같은 미얀마를 대표하는 사원을 조성하고자 하는 의도를 가지고 사원 건설을 시작하였다. 사방불을 모시고 바깥 회랑을 만든 것은 동일하다. 그러나 벽면으로 외부와 차단한 아난다 사원과 달리 짜욱토지 사원은 기둥만으로 이루어진 개방형이다. 아난다 사원의 사방불은

짜욱도지 사원 불상

짜욱도지는 거대한 대리석 불상을 봉안한 곳이다.

모두 입상인 데 비해 짜욱도지 사원의 불상은 서쪽 불상을 제외하고는 모두 좌불상이다. 특히 아난다 사원은 나라의 최전성기에 만들어져서 당당하고 힘찬 기상을 느낄 수 있으나 짜욱도지 사원은 기울어져 가는 나라의 모습을 그대로 보여주고 있다.

이 사원은 녹색의 유리사원이다. 녹색의 유리로 벽면과 기둥을 온통 장식하였다. 유리를 장식한 것은 부처님께서 도리천에 올라가 어머니 마야부인에게 설법을 하고 다시 세상으로 내려오실 때 유리계단으로 내려오셨기 때문이다. 특히 만달레이를 중심으로 유리로 사원을 장식하는 것이 하나의 특성으로 자리잡고 있다. 반면 법당 안은 붉은색이다. 흰색 대리석 불상과 황금빛 광배가 선명하게 드러날 수 있도록 색의 조화를 이룬 것이다.

중앙탑은 고깔 모양의 흰 탑이다. 사각형의 사원 위에 건설된 중앙탑은 원형이 아니라 16각형이다. 단순함을 보완하기 위해 5단으로 금판 장식을 둘렀다. 이는 다른 사원에서 그 유래를 찾기 힘든 것으로 만달레이 양식과 바간 양식이 혼합된 것으로 생각된다. 법당 주위에는 작은 탑형 사당을 짓고 부처님의 제자를 모셨다. 각 면에 20명씩 전체 80명이다. 하늘을 향해 솟아 있는 중앙탑으로 상징되는 부처님을 향해 예불을 드리는 모습이다.

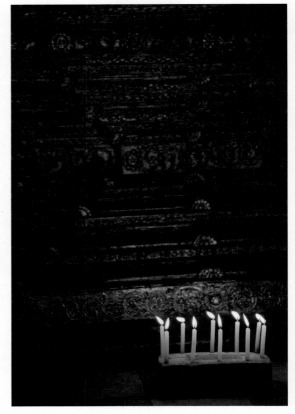

촛불
민돈왕은 바람 앞의 촛불 같은 국가의 운명을 불교를 통해 회복하고자 했다.

지붕과 하늘
고깔 모양의 중앙탑은 16각형 흰 탑이다.

꾸토도 사원의 복제품 산다무니 사원

Sandamuni Pato

산다무니 사원은 민돈왕이 동생 카나웅^{Kanaung} 왕자를 추모하기 위해 만든 것이다. 미얀마는 영국과의 2차 전쟁에서 패배하여 양곤을 포함하는 남부 미얀마를 잃었다. 이에 왕실에서는 바간왕을 중심으로 적극적으로 대항하자는 호전파와 더 이상 백성들의 희생을 늘려서는 안 된다는 협상파로 나뉘었다. 협상파는 바간왕의 동생들인 민돈왕자와 카나웅왕자였다. 결국 두 세력이 대립으

탑 속의 비석
1,774개의 비석에는 불교경전이 새겨져 있다.

산다무니 사원 전경
민돈왕은 피살된 카나웅
왕자를 추모하기 위하여
산다무니 사원을 건립하
였다.

로 각료 회의에서 바간왕을 폐위하고 민돈왕자를 새로운 왕으로 선출하였다.

민돈왕은 동생 카나웅왕자를 자신의 아들을 대신하여 후계자로 지명하였다. 카나웅은 용감한 군인이자 경험과 학식이 풍부한 학자였으며, 국제법에 능통한 법률가였다. 불교에 열중한 민돈왕과는 달리 실리주의자인 카나웅은 군 총사령관으로서 군사 장비의 근대화에 힘쓰며 군사조직을 발전시켰고 국가 산업화에 심혈을 기울인 능력 있는 왕세자였다. 이에 민돈왕의 아들이면서 카나웅왕자의 사위였던 뮌곤왕자는 반발하였다. 삼촌이 왕위 계승자로 지명 받은 것에 분한 그는 왕위를 노리고 1866년 각료회의실로 쳐들어가 카나웅왕자와 그곳에서 정무를 보던 각료들을 암살했다. 그리고 민돈왕까지 암살하려 했으나 실패하고 당시 영국 영토가 되어 있던 양곤으로 도망갔다. 자신을 대신하여 국가 발전과 근대화를 추진하던 동생이자 후계자를 잃은 민돈왕은 그를 추모하기 위해 그가 죽은 장소에 산다무니 사원을 건설하였다. 이곳은 만달레이의 왕궁이 건설되기 전인 1857년부터 1858년까지 민돈왕이 아마라뿌라에서 옮겨와 임시 왕궁으로 사용하기도 하였다.

산다무니 사원은 꾸토도 사원을 복제한 사원이다. 꾸토도 사원의 바로 옆 서쪽 방향에 있으며 모양도 유사하여 서로 혼돈하는 경우가 많다. 사원의 주 출입문은 꾸토도 사원이 있는 동쪽이며, 불당도 동쪽에만 있다. 불당 안에는 무게가 18,564kg이나 나가는 금박을 입힌 철불이 안치되어 있다. 이 불상은 1803년에 보도폐야왕이 민군에 안치하기 위하여 조성한 것이다. 그러나 수도가 이전하면서 수도를 따라 여러 곳을 떠돌다가 이곳에 정착하였다. 민군의 공사가 중단된 이후 1815년에 아마라뿌라의 북벽 부근 사원에 마하무니 불상과 함께 모셔졌다. 1823년에는 바지도왕이 수도를 잉와로 옮기면서 잉와로 갔다가 1838년 따야와디왕이 다시 수도를 아마라뿌라로 옮기면서 함께 왔다. 그리고 마침내 수도를 만달레이로 옮긴 민돈왕에 의해 1874년 만달레이에 있는 이곳 산다무니 사원에 안치되었다.

사원의 중앙탑은 불당 바로 뒤에 있다. 탑의 규모는 꾸토도 사원의 그것에 비해 훨씬 작다. 중앙탑이 있는 자리가 바로 민돈왕의 아들에게 카나웅이 피살된 곳이다. 중앙탑은 사원 내의 여러 구조물 가운데 가장 빠른 1868년에 완공되었다. 이곳에서는 카나웅의 후손들이 그를 추모하고 기리는 축제를 20세기까지 정기적으로 개최하였다.

중앙탑 주변의 작은 탑 속에 있는 비석은 불경을 새겨 둔 것이다. 1,774개에 달하는 대리석 비석에는 불교경전과 그에 대한 방대한 해설이 새겨져 있다. 이 석조 건물들은 사원이 완성된 이후인 1913년의 우칸티^{U Khanti}에 의해 건설되었다. 비석을 봉안하고 있는 탑은 꾸토도 사원은 종형인데 비해 이곳은 샨 양식의 원추형이다. 탑의 모양이나 탑을 숲처럼 모아 두는 것은 샨주에 있는 까꾸^{Kakku} 사원이나 인 데인^{In Dein} 유적을 모방한 것이다. 하얗게 빛나는 탑들 사이에 서 있으면 스스로 순백의 탑이 된 느낌이다.

사원의 탑들
산다무니 사원은 꾸토도 사원을 복제하였다.

미얀마 왕조의 마지막 수도

만달레이 성과 왕궁 *Mandalay Castle*

만달레이는 미얀마 왕조의 마지막 수도였다. 민돈왕은 영국과의 전쟁에서 패배한 당시 수도였던 잉와와 아마라뿌라의 비극적인 기억을 지우기 위해 만달레이로 수도를 옮기고자 하였다. 잉와는 1824년에서 1826년 걸친 제1차 영국과의 전쟁에서 패배한 수도였으며, 아마라뿌라는 1852년 제2차 영국과의 전쟁에서 패배한 당시의 수도였다.

만달레이는 만달레이 성을 중심으로 격자형으로 만들어진 계획도시이다. 민돈왕은 새로운 불교국가를 건설하여 패전으로 낙담한 국민들의 긍지를 높이겠다는 생각으로 만달레이 성을 중심으로 수도를 건설했다. 만달레이 언덕에서 석가모니 부처님께서 '2400년 뒤에 이곳에 위대한 도시가 설 것이다'라고 예언한 해인 1857년에 공사를 시작하여 1861년에 완공하였다. 민돈왕은 도시 공사를 하던 중 왕궁이 완성된 1858년 만달레이로 먼저 옮겨왔다. 그리고 이곳을 종교와 문화의 중심지로 만들고자 하였다. 바간의 쉐지곤 탑을 모방하여 꾸토도 사원의 중앙탑을 건설하고 아난다 사원을 모방하여 짜욱토지 사원을 건설하였다. 만달레이를 전성기의 바간과 같은 불교성지로 만들어 국민들의 긍지를 높이고 국가의 위기를 극복하고자 하였다.

만달레이 성은 수미산을 모방하여 건설되었다. 가로 세로 각 2km의 정사각형인 만달레이 성은 해자, 성벽, 왕궁의 3중 구조로 되어 있다. 해자는 수미산을 둘러싸고 있는 우주의 바다를 상징한다. 성벽의 주위에 파놓은 폭 70m, 깊이 3m인 해자는 현실에서는 적의 침입을 막기 위한 이중장치이다. 성벽은 수미산 주변의 산을 상징한다. 성벽은 높이 8m, 두께는 아래가 3m, 위는 1.5m

만달레이 성 전경
미얀마 왕조의 마지막 왕
성이다.

로 위로 갈수록 줄어드는 구조이다. 왕궁은 수미산이다. 수미산에 부처님이 살고 있듯이 왕궁에는 국왕이 산다. 국왕은 곧 부처님이라는 신왕사상이 지배하고 있기 때문이다.

　그러나 만달레이 성은 비극적인 미얀마 역사의 현장이 되었다. 외부의 침입을 막기 위해 철통같은 시설을 완비했지만 그리 오래가지 못했다. 1885년 11월 28일 영국군은 전쟁 11일 만에 만달레이 성을 점령하였다. 영국군 사령관은 띠보왕과 왕비에게 45분 내에 왕궁을 떠날 것을 명령하였다. 왕은 코끼리나 전용가마를 타고 왕궁을 떠날 수 있게 해달라고 요청했지만 거절당하였다. 두 마리의 들소가 끄는 우마차를 타고 왕궁에서 쫓겨난 왕은 인도에 유배되었다가 1916년에 죽었다. 그 후 왕궁이 있는 만달레이 성은 당시 인도 총독이던 듀퍼린Dufferin의 이름을 따 '듀퍼린 요새'로 명명하고 일본군이 점령할 때까지 영국군의 주둔지가 되었다.

2차 세계대전 때 일본이 동남아로 침략하면서 1942년에 만달레이 성을 점령하였다. 그리고 1945년 3월 20일 미얀마군의 지원을 받은 영국 군대와 일본군 사이의 전투로 왕궁에 화재가 발생하였다. 불길은 왕궁 내 모든 목조 건물을 불태웠다. 그 결과 거대한 성벽과 해자, 건물터, 돌로 만든 일부 건물만 남고, 아름답고 화려했던 건축물은 흔적조차 남지 않았다. 1948년 영국으로부터 독립한 미얀마는 1960년대에 국가가 안정되면서 왕궁을 하나씩 복구하기 시작하였다. 1970년대에 만달레이 시가 성을 재정비하고 왕궁을 대단위로 재건축함에 따라 지금은 복구가 완료되었다.

만달레이 성에는 각 방향마다 세 개씩 12개의 성문이 있다. 동쪽 성문이 정문이다. 각 면의 성문 앞에는 우리나라 옹성과 같은 외성이 있다. 적의 침입으

왕궁 전경
왕궁은 업무공간 정전, 생활공간 침전, 시중을 드는 보조공간으로 구분된다.

로부터 문을 지키기 위해서이다. 넓은 해자를 건너가기 위한 다리는 각 방향에 1개씩 전체 4개이다. 다리는 성문과 약간 오른쪽으로 비켜 있다. 문 위에는 층 층이 올라가는 사각형의 탑인 피아탓pyattat이 7층이고 문과 문 사이에 있는 초소 문루에는 피아탓이 5층이다. 현재 일반인의 출입은 동문을 이용한다.

왕궁은 만달레이 성 정중앙에 복원되었다. 1998년에 복원이 완료되었으며 원래 왕궁에는 114개의 건물이 있었으나 현재 89개의 건물이 복원되었다. 왕궁의 전체적인 모습은 띠보왕이 건설했다는 33m 높이의 전망대 위에서 확인할 수 있다. 난 민트 사웅Nan Myint Saung이라는 전망대에 나선형 계단을 통해 올라가면 성 내부와 도시가 한눈에 들어온다. 푸른 숲속에 붉은 지붕의 왕궁이 있다. 이 가운데 국왕이 사용하는 건물은 국왕의 상징인 황금빛으로 빛난다.

왕궁은 세 부분으로 구분된다. 전반부에는 정전을 비롯한 업무 공간이 있다.

띠보왕 부부상
미얀마 마지막 왕 띠보왕과 왕비의 밀랍인형은 초라해 보인다.

중반부는 국왕의 침전을 비롯한 생활공간이다. 후반부에는 왕비의 침전 및 왕실에 종사하던 궁녀들의 숙소가 배열되어 있다. 국왕이 접견실이며 통치의 중심인 정전의 지붕에는 78m 높이의 7층짜리 피아탓이 높이 솟아 있어 그 위엄을 높인다. 피아탓은 금으로 장식되어 있는데 이를 통해 하늘의 지혜가 왕에게 이어진다고 한다. 정전 안에는 높은 열주 사이로 왕좌가 있다. 그곳에는 콘바웅 왕조의 불운했던 마지막 왕 띠보와 악명 높았던 그의 왕비 수파야랏의 밀랍 인형이 안치되어 있다. 그런데 실물 크기의 인형이 왕좌에 비해 너무 초라해 보인다. 미얀마 왕조의 마지막 왕이기 때문이다. 양쪽에는 왕실 유물들이 전시되어 있고 왕좌의 뒷면 장식은 투공 형식으로 되어 있어서 뒷방에서 하는 이야기를 들을 수 있도록 되어 있다.

다음 건물은 승리의 방The Hall of Victory이다. 국왕이 일상적인 업무를 보는 편전이다. 그곳에는 민돈왕이 모셔져 있다. 왕성을 쌓고 왕궁을 건설해서 수도를 만달레이로 옮긴 왕이다. 띠보왕과는 달리 일반인들이 음식을 차려놓고 기원을 한다. 존경받는 왕이다. 침전은 3층 지붕으로 된 건물이다. 침전은 국왕이 일상적인 생활을 하는 동쪽 방과 잠을 자는 서쪽 방 두 곳으로 구성되어 있다. 수도원과 같은 구조이다. 동쪽 방에는 띠보왕 부부가 일상복을 입은 형상이 있다. 두 사람의 표정이 오늘도 같이 잠자리에 들 것 같지는 않다. 그 다음은 왕비의 방이다. 가장 서쪽 끝에는 왕궁 박물관이 있다. 초라하다. 불탄 왕궁 기둥과 띠보왕 유리침대와 왕실 의복 몇 가지가 전시되어 있다. 미얀마에 봄이 돌아와 박제화된 왕궁에 따사로운 사람들의 온기가 느껴지기를 기대한다.

만달레이 성 야경
수미산을 모방하여 건설된 만달레이 성은 해자, 성벽, 왕궁의 구조로 되어 있다.

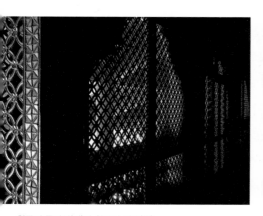

왕궁의 문장식(좌)과 왕궁의 건물(우)
미얀마는 1998년 만달레이 성 정중앙에 왕궁 복원을 완료하였다. 국왕이 사용하는 건물은 국왕을 상징하는 황금색으로 빛난다.

도시의 중심 만달레이 언덕

Mandalay Hill

만달레이 언덕은 풍수지리에서 말하는 만달레이의 안산案山이다. 도시 한가운데 솟아 있는 산은 그 도시의 중심이 된다. 서울의 남산이나 파리의 몽마르뜨 언덕, 북경의 경산이다. 만달레이 성 북쪽에 자리한 만달레이 언덕은 높이가 240m에 이른다. 이곳은 넓은 평지에 우뚝 솟아 있어 그곳에 오르면 만달레이 성을 포함한 도시의 전경, 좌우의 넓은 평야를 모두 조망할 수 있다.

이곳을 오르는 방법은 차를 이용하여 언덕을 올라가면 바로 정상 아래쪽에서 내린다. 그곳에서 다시 에스컬레이터를 타고 정상까지 올라가도록 되어 있다. 내려올 때는 그 옆에 있는 엘리베이터로 내려와 다시 차를 타고 돌아오게 된다. 계단을 이용해 걸어 올라가는 길은 남쪽 진입로 입구에 두 마리의 거대한 흰색 사자상이 지키고 있고 지붕이 덮여 있는 1,729개의 계단을 이용해 정상까지 올라간다.

걸어서 언덕으로 올라가는 길 중간쯤에 부처님의 진신사리를 모신 법당이 있다. 이곳에 모셔진 부처님 사리는 파키스탄 페사와르Peshawar에서 모셔왔기 때문에 '페사와르 사리'라고 부른다. 기원전 260년경 인도를 통일한 아쇼카왕은 8개의 부처님 사리탑을 열어 전국에 84,000개의 불탑을 건설하였다. 파키스탄 페사와르에도 부처님의 사리를 보내 불탑을 만들었다. 그 후 11세기가 되면서 페사와르 지역은 무슬림의 침입을 받아 국교는 이슬람으로 바뀌고 많은 불탑은 파괴되었다. 1908년 페사와르 박물관의 큐레이터가 유적을 발굴하다가 아쇼카왕이 보낸 진신사리 상자를 발견하였다. 그 안에는 세 개의 진신사리가 들어 있었다. 당시 파키스탄은 이슬람 국가였고 그곳을 식민 통치한 영국은

수타웅삐 사원 전경

만달레이 정상에는 소원을 빌어주는 탑이라는 뜻을 가진 수타웅삐 사원이 있다.

그것에 관심이 없었기에 때문에 진신사리는 미얀마 불교회에 선물로 보내졌다. 그리하여 만달레이 산 중턱에 법당을 건설하고 사리를 모시게 되었다. 현재 이곳이 우칸티U Khanti 수도원이다.

쉐야토Shweyattau 사원은 정상 부근에 있다. 남쪽을 향해 손을 쭉 뻗은 거대한 석가모니 부처님의 입불상이 모셔져 있다. 전설에 의하면 석가모니는 깨달음을 얻은 후 45년간 여러 곳을 다니며 중생의 교화에 힘썼는데 수제자 아난다를 대동하고 이곳 만달레이 언덕까지 오게 되었다. 이때 '달의 얼굴'이라는 뜻의 찬다무키Chandamukhi라는 여신이 부처님을 대접하였다. 보시를 받은 부처님은 그녀에게 그가 입적하고 2400년 뒤에 언덕의 남쪽에 위대한 도시가 생길 것이며 그녀는 그곳의 왕으로 다시 태어날 것이라 하였다. 민돈왕이 바로 그녀가 환생한 것이며 1857년이 2400년 되던 해라는 것이다. 부처님께서 만달레이 언덕에서 미래의 도시를 향하여 손을 뻗었다는 전설은 민돈왕이 수도를 아마라뿌라에서 만달레이로 옮기는 계기가 되었다.

민돈왕은 이를 기념하기 위해 만달레이 언덕에 2구의 거대한 목불상을 만들었다. 하나는 오른손을 들어 만달레이를 가르키는 모습의 석가모니 부처님이며 다른 하나는 그 아래에 무릎을 꿇고 있는 제자 아난다이다. 이 성스러운 장소가 완성된 것은 1860년 3월 22일이다. 그러나 1892년에 일어난 화재로 인해 모든 것이 불타버렸다. 새로운 부처상은 은둔 승려인 우칸티U Khanti에 의해 1909년에 완성되었다.

만달레이 언덕 정상에는 '소원을 이루어주는 탑'이라는 뜻의 수타웅뻬Su Taung Pyi 사원이 있다. 언덕 위에서 바라보는 멋진 경치들은 오가는 순례자들을 통해서 유명해지기 시작했다. 게다가 이곳에 오르면 장수할 수 있다는 말이 퍼지면서 더욱 유명해졌다. 수타웅뻬 사원은 푸른 유리로 장식된 십자형 사원으로 가운데 원뿔형 탑이 있다. 그리고 각 방향에 사방불을 모시고 있는데 특히 동쪽 법당에는 동으로 만든 우칸티의 등신상이 있다. 한편 사원에서 북쪽 방향의 문으로 나가 조금 내려가면 사원을 향해서 머리를 치켜든 두 마리의 코브라 조각상이 있다. 이것은 이전에 만달레이 언덕에 불사를 할 때 기부를 하였던 사람이 뱀으로 환생한 것이라고 한다. 이 두 마리의 뱀은 우칸티에 의해 만달레이 언덕에 불교 유적이 조성될 때 2년 동안 언덕에 머물며 불상을 조각하던 일꾼들을 즐겁게 해주었다고 한다. 사원의 건축이 끝나자 두 마리의 뱀은 깊은 구멍 속으로 사라졌다고 한다.

하늘을 향한 탑
만달레이 언덕은 주위를 조망할 수 있는 유일한 곳이다.

수타웅삐 사원 유리장식

사원의 벽과 기둥은 화려하고 정교한 유리 타일로 장식되었다.

만달레이 언덕은 일몰이 아름답다. 에야와디강으로 빠져 들어가듯 붉은 해가 내일을 준비하러 세상을 떠난다. 내일 분명 똑같은 해가 뜬다는 사실을 알면서도 윤회의 원칙을 자주 잊고 있거나 인정하지 않는다. 미래를 믿지 않는 것은 미래가 없다는 것이다. 미래를 믿는 자는 행복하다. 부처님은 이곳에서 2400년 뒤를 예언하지 않았는가?

만달레이 언덕 일몰
만달레이 언덕은 일몰을 감상할 수 있는 명소이다.

미얀마 최고의 불교도시 사가잉 언덕

Sagaing Hill

사가잉은 에야와디강의 중앙에 위치하여 고대부터 미얀마 남북을 연결하는 교역과 교통의 중심지였다. 미얀마 국내는 물론 국제적으로 중국과 태국 북부, 인도와 연결되는 국제적인 관문의 역할도 담당하였다. 특히 사가잉시의 북쪽에 있는 사가잉 언덕은 에야와디강의 흐름을 조망할 수 있는 곳으로 군사와 교통, 교역의 통제 관측소 역할을 하였다. 사가잉을 비롯하여 주변에 있는 잉와, 아마라뿌라, 만달레이 등에 미얀마 중부를 중심으로 발전한 왕국의 수도가 들어설 수 있었던 것은 바로 에야와디 강가에 사가잉 언덕이 있었기 때문이다.

사가잉은 사가잉 왕국의 수도였다. 바간 왕조를 멸망시킨 몽골족이 1310년경 퇴각하자 샨족을 거느렸던 티하투는 1312년에 삔야Pinya를 수도로 정하고 새로운 왕국을 건설했다. 티하투는 샨족과 버마족의 융합과 왕위 정통성을 위해 바간왕의 왕비를 자신의 왕비로 삼고, 그녀의 아들을 후계자로 세웠다. 그러자 샨족의 왕비에게 태어난 장남 소윤이 이에 반발하여 1315년에 에야와디 강 건너편 사가잉에 샨족 중심의 또 다른 왕국을 건설했다. 이후 샨족 간의 대립은 격심하였다. 그러나 또 다른 샨족인 모샨족의 따도민뱌Thadawminbya 왕이 1364년 잉와 왕조를 수립하여 사가잉을 공략함으로써 사가잉의 왕국은 50년만에 멸망하고 말았다. 그 후 사가잉은 1760년에서 1764년 사이에 잠시 수도로 사용되기도 하였으나 왕국의 수도로서의 역할은 적었다. 그러나 그 덕에 왕국의 수도였던 잉와나 아마라뿌라와 같이 왕도의 이전과 함께 파괴와 이주로 도시가 완전히 황폐화되는 것을 피할 수 있었다.

사가잉은 종교적인 도시로 발전하였다. 사가잉 왕국이 멸망하고 왕도가 잉

와로 넘어가면서 사가잉은 주변 도시로 전락했다. 그러나 인접한 잉와와 아마
라뿌라, 만달레이가 왕국의 수도로 발전할 때 많은 불교 사원과 수도원이 건설
되어 오히려 종교적인 도시로 번성하였다. 즉 잉와로 수도를 옮긴 잉와 왕조의
14세기부터 만달레이로 수도를 이전하였던 꼰바웅 왕조의 19세기 중엽까지
사가잉은 미얀마 불교의 중심지였다. 이같은 전통이 이어져서 현재에도 수많
은 수도원과 사원이 있으며 또한 불교 물품과 관련된 은세공 기술이 가장 뛰어
난 곳이다.

　사가잉 언덕은 미얀마 불교의 최고 성지이다. 우주의 바다에 둘러싸인 수미
산처럼 에야와디강이 감아도는 곳에 우뚝 솟아 있다. 작은 산에 불과하지만
600여 개의 수도원과 사원, 탑들이 산재해 있고 예불 소리가 끊임없이 이어지
고 있다. 산 전체를 부처님의 세상, 불국토로 만들고자 했던 신라인의 소망이

담겨 있는 경주 남산을 연상시킨다.

　사가잉 언덕에는 많은 사원과 수도원이 있고 이들을 연결시켜 주는 좁은 길이 거미줄처럼 나 있다. 미얀마 사람들도 인도처럼 인생을 네 시기로 구분한다. 퇴직 후에는 다음 생을 위해 수행을 한다. 바로 사가잉 언덕이 수행의 중심지이다. 인도사람들이 힌두교 성지 갠지스강을 방문하듯이 이곳 사람들은 사가잉 언덕에 있는 수도원에서 수행을 한다. 그리고 오갈 데 없는 무의탁 노인들도 이곳에 온다. 노후 생활과 다음 생을 위한 수행을 동시에 진행하는 것이다. 보시를 통해 수도원을 운영하면서 국가가 해야 할 복지사업을 수행하는 미얀마 불교의 모습은 바로 미래 종교가 나아가야 할 방향을 제시하는 것이다.

　사가잉 언덕에 있는 수많은 사원 가운데 순우 폰야신 사원, 우민 토운제 사원, 틸로카구루 사원 등이 대표적인 사원이다. 최근에 띠타구 사야도 큰스님에 의해 건립된 국제불교대학이 유명하다. 특히 큰스님은 서방에서 찾아오는 많은 의사들의 자원봉사를 통해 무료 진료를 실시하고 사가잉 언덕에서 생활하는 데 가장 큰 걸림돌이었던 물 공급 문제를 해결해 주었다. 목마른 중생에게 감로수를 내린 관세음보살과 같은 분이시다.

　순우 폰야신 사원은 사가잉 언덕 가운데 가장 높은 곳에 자리하고 있다. 사가잉 언덕에는 30여 개의 작은 산이 있다. 이 가운데 가장 높은 산이

사가잉 언덕 전망
사가잉 언덕은 미얀마 불교의 최고 성지이다.

에야와디강
사가잉 언덕은 에야와디
강이 감아 도는 곳에 우
뚝 솟아 있다.

바로 나바따웅이다. 나바따웅은 가장 전망 좋은 곳으로 사가잉 언덕에 자리 잡
은 수많은 사원과 탑, 에야와디강과 건너편의 잉와, 아마라뿌라 등을 조망할
수 있는 곳으로 유명하다. 이 언덕에는 유럽의 성과 같은 사원과 하늘을 향해
높이 솟아 있는 원추형 탑에 이르기까지 다양한 형태의 사원이 자리잡고 있다.
다른 산들은 바로 순우 폰야신 사원이 있는 나바따웅을 호위하는 듯하다. 그리
고 이들 산에 있는 사원들을 서로 연결하는 길은 계단으로 이루어져 있으며 모
두 함석 지붕을 덮었다. 우기를 대비하기도 하지만 가장 중요한 것은 열대지방
의 따가운 햇살을 막기 위함이다. 참배객을 위한 배려가 세심하다. 그리고 요
즘은 자동차가 다닐 수 있도록 미로같은 오솔길이 거미줄처럼 연결되어 있다.
　　순우 폰야신 사원은 녹색의 법당과 앞쪽에 있는 황금빛의 많은 탑들, 그리
고 법당 뒤쪽의 29m 높이의 마름모꼴 탑이 인상적이다. 사가잉이 샨족의 중심

지였던 1312년에 건설된 이 사원은 그 후로 여러 차례 개보수를 거쳐 오늘날 사가잉 언덕을 대표하는 사원이 되었다. 순우 폰야신 사원의 이름 가운데 순우는 부처님께 가장 먼저 공양을 올리는 사람을 말한다. 사원에서는 새벽 5시에 부처님께 공양을 올리는데 새벽 5시에 오면 항상 먼저 공양이 바쳐져 있었다. 첫 번째 공양자의 자리를 차지했다는 사람은 아무도 모른다. 이같은 신비로운 이야기는 사원을 유명한 사원으로 탈바꿈시켰다.

순우 폰야신 사원
불상과 토끼상

부처님께서 전생에 토끼로
태어나 이곳에서 살았다.

사원 안에는 중앙에 거대 불상이 있다. 창문을 통해 많은 햇살들이 들어오기 때문에 부처님의 미소가 더욱 자비롭게 느껴진다. 벽과 기둥을 유리로 장식하여 법당 안은 더욱 밝다. 입구에 다른 사원과 달리 개구리상과 토끼상을 모시고 있는 것이 독특하다. 개구리는 이 산의 모양이 개구리 형상을 하고 있기 때문이다. 그래서 산의 이름도 개구리산, 즉 나바따웅이다. 토끼상은 부처님께서 전생에 토끼로 태어났을 때 바로 이곳에서 살았기 때문이다.

우민 토운제 사원은 순우 폰야신 사원의 북쪽 언덕에 있다. 우민 토운제는 30개의 동굴이라는 의미이다. 부처님께서는 전생에 보시 10가지, 계율 10가지, 수행 10가지 등 합해서 30가지의 공덕으로 부처가 될 수 있었다. 석굴사원처럼 사원을 조성하고 이를 상징하여 30개의 입구를 만들었다.

사원의 외관은 흰색과 녹색으로 꾸며 어색한 면이 있지만 내부의 청록빛 유리 모자이크 장식은 신비로운 느낌을 준다. 유리 모자이크 장식 앞에는 45개의 좌불상이 정면을 향해 반달 형태로 배열되어 있다. 부처님께서 35세에 득도하신 후 80세에 열반하실 때까지 45년을 설법하시면서 중생을 교화하신 것을 기

넘하기 위하여 45개의 불상을 조성하였다.

우민 토운제는 언덕에 기대어 계단식으로 지어진 사원이다. 법당을 나와 계단을 타고 올라가면 위에 또 다른 법당이 있다. 그리고 가장 높은 꼭대기에는 사각뿔 모양의 탑을 만들었다. 이곳에서 바라보는 전망 역시 순우 폰야신의 전망 못지 않다. 남쪽에는 개구리산이 보이고 북쪽 사가잉 시내 쪽에는 둥근 반구형의 까웅무도 사원이 보인다. 수많은 탑들은 저녁 햇살을 받아 황금색으로 빛난다. 사가잉 언덕을 감아도는 에야와디강은 하늘에서 내려와 사가잉으로 흐르는 듯하다.

우민 토운제 사원 전경과 내부 불상

우민 토운제는 30개의 동굴이라는 뜻이다. 45개의 좌불상은 득도하신 후 열반하실 때까지 중생을 교화한 기간 45년을 상징한다.

황금빛 반구형 탑 까웅무도 사원

Kaunghmudaw Paya

까웅무도 사원은 상부 미얀마에서 가장 숭배받는 사원이다. 사가잉 언덕 뒤쪽 평원에 그림처럼 펼쳐진 이 사원은 종형이나 첨탑식 사원들과 달리 황금빛 반구형 탑이며 스리랑카에서 가져온 부처님의 치아사리와 바루가 모셔져 있다. 공식적인 명칭은 '보석왕관'이란 뜻의 라자마니쿨라Rajamanicula였으나 '위대한 업적'이란 뜻의 까웅무도라는 이름으로 더욱 알려졌다.

이 사원은 따웅우 왕조의 따룬Tharun왕에 의해 시작하여 그의 아들 핀달Pindale 왕 때 완성되었다. 당시 서양제국들의 공격이 빈번하고 몬족들이 반란을 일으키자 따룬왕은 1636년 수도를 바고에서 잉와로 이전하여 불교진흥의 열렬한 후원자였던 그는 잉와 주변에 많은 사원을 건설하였다. 그 가운데 가장 심혈을 기울여 건설한 사원이 까웅무도 사원이다. 이곳에 버인나웅왕이 스리랑카로부터 가져온 부처님의 치아사리와 바리를 모시려 했기 때문이다. 그러나 완공을 앞둔 1648년에 따룬왕은 숨지고 그의 아들 핀달왕이 상륜부 우산모양 장식인 티를 올리면서 1649년에 완성하였다. 핀달왕도 까웅무도 사원의 건설을 독려하기 위해 자주 잉와에서 사가잉으로 행차하였다. 핀달왕의 지나친 행차와 사원에 대한 기부로 동생에게 반감을 사서 결국 20년 뒤인 1661년 왕위를 찬탈당하는 빌미가 되었다.

까웅무도 사원의 탑은 높이 46m, 둘레 274m에 이른다. 탑을 쌓아 올리는 데 총 10,126,552개의 벽돌이 사용되었으며, 벽돌 사이사이를 메우는 데에 사용된 적토의 양은 650,385바구니나 되었다. 또한 금속 첨탑을 제작하는 과정에서 설치된 비계 제작에 왕실에서 직접 명령을 내려 1,000그루의 나무와 대

까웅무도 사원 전경
까웅무도 사원은 황금빛
반구형 탑이다.

나무 1만 뭉치가 사용되었다고 한다. 꼭대기의 티는 점점 좁아지는 5개의 링을
겹쳐 만들어졌는데 제일 아래쪽의 지름은 4.11미터나 된다. 이 부분의 금박에
사용된 금의 양은 248kg이나 된다. 1649년 4월 8일에 이 지붕장식은 사원 꼭
대기에 장식되었는데 이 장식 부분은 여러 번 교체되었다.

까웅무도 사원에는 스리랑카에서 가져온 부처님의 치아사리와 바루를 모시
고 있다. 소승불교가 융성했던 스리랑카는 16세기 중반에 접어들면서 왕국의
분열과 포르투갈인의 침입으로 어수선한 상황에 처해 있었다. 당시 스리랑카
는 코테Kotte, 캔디Candy, 자프나Jaffna 왕국으로 분열되었고 포르투갈인들은 코
테에서 멀지 않은 곳에 콜롬보 항을 건설하였다. 포르투갈은 분열된 코테 왕국
에 영향을 미쳤으며 그곳의 젊은 왕을 천주교로 개종시켰다. 고대 도시 코테에
는 석가모니의 치아사리와 바리가 보관된 '치사리 사원'이 있었다. 코테 왕국에

서 분리된 캔디와 자프나가 연합해 코테 왕국으로 쳐들어가 콜롬보를 포위했다. 코테의 왕은 미얀마의 버인나웅왕에게 원군을 요청했고 그는 자신의 정예 부대를 파견해 그들을 물리쳤다. 코테의 왕은 감사의 표시로 석가모니의 치아사리와 바리를 버인나웅왕에게 선물로 보냈다. 왕은 이미 천주교로 개종을 하였기 때문에 성유물은 불교를 수호하는 사람의 보호하에 있어야 한다고 생각했기 때문이다. 버인나웅왕은 이 귀한 성유물들을 수도 바고에 건설하고 있던 마하제디에 안치했다.

버인나웅의 사후 왕실이 분열되면서 수도의 남쪽 지방에서 반란이 일어났다. 남쪽의 몬족과 서쪽의 라카인족의 침공으로 바고의 왕궁은 약탈되어 폐허로 변했다. 바고를 다시 수복한 아나욱페룬왕(1605~1628)은 수도와 함께 이 성유물들을 따웅구로 이전했다. 그리고 그의 동생이자 후계자인 타룬왕

사원 입구
까웅무도 사원에는 스리랑카에서 가져온 부처님의 치아사리와 바루를 모시고 있다.

(1629~1648)은 수도를 북쪽에 있는 잉와로 옮기면서 성유물들을 영원히 안치할 까웅무도 사원을 건설하였다.

복발형 탑의 전통은 스리랑카에서 미얀마로 온 것이다. 따룬왕은 스리랑카에 사신을 보내 아누라타뿌라Anuradhapura에 있는 거대한 사원의 설계도를 얻어 그것을 모델로 삼아 까웅무도 사원을 건설하였다. 모델이 된 것은 투파욘Thupayon 사원으로 인도 아쇼카왕 시대에 불교로 개종하여 스리랑카의 전설적인 왕이 된 데바남피야티샤Devanampiyatissa에 의해 건설된 것이다. 결국 인도 아쇼카왕에 의해 건설된 산치대 탑의 전통을 이어받은 스리랑카 투파욘 탑이 미얀마의 까웅무도 사원으로 계승된 것이다.

까웅무도 사원은 812개의 원형 기둥으로 둘러싸여 있다. 원형 기둥은 불을 켜는 램프의 형태로 탑에 불을 밝히고 있는 형상이다. 이같은 형태는 인도의 산치대 탑과 15세기에 건설된 양곤의 쉐다곤 탑에서도 볼 수 있다. 탑의 기단부에는 120개의 감실이 있고 안에는 탑을 수호하는 낫들이 모셔져 있다. 낫은 오른손에는 꽃무늬의 장식품을, 왼손에는 길이가 짧은 칼을 들고 있다. 예불을 드릴 수 있는 법당은 동서남북에 각각 한 개씩 총 네 개이며, 석가모니를 포함한 과거 4불이 모셔져 있다. 본당은 남쪽이다.

본당 안쪽으로 진입하는 통로는 유리 모자이크로 장식되어 있다. 은은하면서도 신비롭고 고귀한 느낌을 준다. 만달레이 지역에서 유리 장식이 하나의 양식으로 자리잡게 된 것은 도리천에 올랐던

사원 내부 연도
본당 안쪽으로 진입하는 통로는 유리모자이크로 장식되어 있다.

부처님께서 상카시아로 다시 내려오실 때 유리 계단으로 내려오신 것에서 유래한다. 한편 본당 불상의 광배는 네온사인으로 화려하게 꾸며 놓았으며 양쪽 유리상자 속에는 샨족의 불상들을 주불을 호위하듯 진열하였다. 갸름한 얼굴에 이목구비가 뚜렷하고 복장은 단순하며 보관과 머리가 유난히 높이 올라가 있다.

까웅무도 사원의 탑은 순백색이었으나 2012년 초에 황금색으로 바꿨다. 따가운 햇살을 받아서 눈을 뜰 수가 없을 정도의 순백함은 화려하고 고귀함으로 바뀌었다. 흰색을 황금색으로 바꾼 것은 부처님은 다른 사람들과는 달리 몸이 금색이었다고 불경에 기록되어 있다. 따라서 불상을 금색으로 칠하듯이 불탑도 금색으로 하는 것이 당연하다. 그러나 까웅무도 사원의 상징처럼 되어 있던 눈부신 순백색의 탑이 황금색으로 바뀐 것에 대한 아쉬움이 남지 않을 수는 없다. 대신 입구에 있는 사자는 노란색에서 하얀색으로 옷을 갈아입었다.

탑의 기단부
120개에 달하는 기단부 감실에는 불상과 사원을 수호하는 낫상이 모셔져 있다.

기단부 감실 불상(좌)
탑 상륜부(우)

　　까웅무도 사원에는 사원을 창건한 따룬왕의 기념물이 남아 있다. 사원의 완
공과 함께 1650년에 건립한 따룬왕의 비석이 사원의 경내 동북쪽에 있다. 하
얀 비각 속에 있는 높이가 2.5m의 비석은 꼭대기에 보리수 나뭇잎 장식이 있
고 비면에는 86줄의 글이 새겨져 있다. 비문에는 따룬왕의 업적과 함께 치앙마
이까지 확대되었던 따룬왕 당시의 영역이 새겨져 있다. 사원 입구에는 초소같
은 형태의 유리집 속에 따룬왕의 입상立像이 모셔져 있다. 따룬왕이 이곳에 안
치한 성유물을 들고 있는 듯한 형상이다. 온통 먼지를 덮어쓴 채 서 있는 따룬
왕의 모습은 왕으로서 누릴 수 있었던 온갖 부귀영화와 권력의 허망함을 보여
주고 있다.

400년 패권의 역사 잉와 왕궁

Inwa

잉와는 샨족 출신 따도민뱌가 잉와를 도읍으로 하는 새로운 왕
국을 건설하면서 역사에 등장하였다. 이후 잉와는 미얀마의 다
른 어떤 도시보다 오래된 약 400년 동안 미얀마의 패권을 장악
한 왕국의 수도였다.

잉와 왕조(1364~1555)는 따도민뱌에 의해 1364년에 건설되
었다. 바간 왕조를 정복했던 몽골이 1310년을 전후하여 미얀
마에서 완전히 물러나면서 중북부에는 샨족에 의한 잉와 왕조
가 건국되었다. 따도민뱌는 스스로 자신이 바간 왕조를 계승
한 왕이라고 주장하면서 잉와를 도읍으로 샨족뿐만 아니라 버
마족, 몬족을 하나로 묶는 단일국가를 건설하고자 하였다. 그
리고 민찌소와Minkyisowa는 많은 전쟁을 치르면서 잉와 왕조를
안정화시키는 데 노력하였다. 잉와 왕조의 농업 거점인 짜욱
세에 둑을 쌓고 메익틸라Meiktila 호수의 제방을 개선하는 등 많
은 수리시설을 개선하고 땅을 개간하여 농경지를 다수 확보하
였다.

따웅우 왕조(1280~1752)는 1636년에 잉와로 수도를 이전하
였다. 따웅우 왕조는 잉와 왕조와 바고 왕조가 대립하여 양쪽이
약화된 틈을 타서 내륙 지방 따웅우를 중심으로 일어나 미얀마
에서 두 번째 통일 왕조를 이루었다. 미얀마 재통일을 완성하여
명실상부한 제국을 형성한 버인나웅왕은 수도를 따웅우에서 남

부 바고로 옮겼다. 황금 궁전인 깐보자타디^{Kanbawzathadi} 왕궁을 건설하고 유럽과의 교역으로 번영을 구가하였다. 그러나 버인나웅이 죽은 후 아들 난다버인이 즉위하면서 따웅우 왕조는 급격히 쇠퇴하였다. 남부 미얀마에서는 몬족들이 반란을 일으켰고 강성해진 라카인은 수도 바고를 철저하게 파괴하였다. 더욱이 서방 제국주의 국가들이 미얀마를 포함한 동남아 공략에 나섬으로써 따

웅우 왕조는 더욱 위기에 처하게 되었다. 따룬왕은 1636년 수도를 북부 잉와로 이전하였다. 제국주의 국가들의 공략에 노출되어 있는 항구도시에서 수도를 이전함으로써 동남아로 진출하는 서방 제국주의 세력들 간의 갈등에서 벗어나고자 하였다. 그리고 미얀마 남부 지역에서 일어난 몬족의 반란으로부터 왕실을 보호하기 위한 조치였다.

꼰바웅 왕조(1752~1885)는 1765년에 잉와를 수도로 삼았다. 알라웅폐야왕이 버마족들의 신망을 바탕으로 쉐보를 수도로 하여 꼰바웅 왕조를 세웠다. 신뷰신왕은 수도를 쉐보에서 잉와로 옮기고 태국의 아유타야를 정복하였다. 아유타야를 정벌하고 포로로 데려온 예술가 장인, 의사, 학자, 시인 등에 힘입어 미얀마는 '미얀마 르네상스'라고 일컬을 정도로 문학과 예술의 번성기를 맞이하였다. 신뷰신 이후 왕위를 차지하기 위한 골육상쟁이 일어났다. 왕위는 넷째

밋응에강 나루터
잉와로 갈려면 배를 타고 밋응에강을 건너야 한다.

잉와 지역 사원

평범한 농촌마을로 변한 잉와에는 곳곳에 사원의 흔적이 남아 있다.

아들 보도폐야왕에게 넘어갔다. 그는 자신들의 정적을 제거한 뒤 왕권 강화를 위해 현재 만달레이 아래에 있는 아마라뿌라로 왕실을 옮겨 새로운 수도로 삼았다. 다음 왕인 바지도는 수도를 전쟁의 이미지를 가진 아마라뿌라에서 다시 잉와로 옮겼다. 그러나 1841년에 타라와디왕이 다시 수도를 아마라뿌라로 이전하면서 잉와의 미얀마 왕국 수도 역할은 끝이 났다.

잉와가 오랜 세월 동안 미얀마 여러 왕국의 도읍이 될 수 있었던 것은 천혜의 자연적인 요새였기 때문이다. 북서쪽으로는 에야와디강이, 남동쪽으로는 밋응에Myitnge강이 감싸고 있어 위치적으로 미얀마의 중앙에 위치해 육군은 물론 에야와디강을 따라 진격하는 수군까지 방어할 수 있었으며 동쪽으로는 샨족을 견제할 수 있는 군사적 요충지였다. 남쪽으로는 비옥한 평야가 펼쳐지는 짜욱세 지역으로 식량 확보에 유리한 위치였다.

마하 아웅메 본잔 수도원에서 본 사가잉 언덕
문 사이로 에야와디강 너머 사가잉 언덕이 보인다.

잉와의 옛 지명은 '보석의 도시'라는 의미의 팔리어로 라트나푸라Ratnapura였다. 잉와라는 지명은 샨족 언어로 '호수의 입구'라는 뜻으로 샨족들이 사가잉을 정복하고 수도를 이곳으로 옮기면서 붙인 이름이다. 19세기에 영국인들은 이곳을 아와Ava로 기록했다.

만달레이에서 아마라뿌라를 거쳐 잉와로 가는 길은 숲 터널이다. 오른쪽으로는 에야와디강이 흐르고 왼쪽은 타웅타만Thaunhthaman 호수이다. 그 사이로 둑길을 만들어 기차와 자동차가 다닌다. 잉와에 가까워지면 길은 좁아지지만 경치는 훨씬 뛰어나다. 좁은 길가에 수백 년 된 나무들이 어우러져 숲의 터널을 이룬다. 숲 터널이 끝나면 잉와로 가기 위한 배를 타는 나루터이다.

잉와로 들어가기 위해서 에야와디강의 지류인 밋응에Myitnge강을 건너야 한다. 강폭이 좁아 단시간에 강을 건널 수 있다. 일반 관광객이 내리는 잉와 나루터에는 마차가 기다린다. 점심 식사를 할 관광객은 이보다 100m 정도 위쪽에 있는 식당에 내려준다. 아베마리아Ave Maria, 망고나무 숲속에 만들어진 노천식당이다. 망고는 부처님께서 가장 즐겨 드셨던 과일이다. 이곳에서는 음식뿐만 아니라 인심과 경치도 함께 먹는다. 식사를 마치고 시원한 대나무 의자에 앉아 더위를 식히고 있으면 망고나무 숲이 따가운 햇살을 가려준다. 망중한을 누릴 수 있다면 그곳이 바로 극락이다. 식사가 끝나면 식당에서 마차를 불러준다. 잉와 유적은 마차를 타고 둘러보도록 되어 있다.

현재의 잉와는 평범한 농촌마을로 변했다. 미얀마에서는 역사적으로 여러 지역에서 많은 왕국들이 흥성했지만 오늘날까지 왕궁이 남아 있는 곳은 없다. 과거 왕궁들이 남아 있지 않은 것은 한 세력이 권력을 장악하면 경쟁국의 왕궁과 수도를 초토화시키고 주민을 이주시켰기 때문이다. 그리고 수도를 이전할 때는 기존 왕궁을 해체하여 그 목재로 새로운 왕궁을 건설하였다. 따라서 왕궁이라 불리던 곳에는 벽돌 구조물인 성벽이나 망루 등의 유적만이 일부 남아 있을 뿐이다. 미얀마 패권의 중심지로 400여 년 동안 여러 왕조의 왕궁이 있었던 잉와도 예외는 아니었다.

잉와는 보도폐야왕에 의해 철저하게 파괴되었다. 그는 1783년 왕궁의 모든 건물과 잉와의 전 주민을 새로운 수도 아마라뿌라로 이전하였다. 특히 피비린내 나는 암투를 통해서 왕위를 쟁취한 보도폐야왕은 잉와를 기반으로 하고 있던 반대세력을 제거하고 왕권을 강화하기 위해 더욱 철저하게 폐허로 만들었다. 그리고 아마라뿌라에서 선대 왕들의 위엄에 못지 않는 업적을 이루기 위해 라카인을 비롯한 많은 주변국들과 침략 전쟁을 벌였다. 그의 후계자인 바지도가 전쟁의 이미지를 벗어나기 위해 아마라뿌라에서 다시 잉와로 수도를 옮겨 재건을 시도하였다. 그러나 1841년에 타라와디왕이 다시 수도를 아마라뿌라로 이전하면서 잉와에서는 화려했던 과거의 흔적을 찾아볼 수 없게 되었다.

현재 잉와에는 1823년에 바지도왕이 건설한 왕궁의 성벽 일부와 난민 망루만 남아 있다. 난민 망루는 27m 높이의 2층 구조로 되어 있는데 2층까지는 외부 계단을 통해서, 2층에서 옥상까지는 내부 계단을 통해서 올라갈 수 있다. 옥상 윗부분은 목재로 간결하면서도 화려함이 엿보이는 사각뿔 형태의 탑, 피야탓을 만들었다. 옥상에 올라가면 잉와 지역 일대와 북쪽에 있는 에야와디강과 강 건너 까웅무도 탑을 비롯한 많은 사원이 운집해 있는 사가잉 언덕을 조망할 수 있다.

그러나 최근 난민 망루는 지진으로 기울어져 출입이 통제되었다. 이 망루는 1838년의 지진으로 말미암아 피사의 사탑처럼 약간 기울어져 있다. 최근 지진이 일어나면서 더욱 기울어져 사람들의 출입이 금지되었다. 그곳에 사람이 올라갈 수 없으니 이제 망루는 더 이상 망루가 아니다. 주변에는 지진으로 무너진 벽돌 더미가 산재해 있다. 그 사이로 풀이 자라고 인간의 역사에는 아무런 관심도 없는 듯 소들은 먹이를 먹는 데 열중한다.

최근 잉와 왕궁 복원을 시작하였다. 1차적으로 성벽과 성문을 복원을 하였다. 만달레이 왕궁성과 거의 같은 모양이다. 성벽조차 일부만 진행되었기 때문에 완성된 잉와 왕궁의 성과 왕궁의 모습을 볼 수 있는 시기는 기약이 없다.

잉와성 망루

왕성의 유일한 흔적인 난민 망루는 지진으로 기울어져 출입이 통제되고 있다.

왕비의 선물 마하 아웅메 본잔

Maha Aungmye Bonzan

마하 아웅메 본잔은 바지도왕의 왕비 중 한 명이었던 메누^{Meh Nu}가 왕실의 법사^{法師} 우복^{U Bok}을 위해 수도원으로 건설하였다. 당시 수도원은 목재로 건설하는 것이 일반적이었으나 이곳은 벽돌로 건설하였고, 그 위에 스투코 장식을 하여 장엄을 더했다. 이곳 사람들에게는 '메누가 만든 벽돌 수도원'이라는 의미의 메누옥짜웅^{Me Nu Ok Kyaung}으로 더 잘 알려져 있다.

벽돌은 목재 건축물에 비해 화재에는 강하나 지진에는 약한 단점을 가지고 있다. 실제 마하 아웅메 본잔 수도원은 왕궁이 잉와로 옮겨 오기 전인 1822년에 건설되었는데 1838년의 지진으로 심하게 훼손되었다. 1872년이 되어서야 메누의 딸이며 민돈^{Mindon}왕의 왕비 신뷰마신에 의해 재건되었다. 2012년 11월에 있었던 지진에서도 탑의 상륜부 일부와 난간 장식들이 무너졌다. 불행 중 다행으로 큰 피해를 보지는 않았다.

수도원 건물은 1층 기단부와 2층 본 건물의 두 부분으로 구성되어 있다. 건물의 1층은 실제로는 수도원 건물의 기단부이다. 기단부에는 2층으로 올라가는 계단이 있는데 양쪽 난간에는 화려한 식물 장식을 통해 장중함을 더하였다. 그리고 기단부에는 2층으로 오르는 계단 사이에 기단부 내부로 들어가는 문이 있다. 화려하게 장식된 문을 통해 1층 기단부에 들어서면 지하공간이다. 벽돌을 쌓아서 만든 기단부와 기둥을 확인할 수 있으며

마하 아웅메 본잔 전경
메누 왕비가 왕실 법사를 위하여 벽돌로 지어준 수도원이다.

긴 통로에서는 깊이감과 무게감이 느껴진다. 특히 창문을 통해 들어오는 빛은 긴 통로를 더욱 엄숙한 분위기로 이끈다.

2층에 있는 본 건물은 3층의 형태로 되어 있다. 넓은 기단부 위에는 꽃 모양의 난간 장식을 하고 가운데 3층 형태의 본 건물을 건축하였다. 사각 기둥의 장식과 함께 들어가는 문을 만들고 입구는 화려하게 장식하였다. 내부는 하나의 층으로 되어 있는 통구조이다.

수도원의 구조는 크게 수도원과 탑 모양의 법당으로 구성되며 수도원은 동쪽에 불상을 모신 공간과 서쪽에 자타카를 모신 공간으로 구분된다. 마하 아웅메 본잔의 수도원 내부도 동쪽 공간과 서쪽 공간을 구분하였다. 동쪽 문을 들어서면 3단의 마루바닥이 있고 가장 높은 중앙 상단에 불상을 모셨다. 서쪽 문을 들어서면 부처님의 전생담인 자타카를 넣었던 것으로 추정되는 감실이 있다. 이곳이 스님들이 자타카를 보면서 수행했던 곳이 아닌가 생각된다. 불상을 모신 곳이나 자타카를 모시고 있는 공간 모두 건물의 가장 깊은 곳임에도 어둡지 않다. 양쪽과 앞쪽 그리고 천장에 문을 만들어 빛이 들어오도록 했기 때문이다. 검은색을 칠한 티크 나무로 만든 문을 열고 닫음에 따라 빛의 양을 조절할 수 있도록 되어 있다. 반질반질한 계단은 이곳에서 수행하던 수많은 스님들의 모습을 상상할 수 있다.

수도원의 외부는 스투코 장식을 통해 화려하고 장중한 분위기를 연출한다. 기둥의 가장 윗부분인 기둥 머리에는 연꽃을 장식하였다. 연꽃잎이 위를 향한 앙련仰蓮 장식을 하였다.

기단부 지하통로
지하공간처럼 된 1층 기단부의 긴 통로는 깊이감과 무게감을 느끼게 한다.

수도원 내부 불상

수도원은 수행을 하는 선원과 예불을 드리는 법당으로 구분된다.

틸라잉신 탑
법당 동쪽에 바간시대에
조성된 것으로 알려진 독
립된 탑이 있다.

문은 동남아시아의 전통적인 방식으로 되어 있다. 투구 모양의 상인방 장식 위에 꽃모양을 장식하여 마치 불꽃이 피어오르는 이미지를 연출하였다. 지붕에는 추녀마루 끝 부분에 하늘로 솟아오르는 장식을 하고 인물상을 배치하여 건물을 수호하도록 하였다.

수도원의 오른쪽으로 법당이 있는데 법당 위로 7층 탑이 있다. 정방형의 기단 위에 법당을 만들고 지붕은 탑의 형식으로 되어 있다. 지붕 탑은 만달레이 양식으로 사각뿔 형태의 피아탓Pyattat이다. 탑 자체는 높지 않지만 각 방향의 중앙과 모서리 부분의 장식으로 경쾌한 상승감이 느껴진다.

수도원 주변에는 크고 작은 탑들이 하얀색과 금빛으로 호위병처럼 자리하고 있다. 법당의 동쪽에는 독립된 하나의 탑이 있는데 바간시대에 조성된 것으로 알려진 틸라잉신Htilaingshin 탑이다. 그리고 수도원 앞 남쪽으로는 수도원에 기

스님

산책하는 스님의 모습은
수도원 풍경의 일부이다.

대어 새롭게 사원이 건립되었다. 그곳 역시 다양한 탑들이 수도원의 주변을 장식하고 있다. 사원의 바로 뒤는 에야와디강이다. 그리고 강 건너 멀리 사가잉 언덕이 보인다. 동서로 길게 늘어서 있는 마하 아웅메 본잔 수도원은 에야와디강에 떠 있는 화려한 배의 모습이다.

호수 안의 목조 수도원 바가야 짜웅

Bagaia Kyaung

바가야 짜웅은 미얀마에서 나무로 지은 수도원 가운데 가장 오래된 것이다. 밍웅에강 나루터에서 마차를 타고 비포장의 좁은 길을 덜컹거리며 20분 정도를 가면 한가로운 농촌 풍경과는 다른 장중한 목조 건물이 나타난다. 바가야 짜웅이다. 이 목조 건물은 수도원으로 건설되었으며 열대기후에 오래 견딜 수 있게 티크 목재에 검은 타르가 칠해져 있다. 만달레이에 있는 쉐난도 짜웅과 함께 미얀마 목조 건축물의 뛰어난 예술성을 볼 수 있는 몇 안 되는 건물 가운데 하나이다. 예술성은 만달레이의 쉐난도보다는 떨어지지만 이곳은 1834년에 건설되어 쉐난도보다 더 오래된 건축물이다.

수도원 법당
사각뿔의 7층 지붕은 전형적인 만달레이 양식이다.

　바가야 짜웅은 호수 한가운데 있다. 이것은 불교의 우주관을 반영한 것이다. 불교의 우주관에서 부처님이 계시는 수미산은 우주의 바다, 향수해香水海의 한가운데 자리하고 있다. 수미산은 이 바다에 해자처럼 둘러싸여 있으며 수미산 꼭대기가 부처님이 계시는 도리천切利天이다. 따라서 호수는 향수해 바다를 상징하며 수도원은 부처님이 살고 계시는 수미산이다. 결국 바가야 짜웅은 향수해 한가운데 자리한 수미산이며 이곳에서 수행하는 스님은 연못 속에 핀 한 송이의 연꽃이다.

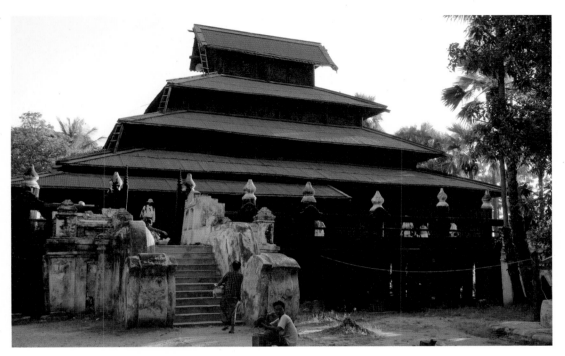

수도원 전경
바가야 짜웅은 미얀마에
서 나무로 지은 수도원 가
운데 가장 오래된 것이다.

호수를 가로질러 둑방길을 따라 들어가면 수상가옥이 나온다. 호수에는 수
초의 하얀 꽃들이 가득하고 둑방길 양쪽으로는 가로수가 그늘을 만들어주고
있다. 비포장의 황토길 끝에 수도원이 있다. 물 속에 기둥을 박고 그 위에 누마
루를 만들어 4층의 목조건물을 지은 이곳에 사용된 티크 나무 기둥은 267개이
며 가장 큰 것은 18m 높이에 둘레가 2.7m나 된다. 누마루 가장자리에 난간처
럼 세워진 기둥만이 그 모습을 밖으로 드러내고 있다. 기둥은 사원 주변에 호
위하듯 서 있는 야자수와 묘한 조화를 이룬다. 이같은 수상가옥형 수도원은 양
쪽에 있는 에야와디강과 밋웅에강의 범람에 대비할 수 있을 뿐만 아니라 시원
하고 외부인의 침입을 막을 수 있는 장점이 있다.

바가야 짜웅은 수도원과 법당으로 구분된다. 계단을 통해 기단부 역할을 하
는 누마루에 오르면 수도원과 법당으로 이용되는 두 채의 건물이 있으며 주위
로는 난간을 둘렀다. 오른쪽의 빨간 양철지붕을 한 4층 건물이 수도원이다. 외

형은 4층이지만 내부는 마루에서 천장까지 관통하는 통구조로 되어 있다. 건물의 벽은 널빤지를 붙여서 만들어 허술하지만 출입문과 창문은 화려한 장식으로 장엄한 분위기를 연출한다. 특히 인간과 신을 연결시켜주는 가루다와 태양을 상징하는 공작새의 조각은 미얀마 장인의 뛰어난 솜씨를 보여준다.

수도원 내부는 일반적인 수도원의 구조와 마찬가지로 불상을 모신 동쪽 공간과 자타카를 모신 서쪽 공간으로 구분하였다. 내부에 들어서면 외관에서 보던 소박함과는 전혀 다른 장중함을 느끼게 된다. 하늘을 향해 솟아 있는 검은 열주列柱가 주는 중압감은 저절로 자신을 낮추게 하여 위대한 신 앞에 무릎을 꿇게 한다. 서쪽 문을 들어서면 부처님의 전생담인 자타카를 넣었던 것으로 추정되는 벽면이 있고 기둥이 받들고 있는 천장에는 연꽃

수도원 내부
하늘을 향해 솟아 있는 검은색 열주는 중압감을 준다.

문양이 화려하게 조각되어 있다. 제단을 둘러싼 난간에는 여백 없이 빼곡하게 조각 장식을 하였다. 동쪽 문을 들어서면 화려한 장식의 난간으로 둘러싸인 제단 위에 황금빛 불상이 모셔져 있다. 검은 공간 속에 황금빛 부처님은 더욱 찬란하다. 천장에 있는 황금빛 연꽃 장식은 하늘에서 내리던 꽃비를 상징한다. 격자문을 통해 작은 햇살이 내려온다. 부처님은 어두운 속세에 빛의 모습으로 내려와 어둠을 불사르고 계셨다.

법당은 팔정도를 상징하는 8각형의 건물 위에 7층 탑 형태의 지붕을 하고 있다. 사각뿔 형태의 7층 지붕은 전형적인 만달레이 양식의 탑이다. 건물 내부에는 불상이 모셔져 있으며 벽이 모두 난간 형태이기 때문에 수도원과는 달리 밝

외부 장식

가루다는 인간과 신을 연결시켜주는 역할을 한다. 공작새는 스스로 태양족이라는 칭하는 미얀마 민족을 상징한다.

고 편안한 분위기이다. 부처님은 항상 우리의 가장 가까운 곳에 계신 편안한 분이다.

　바가야 짜웅으로 들어가는 입구에는 스투코 장식이 떨어져서 붉은 벽돌을 드러낸 옛 사원이 있다. 큰 보리수 나무를 배경으로 자리한 아담한 사원이다. 야다나 씨미Yadanar Sime 사원이다. 가운데 원추형의 탑이 있고 탑에 기대어 불상이 사방에 있었던 것으로 추정된다. 현재는 하나만 제자리에 있고 하나는 담장 밑으로 옮겨져 보초처럼 사원을 지키고 있다. 왼쪽 탑 안에는 불상이 모셔져 있다. 주변의 평화로운 농촌 풍경만큼이나 참으로 마음속 깊은 곳까지 평화로워지는 곳이다.

폐허된 꼰바웅 왕조의 수도 아마라뿌라

Amarapura

'영원한 도시'라는 의미를 가진 아마라뿌라는 미얀마 꼰바웅 왕조의 수도였다. 골육상쟁의 피바람을 부른 왕실 내의 권력투쟁은 보도폐야왕이 왕권을 장악하면서 끝났다. 그는 피로 얼룩진 수도 잉와를 버리고, 1783년 북서쪽으로 11km 떨어진 곳에 왕국의 새 수도를 건설하였다. 아마라뿌라는 남쪽에 타웅타만Thaunhthaman 호수가 있고 북쪽에 에야와디강이 있어서 적의 침입에 대비하기 용이한 천연 요새였다. 에야와디강은 아마라뿌라의 성벽이면서 젖줄이다. 그리고 타웅타만 호수는 성벽인 동시에 궁실 정원의 연못이다.

아마라뿌라는 부처님께서 수도로 정해질 것이라는 예언을 했던 곳으로 전해진다. 보도폐야왕은 인도 아쇼카왕이 손강과 갠지스강의 합류지점에 건설한 마우리야 왕조의 수도 파탈리푸트라(이후 파트나)를 모델로 아마라뿌라를 건설하였다. 그리고 아쇼카왕과 같은 위대한 업적을 남기고자 노력하였다. 보도폐야왕은 40년간의 치세를 펼치며 라카인주를 정복하고 민군 사원을 건설하였다. 미얀마 서부지역인 라카인이 동남아지역으로 밀려들기 시작하는 영국에 들어가는 것을 막기 위해 라카인을 정복하고 마하무니 불상을 강제로 만달레이로 가져왔다. 그리고 자신의 권위를 과시하기 위해 세계 최대의 사원인 민군 사원과 종을 만들고자 하였다. 그러나 이 사업은 미완성으로 끝났다.

바지도왕은 1823년 수도를 다시 잉와로 옮겼다. 그는 왕실의 신뢰를 회복하기 위해 보도폐야왕 당시의 대사원 건설과 관개개선, 도로 건설 등 노동력이 엄청나게 투입되는 공사를 중단시켰다. 그리고 많은 전쟁을 연상시키는 아마라뿌라의 이미지를 바꾸기 위해 수도를 다시 잉와로 옮겼으나 1824년 영국과

폐허된 성벽 흔적
아마라뿌라 성벽은 무너
져 오두막집의 담장이 되
었다.

의 전쟁이 일어나 2년간의 전쟁에 패하여 굴욕적인 얀다보 조약을 맺었다.

따야와디왕은 1841년 영국에 설욕하기 위해 수도를 아마라뿌라로 옮겼다. 전쟁의 이미지가 깊게 박힌 아마라뿌라에서 기필코 영국을 극복하겠다는 의지의 표현이었다. 그러나 뒤를 이은 바가왕 때 영국과 2차 전쟁의 승리는 영국으로 돌아갔다. 영국과의 전쟁에서 패배하면서 왕권도 동생 민돈왕에게 넘어갔다. 민돈왕은 1857년 불교의 진흥을 통해 국정의 안정과 자주성을 회복하기 위해 수도를 만달레이로 이전하였다. 이로써 아마라뿌라는 역사속으로 사라지게 되었다.

아마라뿌라는 정방형의 성벽도시였다. 사각형의 도시는 길이 1.6km의 두터운 벽돌 벽과 근처 강에서 끌어온 물이 흐르는 해자로 둘러싸여 있었다. 성내는 동서와 남북으로 각각 큰 도로 3개와 작은 도로 8개를 개설하여 바둑판처럼 도시를 구획하였다. 그리고 각각의 모서리 부분에는 사원을 만들어 도시를 수호하도록 하였으며, 성벽에는 점성술에 근거한 총 12개의 문들이 있었다. 목조로 된 궁전은 도시 성벽의 정중앙에 위치하고 있었으며, 성벽 안쪽의 공간 가운데 약 20%를 왕궁이 차지하고 있었다. 왕궁 근처에는 수많은 대포가 있는데 이는 마하무니 불상과 함께 라칸인주에서 얻은 전리품이었다. 이 중 가장 큰 2문의 대포는 형제대포라는 별명으로 불렸는데 1815년의 두 대의 나무수레에 부착되어 운용되었다. 지금은 만달레이 궁전의 뒷문 부분에 전시되었다.

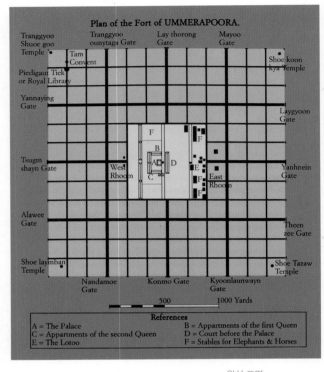

왕성 도면
아마라뿌라는 정방형의 성벽도시였다.

왕궁의 외곽에는 별도로 외국인들의 거주지가 형성되어 있었다. 아마라뿌라에는 전 세계의 사람들이 모였는데 이러한 양상은 19세기에 이르러 더욱 가속화 되었다. 유럽의 기독교인들과 중국인, 인도의 무슬림과 힌두교인들, 거기에 미국인들까지 이 모든 인종들이 아마라뿌라에 모여 있었다.

그러나 이 거대한 성벽과 왕궁은 대부분은 해체되고 '영원한 도시'는 폐허로 남았다. 왕궁은 해체되어 만달레이 성의 공사에 사용되었고, 성벽은 지역의 건물을 짓는 데 사용되었다. 현재 왕궁은 빈터만 남았으며 군데군데에서 성벽과 해자의 흔적을 찾아볼 수 있을 뿐이다.

호수 둑길을 따라가면 성문의 흔적이 나온다. 유심히 살피지 않으면 그냥 지나치게 된다. 성문의 양쪽 기둥 가운데 오른쪽 문은 무너지고 왼쪽 문이 일부만 남아 있다. 그리고 성문 유적 양쪽으로 높지 않은 성벽이 일부 남아 있다. 왼쪽 성벽에는 페인트로 박물관 고고분과에서 관리한다고 되어 있으나 전혀 관리가 되지 않고 있다. 왼쪽 성문은 구멍가게의 담장 역할을 하고 있고 오른쪽 성문 유적은 오두막집 담장이 되었다. 그리고 성벽은 돼지우리의 한쪽을 담당하고 있다. 돼지는 자기 집을 침입한 이방인에게 매우 공격적이다. 특히 낮잠을 깨운 것에 불만이 가득하다.

아마라뿌라의 실크 직조와 청동 주조 기술은 미얀마 전역에서 알아줄 정도로 유명하다. 골목길을 지나면 직물공장의 기계 돌아가는 소리를 쉽게 들을 수 있다. 직조기계 몇 대를 두고 하는 가내수공업 수준이다. 황금색을 비롯한 색색의 실들이 뽑아지면 이것으로 천을 짜고 문양을 넣는다. 가난한 마을 골목길에는 마을에 어울리지 않는 화려한 옷감이 널려 있다. 염색한 천을 말리는 것이다. 여기서 생산되는 직물은 론지이다. 화려했던 아마라뿌라의 문화는 골목길에서 그 흔적을 찾을 수 있다.

실크 직물

화려했던 아마라뿌라의 문화는 색색의 실크직물에 남아 있다.

무소유 실천 수도원 마하 간다욘 짜웅

Maha Gandhayon Kyaung

수도원 유적은 대부분 수행하는 스님들이 거주하지 않고 건물만 남아 있다. 그래서 수도원으로서의 분위기나 활기를 느낄 수 없다. 반면 마하 간다욘 짜웅은 살아 있는 수도원이다. 1914년에 건립되었기 때문에 화려한 건물이나 유서깊은 유적은 없다. 그러나 고행과 절제를 기본으로 수세기를 이어온 미얀마 불교의 깊은 전통과 정신은 그대로 간직하고 있다.

이 수도원은 우자나카 빈비사 스님에 의해 건립되었다. 스님은 팔리어에 정통하였으며 경전을 공부하는 최고의 승려에게 부여되는 빈비사의 칭호를 받을 만큼 최고의 학승學僧이었다. 당시 미얀마 불교는 영국의 식민 통치와 더불어 유입된 새로운 종교에 밀려 구세대의 종교로 외면당하는 위기를 맞았다. 그는 1914년에 불교의 보호와 육성을 위해 우베인 다리 근처에 승려들의 수행을 위한 수도원을 건설하였다. 경전에 대한 깊은 이해를 바탕으로 팔리어 경전을 미얀마어로 번역하였으며, 입적하기 전까지 경전 번역과 불경 강의에 혼신의 힘을 다하여 승려들이 엄격한 수행을 해나가도록 운영하였다.

수도원은 1,400여 명의 승려들의 숙소와 교육 장소, 우자나카 박물관, 공양 장소, 부엌과 창고 등으로 구성되어 있다. 타웅타만 호수가에 자리한 마하 간다욘 수도원은 계율을 철저하게 지키며 항상 전국 승려 시험에서

바루.
탁발은 수행의 시작이다.

마하 간다욘 짜옹 전경

수도원의 역사는 과거 완성형이 아니라 미래를 향한 현재 진행형이다.

가장 좋은 성적으로 올리는 사원으로 유명하다.

우자나카 박물관은 우자나카 스님께서 계시던 집이다. 박물관에 들어서면 가운데에 스님의 집무실이 그대로 보존되어 있다. 집무실 둘레에 있는 마루복도를 따라 스님의 일대기를 보여주는 사진들이 전시되어 있다. 18세 사진으로 시작해서 78세 열반하실 때까지의 모습이다. 스님의 일대기는 곧 사원의 역사이다. 빛 바랜 사진 속에서 수도원의 역사도 함께 보인다. 탁발하시는 모습과 집필하는 모습, 법문을 하시는 모습이 인상적이다. 스님은 불경을 집필하실 때 앉지 않고 서서 작업을 하셨다. 긴장감을 늦추지 않기 위함이다. 가벼운 마음으로 글을 쓰는 나 자신에게 경고의 메시지를 주시는 것 같다. 박물관 남쪽에는 스님의 등신상을 모신 사당이 호수를 배경으로 자리잡고 있다.

승려들의 숙소는 크기와 모양, 색상 모두 다양하다. 목조 건물은 비교적 오

스님들의
일상생활과 공양

스님들의 일상생활은 곧
수행이다.
수많은 스님들의 공양하
는 모습은 이색적인 풍경
이다.

래된 것이고 현대식 콘크리트 건물은 최근에 건립된 것이다. 보시가 들어올 때
마다 욕심을 내지 않고 보시의 금액에 맞추어 단계적으로 건물을 지었다. 따라
서 수도원의 역사는 과거의 것이 아니라 현재이며 미래로 달려가고 있다.

수도원에는 다른 수도원과 달리 부엌과 창고가 있다. 다른 수도원의 승려들
은 탁발을 나가지만 이곳 스님들은 탁발을 하지 않는다. 많은 사람들의 보시로
탁발을 하지 않고도 식사가 제공되기 때문이다. 대신 아침 10시 20분에 단체
로 공양을 한다. 수많은 스님들이 공양하는 모습은 이색적인 풍경으로 하나의
볼거리다. 많은 관광객이 이것을 보기 위해 모여든다. 이전에는 식사하는 식당
까지도 공개가 되었으나 현재는 공양을 하기 위해 바루를 들고 식당으로 차례
차례 줄지어 들어가는 모습만 공개한다. 공양도 수행인데 수행에 방해가 되기

때문이다. 그러나 수도원 자체는 매우 개방적이다.

공양 시간이 끝나면 남은 음식은 구걸하는 사람과 동물들에게 나누어준다. 가난한 나라이지만 굶어죽는 사람이 없는 것은 이같은 불교의 자비와 나눔의 문화 때문이다. 자신의 음식을 아껴서 다른 사람에게 자비를 베푸는 것도 이곳 수도원에서 배우는 것이다. 우자나카 빈비사 스님께서는 설법을 하시고 그날 들어온 시주금은 모두 그 자리에서 나누어 필요한 곳에 보냈다. 스님은 돈을 절대 만지지 않으며 무소유를 실천하였다. 큰 스승의 실천적 가르침이 이곳 수행원 가르침의 기준이 되었다.

나눔

자신의 음식을 아껴서 다른 사람에게 자비를 베푸는 것이 부처님의 가르침을 실천하는 것이다.

호수를 가로지르는 오작교 우베인 다리

U Bein Bridge

따야와디왕은 1841년 수도를 잉와에서 아마라뿌라로 이전하면서 잉와의 궁
전에 사용했던 티크 목재들을 해체하여 아마라뿌라 왕궁을 건설하는 데 사용
하였다. 당시 아마라뿌라의 시장市長이었던 우베인U Bein은 남은 목재들을 모아
1849년부터 1851년까지 3년에 걸쳐 타웅타만 호수를 가로지르는 다리를 만
들었다. 이 다리는 티크 나무로 만들어진 것으로는 세계에서 제일 긴 1.2km이
다. 원래는 1,060개의 티크 나무 기둥이 있었는데 현재는 일부가 수리되거나
교체되었다.

우베인 다리 중간에는 작은 휴게소 세 곳이 있다. 뜨거운 햇살을 피하고 호

파토도지 사원 탑
야자수를 배경으로 서 있
는 황금탑은 환상적이다.

우베인 다리 전경
우베인 다리는 타웅타만 호수를 가로질러 건설되었다.

수의 바람을 만끽하며 한가한 여정을 느낄 수 있는 곳이다. 지금은 일부 상인들이 자리하고 있지만 그것마저도 하나의 풍경이다. 그리고 마을 사람들과 어린이들이 함께 낚시를 한다. 자전거를 타고 건너다니기도 하고 스님들이 바루를 들고 탁발하러 다니기도 하고 관광객들이 풍경을 만끽하기도 한다. 그리고 다리 아래 호수에는 바나나처럼 생긴 배들이 관광객을 상대로 뱃놀이 영업을 한다. 아래에서 바라보는 우베인 다리의 모습이 참 모습이기 때문이다. 다리 위에서 호수 너머로 저물어가는 석양을 바라보는 것도 우베인 다리의 또 다른 절경 가운데 하나이다. 그리고 죽은 고사목 두 그루까지도 우베인 다리에서 바라보는 경관에 또 다른 보탬이 되고 있다.

우베인 다리는 아마라뿌라 시대 대표적인 사원을 서로 연결시켜주는 다리이다. 다리 북쪽의 파토도지Pahtodawgyi 사원과 남쪽의 짜욱도지Kyaukdawgyi 사원이 그것이다. 파토도지 사원은 바지도왕이 아마라뿌라 도시 성벽 남서쪽에 건설한 사원이다. 공식적인 명칭은 '위대한 승리의 사원'이이라는 의미를 지닌 마하위잔야잔티Maha wizayazanti이지만 지역 주민들은 '국왕의 공덕'이라는 의미인 파토도지라고 불렀다. 성스러운 징조인 월식月蝕이 있었던 1820년에 공사를 시작하여 역시 월식이 있었던 1824년에 완성하였다.

사원에 남아 있는 비문碑文에 의하면 사원은 중앙에 사방불을 모신 네 개의 방이 있고, 그 주변을 12개의 방으로 둘러싸고 있는 형태였다. 주변 방에는 꼰바웅 왕조의 시조인 알라웅파야왕을 비롯하여 보도페야왕과 바지도왕의 초상화를 모시고 있었다. 이후 여러 차례 지진으로 탑이 무너지는 피해를 입었으나 민군왕과 우누U Nu 수상 등에 의해 지속적으로 복구되었다.

창건 당시의 것으로 추정되는 문을 들어서면 왼쪽에 야자수를 배경으로 서 있는 황금탑이 환상적이다. 안에는 역시 왕실 사원답게 거대함과 장엄함이 있다. 탑 위 테라스에 올라서면 멀리 호수와 우베인 다리 그리고 짜욱도지 사원이 보인다. 특히 우베인 다리 건너 숲속에는 순백의 짜욱도지 탑이 하늘을 향

파토도지 사원 전경
우베인 다리 북쪽에 있는 파토도지는 왕실 사원다운 거대함과 장엄함이 있다.

해 솟아 있다.

짜욱도지는 1847년 바간왕에 의해 건설되었다. 우베인 다리를 건너 신삔쉐
구Shin Pin Shwe Gu 사원이 있는 타웅타만 마을을 가로 질러 왼쪽 길로 접어들면
짜욱도지 사원이 있다. 우베인 다리에서 바라보면 섬에 있는 사원인 듯한 착각
을 하게 된다. 그러나 호수 건너편 육지와 연결되어 있다.

짜욱도지 사원의 모델은 바간에 있는 아난다 사원이다. 십자형으로 된 사원
의 평면과 인도 스타일의 지붕 양식은 아난다 사원과 동일하다. 반면 아난다
사원이 네 개의 입불상을 모신 것과 달리 짜욱도지 사원은 동쪽에 하나의 대리
석 불상을 모시고 있는 것이 차이점이다. 만달레이에 있는 같은 이름의 짜욱도
지 사원에 모셔진 대리석 불상은 8m에 달하는 반면 아마라뿌라 짜욱도지 사
원의 대리석 불상은 이보다 작은 3m이다. 짜욱도지는 '돌부처 사원'이라는 뜻

짜욱도지 사원 전경
우베인 다리 남쪽에 있는
짜욱도지는 대리석 불상
과 벽화가 유명하다.

이다.

　짜욱도지 사원의 아름다움은 불상과 더불어 스투코 장식과 벽화이다. 사람과 사자가 결합한 형태인 마녹티하Manokthiha는 특히 아름답다. 각 방향 출입문을 두 마리씩 8마리가 지키고 있다. 상상 속의 동물이지만 하얀색의 얼굴은 다나카를 바른 아름다운 미얀마 여인의 모습이다. 그리고 네 개의 회랑에 그려진 프레스코 벽화는 19세기 중반 꼰바웅 왕조의 화려한 불교미술을 보여주는 대표적인 작품이다. 회랑의 천장에 그려진 천체도에는 천사까지 등장하는 흥미로움을 보여주기도 한다.

　남성스러운 북쪽의 파토도지 사원과 여성스러운 남쪽의 짜욱도지 사원을 연결해주는 우베인 다리는 견우직녀가 만나는 오작교이다.

석양의 우베인 다리

다리를 건너는 스님의 모
습은 태양 속으로 들어가
는 듯하다.

5

북부 미얀마의 허브
몽유와

몽유와

몽유와Monywa는 미얀마의 서쪽에 위치하며 북부 산악지대에서 시작해 남쪽으로 960km를 흐르다가 에야와디강과 합류하는 친드윈Chindwin 강가에 있다. 만달레이와 바간의 중간쯤에서 에야와디강과 합류 친드윈강은 미얀마 북부지방의 교통과 농업의 젖줄 역할을 한다. 친드윈 강가에 위치한 몽유와는 북서부의 갖가지 농작물과 인도에서 수입한 물품들이 집결하는 교통의 요지로 북부 미얀마에서 두 번째로 큰 도시이다.

몽유와는 바간 왕조 시대에 건설된 오래된 도시이다. 그러나 역사 속에서 몽유와가 중요하게 등장한 적은 없다. 미얀마 역사의 중심지였던 바간이나 만달레이와 가까울 뿐만 아니라 이들과 강과 평원으로 연결되어 있기 때문에 정치적으로 독립적인 역할을 하기보다는 이들과 운명을 같이 하였다. 그러나 몽유와는 친드윈강을 통해서 사람들과 화물들이 오가면서 북부 미얀마의 허브 역할을 하였다.

몽유와의 불교유적인 포윈따웅, 탄보데 사원, 보디 타타웅 사원은 모두 세계 최고의 기록을 한 가지씩 간직하고 있다. 포윈따웅Hpo Win Daung은 석굴사원으로 세계 불교 석굴사원 가운데 동굴의 수가 가장 많은 곳이다. 탄보데 Thanboddhay 사원은 사원 안에 모시고 있는 불상의 수가 세계에서 가장 많다. 포카웅 언덕에 자리한 보디 타타웅Bodhi Tahtaung 사원은 규모면에서 세계에서 가장 큰 입불상入佛像과 와불상臥佛像이 있다. 몽유와의 불교 유적은 예술적인 가치는 그리 높은 편이 아니지만 온순한 미얀마 사람들의 불심을 보여준다. 이 유적들은 몽유와 사람들이 만든 불교 유적은 세계적인 관광지로 만들겠다는 것보다는 그들의 부처님에 대한 뜨거운 열정 그대로를 표현한 것이다. 이곳 불교 유적의 규모와 숫자는 주변 환경과 어울린다. 사방으로 지평선만 아물아물하게 보이는 광활한 평원을 배경으로 한 세계 최고의 거대 불상은 오히려 왜소하게 느껴진다. 자연의 위대함 속에 인간의 손으로 만들어낸 존재는 그 규모가 아무리 크다고 해도 왜소한 작품에 불과하다.

만달레이에서 몽유와로 가는 길은 평원 한가운데를 달리는 길이다. 만달레이에서 북서쪽으로 160km나 떨어져 있어 버스로 3시간 넘게 소요된다. 만달레이에서 에야와디강을 건너 사가잉을 지난다. 만달레이에서 몽유와까지 가는 동안 만난 언덕 수준의 산은 사가잉 언덕이 유일하다. 3시간을 달려가도 숲으로 덮인 지평선만을 볼 수 있다. 벼를 3모작하는 곳이기에 한쪽에서는 수확을 하고 다른 한쪽에서는 새롭게 벼가 자라고 있다. 농부들이 끌고가는 우마차는 두 마리의 흰소가 끈다. 모자를 깊이 눌러쓴 주인이 졸고 있어도 소는 주인의 마음을 읽고 목적지를 향해 묵묵히 걸어간다.

시골마을 버스 정류소는 참으로 정겨운 풍경이 연출된다. 버스가 도착하면

포원따웅 석굴
포원따웅은 세계 석굴사원 가운데 동굴 수가 가장 많은 사원이다.

머리에 음식을 인 장사꾼들이 버스 차창으로 몰려든
다. 잠시 정차하는 동안 요기를 하라고 식당에서 사
람들을 부른다. 주변에는 바나나와 수박 등 과일을
비롯하여 여러 가지 필수품을 판매하는 상점들이 줄
지어 있다. 외출이 쉽지 않은 미얀마 사람들에게 버
스 정류장은 그들의 일상생활에 필요한 필수품을 팔
고사는 작은 시장이다.

길가에서는 사원을 건립하기 위해 보시를 하는 행
렬을 쉽게 볼 수 있다. 은빛 그릇을 하나씩 들고 흔
들면서 소리를 내어 보시를 구한다. 무심한 자동차
들이 경적을 울리며 지나가지만 아랑곳하지 않는다.
그들의 마음은 이미 부처님 마음이다. 보시가 들어
오지 않아도 마을 사람들의 마음속에는 이미 찬란하
게 빛나는 사원이 건립되어 있다.

보디 타타웅 사원
세계에서 가장 큰 입불상
과 와불상이 모셔져 있다.

시골마을마다 자리하고 있는 황금빛의 탑은 우리나라 조선시대 민불民佛과
같다. 언제든지 찾아가서 기도할 수 있는 가까운 곳에 그들만의 부처님을 만들
어 모신 것이다. 조선시대 민중들이 자신을 닮은 석불을 만들었듯이 미얀마 사
람들은 탑을 만들었다. 하늘을 향해 뾰족하게 올라간 원추형의 탑은 하늘과 땅
을 연결시켜주는 고리이다. 미얀마 사람들은 탑을 통해 하늘에 계신 부처님께
그들의 간절한 마음을 전하고 부처님은 탑을 통해 그들에게 자비를 베풀었다.
그들에게 탑은 옛날에 있었던 과거형이 아니라 오늘로 합심하여 건립되는 진
행형이다.

멀리 산이 보이면 몽유와가 가까워졌다는 신호이다. 인도와 미얀마의 평원
지대를 다니면서 얻은 상식 가운데 하나는 평원 가운데 자리한 도시는 반드시
산을 끼고 있다는 것이다. 산은 적을 감시할 수 있는 초소의 역할과 적을 방어
할 수 있는 성과 같은 기능을 가지고 있다. 그리고 산은 하늘과 가장 가까운 곳

으로 신이 내려오는 곳이다. 만달레이를 출발하여 처음으로 산을 만난 곳이 몽유와이다. 산이 방어할 수 있는 성벽이 된다면 강은 다른 곳과 소통할 수 있는 길이 된다. 풍부한 물은 평원을 비옥한 땅으로 만든다. 몽유와에는 주변을 감시할 수 있는 포윈따웅을 비롯한 여러 개의 산이 있다. 그 사이로 친드윈강이 흐른다. 특히 친드윈강의 지류인 야마강이 친드윈강과 만나는 곳에 도시 몽유와가 형성되었다.

몽유와 평원
몽유와는 친드윈강이 만든 평원에 자리하고 있다.

불상의 나라 **탄보데 사원**

Thanboddhay Pato

탄보데 사원은 세계에서 가장 많은 582,360개의 불상이 봉안되어 있다. 사원 안을 비롯해서 밖에 있는 탑에 이르기까지 한 뼘의 좁은 공간도 비워두지 않고 다양한 크기와 모양의 불상들이 안치되어 있다. 사원에 많은 수의 불상을 모시게 된 것은 부처님께서 인도 쉬라바스티의 기원정사祇園精舍에 계실 때 이교도들을 물리치기 위해 천불화현千佛化現의 기적을 보이신 이후부터이다. 부처님께서 망고 하나를 드신 다음 그 씨를 땅에 심었다. 씨는 순식간에 자라서 아름드리 나무가 되었다. 그리고 꽃이 피더니 이어서 망고 열매가 주렁주렁 달렸다. 이때 부처님께서 망고 열매가 전부 부처님의 모습으로 변하는 천불화현의 또 다른 기적을 보이셨다. 이후 사원에는 많은 불상들이 만들어지기 시작하였다. 탄보데 사원에 많은 불상이 모셔진 것은 우리나라의 천불전처럼 많은 부처님이 곳곳에서 중생들의 소원을 들어 주었으면 하는 바람에서 비롯되었다.

탄보데 사원은 몽유와 남쪽 20km 지점에 있다. 만달레이에서 몽유와를 향해 끝없이 펼쳐진 평원을 달리다가 몽유와에 도착하기 전 오른쪽으로 보이는 언덕을 배경으로 사원이 있다. 사원의 입구에 다다르면 양쪽을 지키는 흰색 코끼리상을 만난다. 미얀마의 다른 사원에 사자 모양의 친테상이 있는 것과는 대조적이다. 흰색 코끼리는 도솔천에 계시던 부처님이 흰색 코끼리

탄보데 사원 전경
탄보데 사원은 세계에서 가장 많은 불상을 봉안하고 있다.

사원 외부 탑들(위)
중앙탑 주변에는 사각형 만달레이 양식, 종형 바간양식, 원추형 샨 양식 등이 조화를 이루고 있다.

사원 외부 마녹티하상(아래)
사람 몸통 하나에 사자 엉덩이 둘이 합한 모양의 마녹티하는 사원의 수호신이다.

를 타고 어머니 마야부인의 뱃속으로 들어갔다는 부처님 탄생설화와 관계된다. 그리고 흰색 코끼리는 미얀마에서 왕을 상징할 만큼 신성스러운 존재이며 수호신의 역할을 한다.

사각뿔 모양의 탑을 장식으로 머리에 이고 있는 입구를 지나면 오른쪽에 동화에 나오는 유럽 왕궁같은 건물이 보인다. 수계식을 하는 장소이다. 이곳은 스님들이 수행하는 수도원으로 원래 모닌 숲 수도원이었다. 그 전통이 그대로 남아 있어서 이곳에서 많은 스님들이 수행을 하고 있다. 강당은 스님들이 수업을 하는 곳인 동시에 큰 스님이 설법을 하는 곳이다. 수많은 불상들은 순례객의 눈을 통해 마음속에 자리하듯이 큰 스님의 법문은 사원을 찾아온 참배객들의 가슴 속에 새겨진다.

탑형 사원은 세계 최대 불교 사원인 인도네시아 보로부두르Borobudur 사원을 모방하여 만들었다. 사원과 탑은 모닌 숲 수도원의 주지였던 우투마나U Thumana 스님께서 수행하던 자리에 1939~1952년까지 건립한 것이다. 땅을 상징하는 사각뿔 모양을 하고 사각형의 바탕에서 지붕은 하늘을 상징하는 원추형으로 마무리하였다. 부처님이 계신 하늘을 향한 중생들의 마음을 형상화한 것이다.

사원의 지붕 위쪽은 피라미드식으로 5단으로 되어 있으며 각 단에는 헤아리기 힘들만큼 많은 탑들이 뾰족한 바늘같이 세워져 있다. 맨 꼭대기의 중앙탑은 종형으로 상륜부에는 황금색 우산 모양의 티가 씌워져 있다. 중앙탑 주변으로 원추형 탑들이 가득하다. 탑 주변에도 높고 낮은 사각 기둥들이 금빛을 발하며 둘러싸고 있는데 이것 역시 작은 탑들이다. 이 사원에 장식되거나 둘러싸고 있는 탑은 총 845개이다. 탑들은 사각형의 만달레이 양식, 종형의 바간 양식, 원추형의 샨 양식 등이 조화를 이루고 있다. 미얀마 탑의 종합선물세트이다.

탑형 사원 안으로 들어서면 봉안된 불상들의 수에 압도된다. 양쪽으로 서 있는 부처님의 환영을 받으며 아치형의 문들을 지나면 각 방마다 불상이 안치되어 있다. 기둥 주위의 커다란 불상들 외에도 벽면 전체에 불상이 안치된 작은 벽감들로 빈틈이 없다. 내부 공간을 완전히 불상으로 메우고 있다. 처처불

處處佛, 즉 곳곳에 부처님이라는 말을 실감할 수 있다. 부처님의 군중 속에 들어와 작아지는 자신을 발견하게 된다. 사원에 모셔진 불상의 수가 582,360개라는 사실을 실감할 수 있다. 내부는 천장 쪽에서 부분적으로 창문을 통해 빛이 들어오나 불상이 너무 많아 사원 내부는 동굴 같은 느낌이 든다. 그리고 사원에는 불상 이외에도 금, 은, 보석 등으로 장식된 37,886개의 부처님 유물과 65,886개의 아라한 유물이 안치되어 있다.

사원의 정중앙에는 신디울리 상이 있다. 미얀마의 사원에는 민간신앙인 낫 말고도 특별한 능력을 가졌다고 전해지는 승려와 연금술사들의 형상이 모셔져 있다. 신디울리도 그 가운데 하나이다. 신디울리는 부족한 것이 없는 모든 것을 가진 완벽한 존재이다. 사원 안에 민간신앙의 대상을 함께 모신 것은 순례객들을 위한 배려이다. 사원에서 부처님을 만나고 보너스로 자신의 소원을 들

내부 불상

내부의 각 방에는 불상이
가득하다.

어줄 수 있는 또 다른 신을 만날 수 있도록 한 것이다.

중앙탑 주변에는 사각 기둥형의 탑들이 둘러싸고 있다. 이 탑들은 바간에 있는 마하보디 사원의 탑을 위로 길게 늘린 모습이다. 탑 전체에 가로로 난 각각의 홈마다 아주 작은 불상들을 안치했는데 탑 하나당 수천 개의 불상이 있다. 각 탑에는 탑을 수호하는 낫상들이 아름다운 자태로 각자의 자리를 지키고 있다. 중앙탑을 호위하는 이들 사각 기둥형의 탑은 이집트 신전을 지키고 있는 오벨리스크와 같다.

사원의 북쪽 길 건너편에는 나선형 탑이 있다. 사람들이 올라갈 수 있도록 건축된 이 탑에는 원기둥을 감아 돌아가는 계단이 있다. 계단을 따라 탑을 오르면 사원의 전경을 볼 수 있다. 사원 안에서 불상들을 감상했다면 이곳에서는 사원 전체를 조망할 수 있다. 숲속에서 나무를 보다가 산 위에 올라 숲을 바라보는 마음이다. 녹음이 우거진 숲속에 자리한 사원 지붕의 여러 탑의 모습은 멀리 보이는 산과 하늘 그리고 그 사이를 떠도는 구름과 묘한 조화를 이룬다.

탄보데 사원에 모셔진 불상의 수는 현재 완료형이 아니다. 지속적으로 불상의 헌납을 받고 있기 때문에 그 수는 앞으로 더욱 늘어날 것이다. 바간시대 부유한 귀족들은 거대한 규모의 탑을 제작하여 부처님께 봉헌하였다. 그러나 탄보데 사원의 불상은 서민들의 작은 정성들이 모여 50만 개 이상의 불상을 모시게 되었다. 이 사원은 고고학적, 예술적 가치를 떠나 종교에 대한 열정이 인간의 상상력을 초월할 수 있다는 것을 느끼게 한다.

내부 불상
수많은 불상을 모신 것은 부처님께서 곳곳에 계시면서 중생의 소원을 들어주었으면 하는 바람 때문이다.

내부 불상

창문을 통해 들어온 빛은 동굴 같은 내부를 비추는 절묘한 조명이다.

세계 최대의 불상 보디 타타웅 사원

Bodhi Tahtaung Paya

보디 타타웅 사원에는 세계 최고의 불상이 있다. 하늘을 향해 서 있는 424피트 (129.2352m) 높이의 입불상立佛像과 땅에 누워 있는 333피트(101.4984m) 길이의 와불상臥佛像이 있다. 입불상은 세계에서 가장 높은 기념물이다. 더욱이 대평원 가운데 솟아 있는 포카웅 언덕Po Khaung Hill 위에 자리하고 있어서 그 높이는 더욱 높다. 와불상은 세계에서 가장 큰 규모의 와불상으로 높이 또한 18m에 이른다. 부처님의 자비가 하늘과 땅에 널리 퍼지기를 기원하며 땅과 하늘이 만나는 곳이 바로 보디 타타웅 사원이다.

보디 타타웅 사원은 탄보데 사원에서 4km 정도 더 올라간 포카웅 언덕에 자리하고 있다. 탄보데 사원에서 동쪽으로 걸어 올라가면 멀리 언덕에 세워진 거대한 입불상이 보이고, 이어서 그 앞에 있는 누워 있는 와불상이 보인다. 그리고 그 바로 앞에는 양곤의 쉐다곤 탑을 닮은 황금빛 탑이 보이는데 이곳은 아웅셋카Aung Setkya 사원이다.

보디 타타웅 사원의 이름은 보리수 나무의 의미인 보디Boddhi와 1,000을 의미하는 타타웅Ttataung이 결합된 것으로 '1,000그루의 보리수 나무'라는 뜻이다. 부처님은 인도 부다가야 보리수 나무 아래에서 성도成道하셨다. 따라서 보리수 나무는 부처님을 상징한다. 그리고 1,000그루의 보리수 나무와 1,000개의 불상은 천불화현千佛化現의 설화에서 유래하였다.

보리수 아래 불상
보디 타타웅은 1,000그루의 보리수라는 뜻이다.

보디 타타웅에는 세계에
서 가장 큰 입불상과 와
불상이 모셔져 있다.

보디 타타웅 사원에는 실제 마당에 1000년이 넘었다고 전해지는 보리수나무
가 있다. 뒤편에는 사원의 이름처럼 1,000그루의 보리수가 넓은 부지에 질서
정연한 간격으로 심어져 있다. 보리수 나무 아래에는 더위를 피하기 위해 하얀
우산을 쓴 불상이 하나씩 모셔져 있다. 이 보리수 나무와 불상들은 한국 불교
의 지원을 받아 조성되었기에 더욱 의미가 있다.

언덕을 가로질러 누워 있는 와불상은 길이 100m, 높이 18m에 이르는 거대
불이다. 와불은 팔베개를 하고 멀리 친드윈강이 만든 대평원을 바라보고 있다.
와불은 부처님의 돌아가실 때 모습인 열반상이기도 하지만 눈을 뜨고 있는 와
불은 휴식상이다. 휴식상은 부처님께서 다른 곳에 가지 말고 이곳에 오래도록
머물렀으면 하는 바람을 반영한 것이다. 불상은 크기로 압도하기보다는 오히
려 친근한 느낌을 준다. 그것은 부처님의 표정이 온화한 환희상일 뿐만 아니라

흰색 피부와 황금빛 가사로 색깔이 단순하기 때문이다. 와불상은 불상 뒤쪽으로 난 입구를 통해 불상 안으로 들어갈 수 있도록 되어 있다. 법당의 형태로 되어 있는 불상 안쪽에는 석가모니 부처의 탄생에서 열반에 이를 때까지 중요 장면을 모형으로 만들어 전시했다. 부처님의 몸 안으로 들어가 부처님 마음을 읽고 그것을 우리 마음속에 간직할 수 있도록 기원한다.

　세계에서 가장 큰 입불상은 우나르야다 스님에 의해 기획되고 건설되었다. 1995년에 건설을 시작하여 2008년 완공되면서 이곳은 북부 미얀마 순례자들의 가장 중요한 성지 가운데 하나가 되었다. 불상으로 올라가는 입구에는 친테상이 있다. 미얀마 사자상은 캄보디아 사자상과 아주 많이 닮아 있음을 느낀다. 동양의 사자는 엉덩이를 땅에 내려놓고 앉아 있으면서 오는 참배객들을 반가운 얼굴로 맞이한다. 언제나 공격할 자세를 취하고 있는 서양 사자상과는 대조적이다. 오르는 계단 양쪽에는 소맷돌로 나가상이 있다. 우리나라 사찰의 소맷돌로 용이 사용되는 것과 같은 의미를 지닌다. 입불상 바닥에는 수미산을 상징하는 돌을 쌓은 상징물들이 있고 동서남북으로 부처님의 네 제자상이 불상을 호

입불상 내부
입불상 내부에는 세계 각국의 불상과 불화들이 재현되어 있다.

위하고 있다. 가섭존자와 아난존자, 그리고 사리불존자와 목건련존자이다.

입불상 내부 역시 순례객들에게 개방되어 있다. 불상의 내부는 불교의 우주 관을 반영하여 31층으로 되어 있다. 미얀마의 불교 우주관은 우주를 31계로 나눈다. 수미산을 중심으로 11계로 이루어진 감각의 세계 까마로가, 미세한 물 질의 세계로 이루어진 16계의 루빠로가, 4계로 이루어진 무형의 세계인 아루 빠로가로 나눈다. 까마로가의 11계 가운데 4계는 인간의 아래 단계로 아귀 축 생의 단계를 말한다. 나머지 6계는 인간계의 바로 윗 단계인 범천과 용 그리고 정령 등이 사는 곳이다. 루빠로가의 세계는 정화된 아름다운 존재들의 세계이 다. 아루빠로가는 최상의 극락으로 비상비비상처천의 단계이다. 이는 우주가 욕계 6천, 색계 18천, 무색계 4천 등 28천으로 이루어져 있다는 우리나라 불교 우주관과는 다르다.

현재 작업 중인 각 층에는 전시실이 마련되어 있고, 전시실에는 세계 각국의 불상들과 함께 다양한 벽화들이 그려져 있다. 특히 아래층의 벽에는 무시무시 한 지옥도가 그려져 있다. 도둑, 살인자, 간통자, 다른 악한 일을 한 사람들이

와불상
부처님께서 이곳에 오래 머물렀으면 하는 바람으 로 와불상을 조성하였다.

지옥에서 여러 가지 방법으로 고문당하는 모습들이 생생하게 그려져 있다. 대못 박기, 토막 자르기, 주먹 등으로 때리기, 불태우기, 끓는 기름에 집어 넣기, 껍질 벗기기 등의 형벌을 보고 있으면 누구든지 자신의 죄를 돌아보게 된다.

입불상 내부에는 각국의 불상과 불화들이 그려져 있다. 4층에 인도 불상과 불화들을 시작으로 6층에는 우리나라 불상과 불화가 전시되어 있다. 한국에서 자료를 받아 이를 바탕으로 미얀마에서 직접 제작한 것이다. 그래서인지 단청에 푸른색이 많아 어색한 면이 없지 않다. 그러나 분명 우리의 전통문양임에는 틀림이 없다. 불화를 그리고 있는 총책임자 우산뇨^{U San Nyo} 씨가 우리나라 문양이 너무 아름답다고 한다. 그리고 불상은 고창 선운사 불상을 모방한 듯한 지장보살상과 삼존불이 있다. 삼존불은 석가모니불을 중심으로 좌우에 문수보살과 보현보살이 협시하는 모습을 하고 있다. 그 불상 양식이 우리나라 조선시대 불상이어서 더욱 친근감을 느끼게 한다. 좌대도 우리나라 수미단의 양식으로 제작되었으며 후불 탱화는 석가탑과 다보탑, 불국사 전경을 그렸다. 가장 원만하고 온화한 우리나라 부처님을 이곳에서 만난 것은 나그네의 향수병을 치료하는 최고의 특효약이다. 고향의 어머니를 만난 기분이다.

불상에서 내려다 보는 전경은 입불상이 주는 최대의 축복이다. 불상 안으로 들어가 높은 곳으로 올라가면 끝없이 펼쳐진 대평원의 거대한 경관을 바라 볼 수 있다. 자연의 광활함은 인간이 세계 최대라고 만든 입불상이 얼마나 작고 미미한 존재인지를 바로 느끼게 한다. 인간의 땅에서 인간의 눈으로 불상을 쳐다보면 그 거대함에 압도당한다. 그리고 불상 안으로 들어와 하늘에서 부처님의 눈으로 내려다보면 사람들이 너무나 미약한 존재임을 인식할 수 있다. 서쪽으로 떨어지는 석양을 배경으로 친드윈강이 흐르고 그 너머에 포윈따웅 등 작은 산들이 선으로 보일 뿐이다. 높은 곳에서 서서 낮은 곳에 있는 나 자신의 존재감을 느껴본다.

보리수 아래 불상

보리수 아래 불상은 한국 불교의 지원을 받아 조성되었다.

최다 동굴의 석굴 사원 포윈따웅

Hpo Win Daung

포윈따웅은 세계에서 가장 많은 수의 동굴을 자랑하는 석굴 사원이다. 포윈따웅은 바간, 마욱우와 함께 미얀마에서 3대 유적군 가운데 하나이다. 배를 엎어놓은 듯한 모양의 포윈따웅 산은 석굴을 파기 유리한 석회암으로 이루어져 있다. 현지인들은 산의 형상이 부처님께서 누워 있는 모습이라고 주장한다. 그래서 불교도들은 수백 년의 세월을 통해 산의 곳곳에 동굴을 파고 그곳에 불상을 안치하였다. 산 전체에 벌집처럼 파놓은 천여 개에 가까운 석굴의 규모는 중국의 돈황 석굴이나 인도의 아잔타 석굴, 엘로라 석굴과는 비교되지 않는다. 그러나 작은 석굴 속에 가장 정겨운 모습으로 자리한 부처님의 모습은 세계 최고이다. 화려하지도 않고 정교하지도 않지만 불상이 주는 자비심만은 분명 다른 곳에서는 느낄 수 없는 특별한 것이다.

포윈따웅은 몽유와에서 친드윈강을 건너 서쪽으로 24km 떨어진 곳에 있다. 몽유와에서 포윈따웅으로 가기 위해 친드윈강을 건너는 방법은 두 가지이다. 시내에서 가까운 포구에서 배를 타고 가는 방법과 도시의 북쪽에 있는 친드윈강 다리를 건너는 방법이다. 배로 건너는 것이 가까운 길이지만 강을 건너 자동차로 갈아타야 하는 불편함이 있다. 반면 친드윈강 다리를 건너는 방법은 북쪽으로 돌아가야 되기 때문에 거리가 멀 뿐만 아니라 다시 친드윈강의 지류인 야마강 다리를 다시 한 번 건너야

입구 낫 신상
석굴을 지키는 낫 신상의 다정한 모습은 미얀마 여인과 닮아 있다.

포원따웅 석굴 사원 전경

포원따웅은 세계에서 가장 많은 석굴 수를 자랑하는 석굴 사원이다.

한다. 야마강의 다리는 교행할 수 없는 좁은 다리이다. 양쪽에서 무전기를 들고 자동차를 통제한다. 인간 신호등이 양쪽에 자리하고 있는 것이다.

야마강 다리를 건너면 야자수 나무들 사이로 멀리 낮은 산들이 보인다. 산 가운데 가장 뒤쪽에 있는 산이 포원따웅이다. 오른쪽 정상 부분이 완전히 깎여 나간 산이 레파따웅 구리 광산이다. 버마 정부의 주도 아래 중국 군수업체와 민간 사업자들이 개발하는 구리 광산은 온 산을 평평하게 깎아 내고 토지 980여만 평, 26개 마을을 포괄하는 거대한 개발 사업이다. 주민들은 강제 수용될 땅을 지키기 위해, 스님들은 사원과 성지를 지켜내기 위해, 그리고 땅이 오염되는 것을 막기 위해 저항하고 있다. 대평원에서 산이란 신이 계시는 성지이다. 그런 산을 깎아서 구리를 생산하는 것은 성지에서 부처님을 떠나시게 하고 지옥으로 스스로 들어가는 것과 같은 것이다. 미얀마에서 가장 성스러운 포원따웅과 가장 험악한 모습의 레파따웅 구리광산 사이로 난 길을 달리면 천국과 지옥 사이에서 방황하는 현세現世의 삶을 보는 듯하다.

포윈따웅은 세 개의 독립된 석굴군으로 구성되어 있다. 포윈따웅Hpo Win Daung을 중심으로 남쪽에 쉐바따웅Shwe Ba Taung, 북쪽에 인진 따웅Ingyin Taung이 그것이다. 포윈따웅 석굴군의 석굴 수는 790여 개로 포윈따웅의 중심을 이루고 있다. 쉐바따웅 석굴군은 150여 개의 석굴이 분포되어 있으며 인진 따웅 석굴군에는 30여 개의 동굴이 있다. 특히 인진 따웅은 석굴에 대한 조사가 이루어지지 않아 석굴에 일련번호조차 부여되지 않았다.

석굴의 조성 시기는 정확하게 알 수 없다. 석굴 사원의 양식과 벽화를 통해 추측해 보면 대략 14세기의 바간 양식부터 19세기 꼰바웅 양식까지 다양하게 나타난다. 대부분의 불상과 프레스코화는 16~18세기의 것들이다. 그러나 포윈따웅은 20세기에도 지속적으로 보강·조성되고 있다. 석굴 사원의 전면을 서양식 건물 모양으로 조각한 예에서 확인할 수 있다. 이는 영국식민지 시대에

벽화 인물상
석굴 벽화에 그려진 인물상은 미소를 띤 밝은 표정을 하고 있다.

조성된 석굴로 벽면에는 조성한 절대연대가 기록되어 있다. 이를 기준으로 하면 포원따웅은 14세기부터 시작하여 20세기에 이르기까지 꾸준히 조성되었음을 알 수 있다.

포원따웅의 석굴군에 대한 최초의 조사는 우리나라 윤열수 가회박물관 관장에 의해서 이루어졌다. 20세기 초에 들어서면서 몇몇 유럽인들이 방문하고 기록도 남겼지만 동굴을 분류하여 본격적으로 목록을 만든 사람은 1993년에 이곳을 방문한 윤열수 관장이다. 그는 어려운 여건에서도 이곳에 6개월 동안 머물면서 산의 높이와 위치에 따라 지역을 구분하고 각 지역별로 동굴과 불상에 번호를 매겨 사진을 찍었다. 그가 작성한 목록에는 790개의 동굴과 3,638개의 불상이 기록되어 있다. 윤열수의 목록은 이후 포원따웅 석굴 연구의 기본 자료가 되고 있다.

포원따웅 석굴군을 순례하는 것은 석굴의 번호를 따라 가는 것이다. 포원따웅 석굴에 대한 예술적·종교적 특징 등은 아직 제대로 분석하지 못하였다. 따라서 790개에 달하는 석굴의 분류나 특징을 바탕으로 하는 이름이 제대로 정해지지 않았다. 긴 복도를 따라 계단을 오르는 것으로 순례는 시작된다. 산의 정상 가까이 갔다가 돌아 내려오는 길이 포원따웅 순례의 길이다.

포원따웅 석굴은 소박한 모습으로 시작된다. 계단으로 이루어진 지붕이 있는 통로를 올라서서 오른쪽으로 가면 작은 공터가 나온다. 산 중턱 가까운 곳으로 건너편 언덕들이 발 아래로 보인다. 모셔져 있던 불상

석굴 내부 불상
불상은 작지만 부처님의
자비는 석굴에 가득하다.

마저 도난당하고 텅 비어 있는 석굴, 미완성의 형태로 방치된 석굴, 그리고 온갖 쓰레기들로 가득 찬 석굴 등 아픈 포윈따웅의 모습을 그대로 드러내고 있다. 규모가 작고 초라하여 사람들의 관심으로부터 멀어진 석굴들이다.

큰 바위를 깎아 만든 돌계단을 오르면 전망이 트이면서 관리하는 사람이 있는 석굴을 만난다. 정상 가까운 곳에 큰 규모의 바위가 분포되어 있기 때문에 포윈따웅 석굴은 이 지역에서부터 조성된 것으로 생각된다. 석굴 입구에는 화려한 장식을 조각하였으며 내부는 하나의 석굴이라 하더라도 출입구는 전면에 여러 개를 만들었다. 이는 출입구를 통해서 많은 빛을 들어오도록 하여 석굴 내부를 밝게 하기 위한 것이다. 내부 벽면에는 벽화를 빈틈없이 그려 놓았다. 내용은 보리수 나무 아래에서 득도한 석가모니의 모습을 약간의 변화를 주면서 연속적으로 그려 놓거나, 석가모니의 전생을 그린 자타카와 현생의 일대

기를 그려 놓았다. 그리고 여러 가지 화려한 문양을 그려서 불상을 보다 장엄하게 보이도록 하였다. 동굴의 규모에 걸맞게 여러 개의 불상을 동시에 모시거나 비교적 큰 규모의 와불을 모시고 있는 것이 이 지역 석굴의 특징이다. 불상이나 벽면에 그려진 벽화에 나타난 부처님을 비롯한 여러 신상들의 표정은 너무나 정겨워서 장엄하다기보다는 오히려 친숙하다.

포윈따웅 산의 능선에 올라서면 네 마리의 사자가 석굴 입구를 지키는 석굴 사원을 만난다. 242번의 일련번호가 붙여진 석굴이다. 바위에 네 개의 출입구가 있는 석굴을 파고 와불을 모셨다. 벽면에는 붉은색으로 벽화를 그렸다. 천장에는 연꽃이 그려져 있고 벽면과 천장 사이에는 수많은 불상들이 그려져 있다. 그리고 이곳을 방문한 화려한 여왕의 행렬이 연속적으로 그려져 있다. 동영상을 보는 듯하다. 그러나 이러한 화려함도 세월로 파괴되고 와불 앞에는 훼

내부 벽화
벽화의 내용은 부처님의 일대기를 비롯하여 과거 28불, 전생담 등이다.

석굴내부 불상과 벽화

손된 불상들이 놓여 있다. 같은 바위 뒷면에도 243번의 석굴 사원이 조성되어 있다. 올라가는 계단의 입구에는 바위에 새겨진 석인상이 지키고 있다. 그러나 마음씨 좋은 표정의 석인상을 무시하고 세월은 석굴을 완전히 파괴시켰다. 세월의 먼지를 뒤집어 쓴 채 훼손된 불상들은 석굴을 떠나지 못하고 그 자리를 지키고 있을 뿐이다.

포윈따웅의 산 이름은 도인道人 우포윈U Hpo Win의 이름에서 따온 것이다. 우포윈이 수행하였던 곳은 석굴 사원 가운데 가장 높은 곳에 있다. 바간 시대에 살았던 그는 이곳에서 득도하여 유명해지면서 산의 이름도 그의 이름을 따서 붙이게 되었다. 그리고 그의 딸들 역시 산에 머물면서 낫신앙의 여신이 되었다. 흰색을 칠한 석굴 안에 들어서면 양쪽에 딸이 변한 낫 여신이 입구를 지키고 있다. 좁고 길게 파진 석굴 안에는 우포윈이 수행하였던 장소가 있다. 수행 장소는 잠자리와 득도한 장소로 구분된다. 잠자리에는 작은 구멍 모양의 창문을 통해 한 줄기 빛이 석굴의 어둠을 뚫고 들어온다. 득도한 장소에는 불상이 모셔져 있다. 순례객들이 붙인 금박으로 불상은 황금빛으로 빛난다.

석굴 앞 석인상
석굴 입구의 석인상은 석굴을 지키는 낫 신상이다.

산을 내려오다 보면 중턱쯤에서 포윈따웅에서 가장 넓은 광장을 만난다. 가운데 사각 기단 위에 원추형의 탑이 조성되어 있고 그 서쪽에 있는 거대한 바위산에 많은 석굴들이 분포되어 있다. 이 가운데 가장 큰 석굴은 입구에 서양식의 로지아loggia가 있는 석굴과 메루산 석굴이다. 서양식 로지아, 즉 현관 모양을 만든 석굴에는 와불이 모셔져 있다. 그리고 메루산 석굴은 입구 바위에 메루산, 즉 부처님이 계시는 수미산이 새겨져 있다. 양쪽에 6개씩 합해서 12

개의 꽃문양이 장식된 기둥을 피라미드 모양으로 세웠다. 양쪽 기둥들 사이로 가운데에는 꽃나무를 조각하고 그 나무 아래는 거인상을 조각하였다. 거인상은 우리나라 사찰의 금강역사처럼 부처님을 수호하는 역할을 한다. 석굴 안에는 옥으로 만든 삼존불을 모셨다. 그러나 참배객들이 입힌 금박으로 금동불처럼 보인다.

왕비 석굴은 메루산 석굴 광장 건너편에 있다. 길을 따라 조성된 석굴 가운데 외형이 가장 아름답다. 입구에 6개의 출입구가 있고 입구 양쪽으로 7개의 낫 여신상을 배치하였다. 낫 여신상은 포원따웅 여신상 가운데 가장 아름다운 자태를 뽐내고 있다. 그리고 석굴 윗면을 지붕의 낙수면처럼 편편하게 조각하여 석굴이 실제 건축물인 것처럼 표현하였다. 석굴 안에는 와불을 모시고 있는데 표정이 왕비처럼 우아하고 온화하다. 왕비 석굴은 그 외부 조각만큼이나 화려한 벽화가 특징이다. 붉은색 위주로 그려진 다른 석굴의 벽화와는 달리 붉은색과 푸른색이 조화를 이루고 있다. 천장에는 연꽃 문양의 그림이 있고 벽면에는 많은 수의 불상과 왕비의 행렬이 파노라마처럼 펼쳐져 있다.

석굴 앞 사자상
석굴 입구에 세워진 조각상은 사자상이 가장 많다.

미로 석굴은 입구와 출구가 다른 석굴이다. 보통의 석굴에 들어갈 때는 신발을 벗어 두고 들어가지만 미로 석굴은 신발을 손에 들고 들어가야 한다. 들어가는 곳과 나오는 곳이 다르기 때문이다. 좁은 미로를 따라 수많은 불상을 배치하였다. 미로에는 좁은 입구에서 들어오던 빛조차 사라져 어둠만이 가득하지만 아주 작은 빛에도 모습을 드러낸 부처님은 길을 인도하는 등대불과 같다. 크기와 모습이 서로 다른 불상들이 빈틈없이 모셔진 석굴 안은 어둠 속에서도 부처님의 사랑이 가득 차 있음을 느끼기에 충분하다. 반대편에서 들어오는 작은 빛줄기를 따라 긴 미로를 통과하여 출구로 나오면 사바세계의 어둡고 험난한 삶 길을 부처님의 인도로 빠져 나온 기분이다.

길에서 벗어나 좁은 골짜기에는 양곤 석굴이 있다. 양곤 석굴이라는 이름은 석굴 전면에 양곤의 돈호라는 여인이 1928년에 기부하였다는 기록이 남아 있다. 영국식민지 시대에 만들어진 서양식 건물의 외양을 조각한 석굴이다. 바위를 파고 들어가 3면에 석굴을 조성하고 전면에는 서양식 건물의 출입구를 만들고 문 위에는 반원형 형태의 장식을 조각하였다. 깊지 않은 3면 석굴 가운데 정면의 석굴에는 삼존불이 모셔져 있으며 양쪽 측면 석굴에는 다섯 분의 부처님이 봉안되어 있다. 특히 중앙 석굴의 불상 뒤에는 근대적인 기법으로 벽화를 그렸다. 꽃을 담고 있는 꽃병과 기둥에 명암법을 사용하여 입체감을 높였다.

메루산석굴
메루산 석굴은 입구 바위에 부처님이 계시는 메루산, 즉 수미산을 새겼다.

석굴 내부 벽화

석굴 내부에 그려진 화려
한 벽화는 온화한 미얀마
사람들의 마음이다.

서양식 건축물 안에 서양식 벽화이지만 불상은 여전히 온화한 미얀마 불상이다.

쉐바따웅 석굴군은 포윈따웅에서 남쪽 1km 남짓한 거리에 있다. 포윈따웅과 마주보고 있는 쉐바따웅은 하나의 큰 바위를 파고 들어가 좁은 골짜기 통로를 만들고 통로 양쪽에 석굴을 파서 불상을 모셨다. 인도 엘로라 석굴 가운데 거대한 바위를 파고 들어가 만든 카일라사Kailasa 석굴 사원에 비견된다. 쉐바따웅은 이 석굴을 판 사람의 이름이다. 승려가 아닌 일반 불교 신도였던 그는 오직 불심으로 위대한 작업을 하였다. 조성 시기는 포윈따웅 석굴군에 비해 비교적 근세에 조성된 것으로 판단된다. 석굴의 크기는 작은 불상을 모시기 위해 만든 책보자기만한 것에서부터 대규모 사원에 이르기까지 다양하다. 그리고 석굴의 수는 포윈따웅에 이어서 일련번호를 붙여서 마지막 번호가 940번인 것

을 고려하면 대략 150개 정도의 석굴이 쉐바따웅 석굴군에 분포되어 있는 것으로 생각된다.

쉐바따웅은 코끼리 모양 바위 속에 있다. 쉐바따웅 주차장에 도착하면 바위에 새겨진 큰 코끼리를 만난다. 석굴 사원 밖에 코끼리를 새겨놓은 것이다. 이 코끼리 석굴사원의 뒷면에는 더 큰 규모의 코끼리가 그려져 있다. 그리고 석굴군이 조성된 바위 자체가 거대한 코끼리 모양의 바위이다.

거대한 바위를 파서 만든 골목길을 돌계단으로 내려가면 양쪽에 석굴 사원들이 있다. 처음으로 만난 사원은 오른쪽에 있는 937번의 수투빤 석굴 사원이다. 삼존불이 계신다. 삼존불은 석굴과 일체화된 것이다. 불상을 따로 조각하여 봉안한 것이 아니라 석굴을 파면서 불상을 함께 조각한 것이다. 바위 안에 이미 부처님이 그 안에 계신다고 믿었다. 조각가는 바위 안에 계신 부처님을

왕비 석굴 와불상
왕비 석굴에는 왕비처럼 우아한 와불이 모셔져 있다.

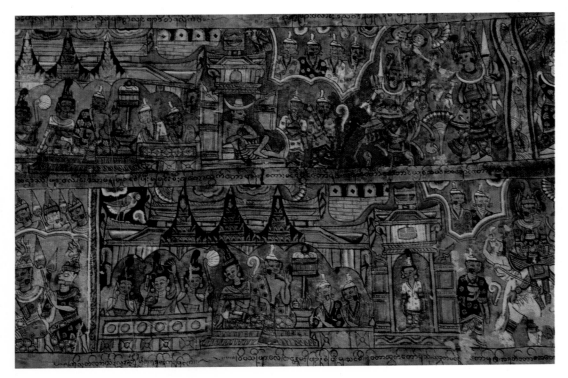

왕비 석굴 벽화

왕비 석굴에는 왕비 행렬
이 파노라마처럼 그려져
있다.

조각을 통해 밖으로 드러내었을 뿐이다. 관리하는 할아버지가 바로 옆에 있는
석굴에서 나오신다. 그곳에 모셔져 있었던 불상은 사라지고 빈 곳으로 남아 있
던 석굴은 할아버지의 숙소가 되었다.

　석굴군의 마지막 번호인 940번을 부여받은 석굴은 뱌뎃빠 사원이다. 과거
수행자였던 석가모니 부처님께서 과거불인 연등불로부터 미래의 부처가 될 것
이라는 수기授記를 받았다. 옛날 연등불燃燈佛이라는 과거 부처님이 계실 때 석가
모니 부처님은 수행자 수메다Sumedha였다. 수메다는 부처님께서 출현하였다는
소식을 듣고 산에서 내려왔다. 그리고 고피라는 공주가 가지고 있던 7송이의
연꽃 가운데 5송이를 얻어 연등불 부처님에게 바쳤다. 다른 사람이 바친 연꽃은
땅에 떨어졌지만 수메다가 바친 연꽃은 공중에 뜬 채 연등불 머리 위를 장식하
였다. 이를 본 연등불은 수메다에게 미래의 부처가 될 것이라는 수기를 내렸다.

"그대는 과거 오랫동안 여러 생애를 두고 수행을 쌓았고, 몸과 목숨을 바쳐 가며 남을 위해 애썼으며 욕망을 버리고 자비로운 행을 닦아왔다. 그러므로 지금부터 91겁이 지나면 부처가 되어 석가모니로 불릴 것이다."

석가모니 부처님의 전생설화 『자타카Jataka』 가운데 한 장면을 조각하여 석굴 안에 모셨다.

934번 수따웅삐 사원에는 황금색 삼존불이 있다. 우리나라의 부처님을 가운데 모시고 양쪽에서 협시보살이 보좌하는 삼존불과는 다르다. 그러나 미얀마 소승불교에서는 보살의 개념이 없기 때문에 세 분 모두 부처님이다. 이곳의 삼존불은 가운데 현재불인 석가모니 부처님을 모시고 양쪽에 과거불인 가섭불과 미래불인 미륵불을 모신 것으로 생각된다.

쉐바따웅 석굴
쉐바따웅 석굴은 코끼리 모양의 거대한 바위를 파서 골목길을 만들고 양쪽에 석굴·사원을 조성하였다.

쉐바따웅 석굴군의 특징은 석굴 입구를 서양식 건물 모양으로 장식하고 있는 점이다. 바위를 깎아 만든 미로를 따라가면 작은 광장을 만난다. 광장을 중심으로 삼면에 석굴 사원이 있다. 한가운데 서면 서양의 어느 도시 광장에 서 있는 듯하다. 벽돌을 사용한 것처럼 바위 벽면에 벽돌 모양을 새기고 출입구에는 다양한 형태의 기둥 모양을 조각하였다. 그리고 창문과 테라스 모양을 만들어 전면이 당시 서양의 저택을 연상시킨다. 뿐만 아니라 외부를 여러 가지 색깔로 채색하여 아름답게 꾸몄다. 이들 석굴 입구 조각은 영국식민지 시대에 조성된 것으로 생각된다. 한 석굴 입구에 기록된 조성연도를 살펴보면 1933년이다. 쉐바따웅 석굴군은 내부에 벽화를 그리지 않은 대신 석굴 입구에 이처럼 서양건축 모양으로 조각하고 채색한 것이 특징이다.

인진따웅 석굴군은 몽유와에서 출발하여 포원따웅 산에 도달하기 전 오른쪽

뱌뎃빤 석굴
연등불로부터 미래의 부처가 될 것이라는 수기를 받는 석가모니 부처님을 묘사하였다.

숲속에 있다. 포원따웅으로 가는 길을 벗어나 오솔길을 따라 잠시 들어가면 왼쪽에는 최근에 지은 사원이 있고 오른쪽 바위산이 바로 그곳이다. 25년 전 네윈 군사정부시절 군인들이 정찰을 하다가 우연히 발견한 사원이다. 정확한 수는 알 수 없지만 대략 30여 개의 석굴이 하나의 바위산에 조성되어 있다. 쉐바따웅과 거의 같은 시기에 조성된 것으로 생각되며 양식도 쉐바따웅과 거의 동일하다.

인진따웅은 외부인들에게는 거의 알려지지 않았다. 우리 일행도 포원따웅에서 우연히 만난 전문 사진사 아가씨의 안내로 비로소 알게 되었다. 인진따웅에 대한 본격적인 조사도 이루어지지 않아서 각 석굴에 일련번호조차 부여되지 않았다. 건너편에 새로 지은 사원에 계신 스님 한 분이 이를 관리하고 있을 뿐이다. 인진 석굴군은 거의 방치되어 있다. 내부에 불상들이 모셔져 있으나 참배객들의 발길이 뜸하기 때문에 박쥐들의 안식처가 되어 있다. 그러나 석굴 안의 부처님은 온화한 표정으로 참배객들을 기다리고 있다. 특히 가운데 석굴군에 모셔진 불상들은 어린이와 같이 곱고 순수한 표정을 하고 있어 더욱 정겹다. 속세로부터 멀리 숨어 계신 부처님에게서 더욱 마음의 평안을 얻어간다.

포원따웅 석굴은 다른 나라 석굴과는 비교되는 몇 가지 특징을 가지고 있다.

첫째, 석굴을 만든 바위 위에 원추형의 탑을 조성하였다. 미얀마의 석굴은 커다란 바위를 파서 만드는 것이 일반적이다. 그런데 바위를 파서 석굴을 만들면서 바위 위에는 원추형의 탑을 세웠다. 탑은 부처님께서 열반하신 후 만든 무덤에서 유래하였다. 따라서 탑은 부처

쉐바따웅 계단
바위를 깎아 만든 계단을 통해 석굴 사원으로 내려 갈 수 있다.

인진따웅 석굴 사원 전경

인진따웅 석굴 사원에는 거대한 하나의 바위에 30여 개의 석굴이 조성되어 있다.

님을 상징하며 바위 위에 탑은 득도한 부처님을 의미한다. 결국 석굴에는 불상의 모습으로 부처님이 계시고 바위 위에도 탑의 모양으로 부처님이 계시는 것이다.

둘째, 미얀마의 석굴은 박제화된 다른 나라의 석굴과 달리 현재도 살아 있는 석굴이다. 인도, 중국 등의 석굴 사원은 특정 시대에 만들어진 과거형의 석굴이다. 그러나 미얀마의 사원은 근대에 이르기까지 지속적으로 조성되었다. 포원따웅에는 석굴 전면을 서양식 건물 모양으로 조각한 예를 볼 수 있는데 이것은 영국식민지 시대에 조성된 석굴이다. 특히 포원따웅의 석굴은 미완성의 상태로 남아 있는 경우가 많은데 이는 미래에 누군가에 의해 완성될 것을 기대하고 있는 것이다. 다른 나라의 석굴이 과거에 있었던 유적으로 끝났다면 미얀마 석굴은 미래에 이르기까지 석굴 조성사업이 지속적으로 진행될 것이다.

셋째, 입구에 석굴을 지키는 조각상을 만들어 세우거나 입구 벽면에 여러 가

인진따웅 석굴 외부
인진따웅 석굴은 본격적인 학술조사조차 이루어지지 않았다.

지 장식을 조각하였다. 석굴 입구에 세워진 조각상은 사자상이 가장 많다. 사자는 백수의 왕으로 불교에서는 전통적으로 부처님을 호위하는 역할을 하였다. 그리고 입구 벽면에는 낫 신상神像을 새겼다. 민간신앙인 낫 신앙과 불교가 결합한 형태로 입구 양쪽 기둥에 새겨진 경우가 많다. 문 장식으로 공작새를 새긴 경우가 있다. 미얀마 사람들은 자신들을 태양의 후손이라고 한다. 공작새는 태양과 닮은 새라 하여 민족의 상징으로 석굴 입구에 새겨놓은 경우가 있다.

넷째, 포윈따웅 석굴은 다정다감하다. 아잔타 석굴 이후 조성된 인도의 석굴이나 돈황 석굴을 비롯한 중국의 석굴은 거대한 규모와 그에 걸맞는 불상으로 인해 참배객들은 크기에 압도당한다. 그러나 포윈따웅 석굴은 규모가 아담할 뿐만 아니라 석굴의 깊이가 깊지 않아서 석굴에 들어가면 바로 부처님을 만날 수 있다. 불상의 크기도 석굴의 규모와 조화를 이루고 있으며 표정은 미얀

인진따웅 석굴 내부
불상이 모셔진 석굴에는 참배객 대신 박쥐들이 가득하다.

마 사람들처럼 온화하고 소박하다. 석굴에 모셔진 불상과 기도하는 미얀마 사람은 언제나 하나의 모습이다.

다섯째, 석굴의 내부 천장과 벽에는 벽화가 그려져 있다. 석굴 사원 내부에는 프레스코화로 그려진 벽화들이 있다. 벽화는 흰색의 석회를 바르고 검은색이나 붉은색으로 외곽을 그린 뒤 주로 노랑, 빨강, 갈색 등으로 채색하는 방식으로 그려졌다. 일반적으로 천장에는 일련의 작은 불상이나 천상의 존재, 또는 반복해서 겹쳐지는 원 모양의 장식이 그려졌다. 벽에는 과거 28불이나 부처님의 전생담을 여러 단으로 나누어 그렸다. 특히 부처님의 생애를 그린 경우가 많다. 그런데 이들 벽화의 특징은 모든 불상이나 신상들이 미소를 띤 매우 밝은 표정이라는 사실이다. 이같은 벽화는 어두운 석굴 사원 내부를 밝고 화사한 분위기로 연출한다.

여섯째, 국가에서 일괄적으로 조성한 것이 아니라 개인이 보시로 조성되는 것이다. 그래서 석굴의 규모도 보시하는 사람의 수준에 맞게 손바닥만한 감실을 비롯해서 수십 개의 거대한 불상을 모신 대규모 석굴에 이르기까지 그 규모가 다양하다. 그러나 이들에게 부여된 번호는 크기에 관계없이 모두 하나씩이다. 만민이 평등한 부처님 세상에서 가진 재산에 따른 불평등은 없다.

공양상

6

산속에 숨어 있는
미얀마의 옹달샘
인 레

인레호수

인레호수는 샨주Shan State에 있다. 미얀마의 7개 주 가운데 가장 큰 샨주는 면적이 15만 5,000km²로 전체 영토의 24% 가까이 된다. 그러나 대부분 산악 지역이어서 주민 수는 많지 않다. 샨주 인구의 40%를 차지하는 샨족과 여러 소수민족들이 산악지대 고원과 계곡의 강줄기를 따라 생활하고 있다. 중국과 라오스, 태국과 국경을 접하고 있어 역사적으로 주변국과의 완충지대 역할을 해왔으며 미얀마의 절대 패권을 위해 이 지역을 장악하는 것은 역대 왕들의 필수 과제였다.

샨주의 인구는 400만이며 이 가운데 샨족이 인구의 70%에 달한다. 언어는 미얀마어보다는 태국어에 가깝다. 많은 샨족 사람들은 스스로를 타이라고 부른다. 관련 집단이 중국 운남성과 라오스, 태국 국경선 너머에서 발견된다. 따라서 샨족은 13~14세기에 남부 중국으로부터 이주해 왔을 것으로 추정된다. 샨족의 종교는 16세기 중엽 버인나웅왕이 불교를 전파하면서 전체 90%가 불교도이다.

샨족은 정치적으로 몽골의 침입으로 바간 왕조가 멸망한 13세기 말부터 16세기 중엽까지 미얀마 중상부中上部를 지배하는 강력한 면을 보여주기도 하였다. 그러나 민족의식보다는 전통적으로 소브와sawbwa라는 부족장 체제를 중심으로 살았기 때문에 통일성보다는 독립성이 강

인레호수 주변 지도

나웅쉐

N

인레호수

응아 페 수도원

파웅도우 사원

인 데인

인레호수 풍경
호수 주변 마을의 교통 수
단은 배이다.

하여 하나의 세력으로 결집하지 못하였다. 따라서 미얀마 전역을 차지할 만한
역량을 발휘하지 못하였으며 미얀마 역사에서는 항상 관리의 대상이었을 뿐
역사의 주체가 되지는 못하였다. 샨주에는 샨족 이외 인타족, 빠오족, 라우족,
코깡족, 팔라웅족 등 많은 소수민족이 공존하고 있다.

인레호수는 샨주의 남쪽 산 속에 자리한 미얀마의 옹달샘이다. 해발 875m
위에 있으며 남북으로 22km 길이에 폭은 11km이다. 사방에 1,000m가 넘는
산들로 둘러싸인 인레호수는 맑고 푸른 물이 바다와 같다. 잔잔하고 드넓은 호
수 위에 고기잡이 나무배들이 떠다닌다. 어부들은 기우뚱한 동작으로 서서 한
쪽 발로 노를 저으며 통발같은 그물을 던져 물고기를 잡는다. 발로 노를 저으
면 오랫동안 노를 저을 수 있고 손으로는 그물을 던지고 끌어올릴 수 있는 장
점이 있다. 서서 발로 노를 젓는 이곳 어부들의 모습은 이색적이면서도 정감을
자아낸다.

인레호수 주변에는 습지와 함께 수경 재배지를 배경으로 하는 마을이 형성

되어 있다. 수경 재배지는 수초 덩어리가 굳어져 물 위에 떠 있는 자연육지이다. 미얀마어로는 '물 위의 섬'이라는 뜻으로 예보쥰이라 한다. 이들은 호수를 중심으로 어업을 하며, 긴 밭고랑을 형성하여 물 위에 떠 있는 수경 재배지에서 토마토와 양배추, 가지, 오이 등 채소를 생산하고 있다. 그리고 호수 바깥쪽 산자락에서는 옥수수와 사탕수수, 벼를 재배한다. 마을의 집들은 호수바닥에 기둥을 박고 집을 지은 수상가옥이며 교통수단은 배이다. 호수 주변 수경 재배단지의 사이길, 즉 들길을 지나면 호수가에 있는 마을의 수상가옥 사이 골목길로 배가 다닌다. 호숫가 마을은 동방의 베니스이다. 집집마다 자동차 대신에 자가용 배를 가지고 있다. 업무용도 있지만 이웃집에 놀러가는 가정용도 있다. 그리고 그들에게는 자가용 차고지처럼 배를 댈 수 있는 정박지도 있다. 호수 옆 마을길은 모두 물길로 이루어져 사람들은 물론 물건들도 배가 운송수단이다. 물 위의 사람들이다.

수경재배 농작물
호수 사람들은 고기잡이와 함께 수경재배를 통해 농사를 짓는다.

인레 지역에는 인따Intha족과 빠오Pao족 15,000명이 호수를 중심으로 주변에 마을을 형성하고 있다. 빠오족은 주로 호수 바깥쪽 산악 지역에 거주하며 호수 주변에는 인따족이 대부분이다. 샨족과는 문화적으로 다른 인따족은 남부 미얀마 다웨이Dawei에서 이곳으로 이주하여 왔다. 전설에 의하면 미얀마 남부 다웨이에 살고 있던 인타족 두 형제가 냐웅쉐에 있는 샨족 부족장의 집에 1395년에 일을 하러 왔다. 형제가 부지런히 일을 하는 모습을 보고 부족장은 다웨이에서 36쌍의 가족들을 데려오도록 허락하였다. 그 후 18세기에는 남부 지역에서 태국과 미얀마간의 전쟁을 피해서 더 많은 가구가 인레 호수로 이주하여 정착하였다. 그래서 이들을 '호수의 아들'이라는 뜻인 인따족으로 부르게 되었다.

인레호수의 중심 도시는 냐웅쉐Nyaungshwe이다. 도시의 원래 이름은 '높은 땅의 계곡'이란 뜻의 야웅웨Yaunghwe였으나 '황금 보리수 나무'라는 의미의 냐웅쉐로 바뀌었다. 미얀마 역사에서 샨족의 주요 왕국은 9개가 있었는데 그 가운데 하나가 1359년에 냐웅쉐에 세워져서 호수와 그 주변 지역을 통치하였다. 냐웅쉐의 33대 왕이었던 사오 쉐 따익Sao ShweThaike은 1948년 영국으로부터 미얀마가 독립하자 독립 미얀마의 초대 대통령이 되었다.

도시의 북동쪽 끝에 위치한 왕궁은 1900년대 초에 공사가 시작되어 1920년대에 완성되었다. 샨의 전통 양식과 유럽의 양식이 서로 섞여 있는데 1층 부분은 유럽 특유의 벽돌아치형이, 2층부터 시작하여 탑 부분에는 전통 양식이 사용되었다. 의식에서 사용되는 입구는 동향이다. 양 측면에 대포 2문이 둘러싸고 있으며 현재 입구는 남쪽에 있다. 왕궁의 위층 부분은 거대한 홀들로 나뉘져 있다. 일반적으로 왕족들에 의해 4월과 11월에 열리던 공식적인 연회들은 동쪽의 홀에서, 왕이 여러 대소사를 결정하는 일들은 중앙의 홀에서 이루어졌다. 뒤쪽은 왕족만을 위한 주거공간으로 사용되었다. 왕궁은 최근까지 샨의 마지막 왕족의 각종 물품들이 전시되어 있는 박물관이었다. 그러나 유물들은 2007년 7월에 새로운 수도인 네피도로 모두 옮겨졌다. 현재 왕궁은 공식적으로는 불교 박물관이 되어 미얀마 각지의 여러 불교 유적, 유물의 복제품들을 전시하고 있다.

왕립 사원이었던 야다나 만 아웅Yadana Man Aung은 도시 중심부에 위치해 있는데 이곳은 과거의 영화를 추억하게 해주는 장소이다. 회랑에 그려진 벽화 중 일부는 1960년대 중반 만달레이에서 이름을 떨치던 거장 마웅 소 마웅에 의해 그려졌다. 안쪽의 화려하기 그지없는 벽화들은 부처의 일대기를 그리고 있는데 이 그림들은 1965년 그의 수제자였던 캄 룬Kham Lun이 그린 그림이다.

인레호수 안쪽에 있는 야마Ywama 마을은 관광지로 가장 먼저 발달한 마을이다. 은세공과 놋쇠 제조, 종이우산, 목재로 된 수직기를 이용한 직조 산업이 발달했으며 수상시장도 생겼다. 공장들은 모두 수공업으로 운영되고 공장과 판매장을 겸하면서 관광지로 부각되었다. 호수 주변의 직조 공장에서는 연꽃 줄기에서 뽑은 실로 직물을 만드는 과정을 볼 수 있으며 제지 공장에서는 호수 주위의 갈대와 꽃을 이용해 종이를 만드는 과정을 볼 수 있다. 특히 수상시장은 5일장으로 주변 마을 사람들이 자신들이 생산한 농산물과 생필품을 교환하는 소통의 장소이다. 호수를 중심으로 돌아가면서 열리는 5일장은 호수 주변 소수민족들이 모이는 곳으로 최고의 볼거리를 제공한다.

나들이

5일장이 열리면 호수 주변 소수민족들이 농산물과 생필품을 교환하기 위해 모여든다.

인레호수의 이정표 파웅도우 사원

Phaung Daw Oo Paya

파웅도우 사원은 인레호수의 중심이며 지표이다. 파웅도우 사원은 인레호수 주변에서 가장 성스럽고 유명한 불교 사원이다. 매년 10월에 열리는 파웅도우 축제 기간에는 이 사원의 불상을 배에 싣고 호수 주변의 마을을 순방하면서 마을의 평안과 풍요를 기원한다. 호수에 기대어 사는 모든 사람들이 이곳에 모여 축제를 한다. 뿐만 아니라 사원의 금장식을 한 짙은 적색의 3단 지붕과 그 위로 솟은 탑은 호수 지역의 지표 역할을 한다.

파웅도우 사원에 모셔진 다섯 불상은 바간 왕조의 알라웅시투왕(1112~1167)과 관련이 깊다. 그는 평생을 내세의 부처가 되기를 원했던 왕으로 이름도 내세의 부처라는 의미이다. 왕은 국내뿐만 아니라 해외로 다니면서 사원을 건립하고 공덕을 빌었던 인물이다. 알라웅시투왕이 스리랑카 말라야^{Malaya}를 방문했을 때의 일이다.

여신의 아이가 호수에 빠져 허우적대고 있었다. 왕은 자신의 마법지팡이로 물을 쳐서 아이를 구조하였다. 여신은 그들의 최고신 드쟈민^{Thagyamin}에게 그의 선행을 알렸다. 드쟈민은 여신에게 백단향 나무 한 그루와 아쇼카왕의 딸이 인도 부다가야에서 스리랑카로 가져와 심은 보리수 나무의 남쪽 가지를 주었다. 여신은 두 가지 보물을 아이를 살려준 답례로 알라웅시투왕에게 주었다. 왕은 바간으로 귀환하여 직접 백단향 나무를 깎아 5개의 불상을 만들었다.

알라웅시투왕은 뱃머리에 5기의 불상을 싣고 바간을 출발하여 인레호수로 왔다. 험한 산을 넘고 넓은 계곡을 지나왔는데 인레호수 서쪽에 있는 '배의 선채를 닮은 계곡'이 바로 이때 넘어온 골짜기이다. 그 후 호수의 서쪽 기슭에 있

파웅도우 사원 전경

인레호수의 중심인 동시에 주변에서 가장 성스러운 불교사원이다.

는 단타웅-Thanhtaung 마을 근처에 있는 동굴에 불상을 모셨다. 불상은 14세기 무렵에 신비로운 빛을 내었다. 이같은 사실이 냐웅쉐왕에게 보고되어 불상은 냐웅쉐로 옮겨와 256년 동안 숭배되었다. 17세기 무렵 불상은 다시 인데인으로 모셔졌다가 이를 안치한 수도원이 불타면서 마침내 1881년 드디어 현재의 파웅도우 사원에 안착하게 되었다. 파웅도우는 '성스러운 왕실 뱃머리'라는 뜻이다.

파웅도우 사원은 인레호수 남쪽에 있다. 바나나처럼 길게 생긴 긴 보트를 타고 냐웅쉐 선착장으로부터 약 1시간 정도를 달리면 도착할 수 있다. 파열음을 내며 달리는 보트는 잔잔한 호수의 물살을 가르고, 프로펠러가 있는 뒤쪽에서 하얀 물보라가 인다. 호수의 폭이 좁아지면서 양쪽에 수상가옥들이 나타날 때쯤 멀리 파웅도우 사원이 보인다. 사원 상부에 있는 황금빛 탑이 하얀 구름 사이로 보이는 파란 하늘과 조화를 이룬다. 그것은 이정표 역할을 하는 인레 호

카라윅 침몰 그림
사원 벽면에는 사원의 역
사가 그림으로 그려져
있다. 카라윅의 침몰은
1965년 실제 있었던 사
실이다.

수의 등대이다.

현재의 사원 건물은 냐웅쉐의 왕 사오 쉐 따익Sao ShweThaike이 대통령직에서
물러난 직후인 1952년에서 1956년 사이에 지어졌다. 꼭대기의 우산 장식 티
가 완성된 것은 1957년이다. 이후 사원은 여러 차례 개·보수를 하였지만 중앙
의 불상을 모신 연단 부분은 사원의 건축년도와는 달리 그 역사가 오래되었다.

파웅도우 사원은 팔각형으로 된 테라스가 지붕 형식으로 완만하게 올라가
있고, 진입로는 네 방향으로 나 있다. 3단으로 된 지붕 위에 얹어진 종 모양의
탑도 양곤의 슐레 탑처럼 팔각형이다. 네 방향에 만들어진 사원으로 들어가는
도입부는 붉은 사각기둥에 윗부분을 황금색으로 장식하였다. 두 곳은 육지와
연결되어 있지만 선착장과 연결되어 있다. 배에서 내려 바로 사원으로 들어갈
수 있도록 배려한 것이다.

사원의 내부는 공간이 넓다. 넓은 강당 가운데 불상을 모신 제단이 있다. 제
단은 네 모서리를 화려하게 장식한 기둥이 받치고 있는 사각형 탑 모양이다.
탑의 아래쪽에 사원을 유명하게 만든 다섯 기의 불상이 각각 은색 그릇에 담겨
안치되어 있다. 불상은 마치 오뚝이 같기도 하고 어떤 것은 커다란 황금알 같

파옹도우 사원의 불상

불상은 오랜 세월 금박을 입힌 결과 오뚝이나 황금알처럼 변하였다.

기도 하다. 신자들이 오랜 세월 동안 표면에 금박을 입힌 결과이다. 오늘도 금박을 붙이는 사람들로 분주하다. 그러나 이 불상들도 미얀마의 다른 사원과 마찬가지로 오직 남자만이 다가가서 만져볼 수 있고 여성은 연단 뒤쪽에서 바라보는 것만 가능하다.

사원 내부 벽면에는 사원의 역사가 그려져 있다. 벽화에는 마야부인의 꿈과 탄생 같은 부처의 일생과 알라웅시투왕이 그의 특별한 단검으로 불상을 만드는 일, 산을 넘어 호수로 향하는 여정 등 사원과 관련된 전설이 그려져 있다. 이 가운데 가장 주목되는 것은 축제 기간 중 불상을 싣고 주변 마을을 순례하던 배가 폭풍우로 침몰하는 장면이다. 이는 1965년 실제 있었던 사실을 그린 것으로 반대쪽에는 사실을 증명하기 위해 당시 사진도 함께 걸어 두었다.

파웅도우 축제는 매년 10월에 개최된다. 축제 기간동안 카라웍karaweik이라는 금색을 칠한 커다란 새 모양의 배에 불상을 싣고 인레호수 주변의 마을을 순방하며 불교행사를 거행한다. 이때 다섯 기의 불상 가운데 네 기만 이 행사에 참여하고 나머지 한 기의 불상은 안전하게 사원을 지키도록 하였다. 이 전통은 1965년 10월 19일 배가 폭풍우로 침몰하면서 시작되었다. 당시 배의 침몰로 불상들이 모두 호수 밑으로 가라앉았다. 사람들은 호수 밑 수초를 헤치고 바닥에 박힌 네 기의 불상을 찾았지만, 나머지 한 기는 도저히 찾을 수 없었다. 진정되면 찾기로 하고 네 기의 불상만 가지고 사원으로 돌아왔는데 사원의 단위에는 수초로 뒤덮인 불상 한 기가 먼저 와 있었다. 그 뒤로 축제 기간 중에 다섯 기의 불상이 한꺼번에 나가는 일은 없고 한 기는 사원을 지키게 되었다. 그리고 배가 전복된 지점인 파웅도우 사원에서 북쪽으로 5km 떨어진 곳에 꼭대기에 황금색 백조

카라웍 침몰 장소
배가 침몰했던 장소에 황금색 함사가 올려져 있는 사각 기둥이 세워졌다.

카라웍 배
매년 10월 축제가 열리면
카라웍 배에 불상을 싣고
주변 마을을 순례한다.

인 함사Hamsa가 올려져 있는 사각 기둥을 세웠다.

축제가 열리면 호수 전체 사람들이 모인다. 평소 사원의 서쪽에 정박되어 있는 거대한 새 모양의 배에 불상을 싣고 주변 마을을 도는 순례를 시작한다. 그 뒤를 56척의 배들이 뒤따른다. 110명이 타고 양쪽에서 노를 저어 불상을 모신 배를 수행한다. 19개 마을에 하루씩 머물면서 평안과 풍요를 축원한다. 그리고 다시 파웅도우 사원에 모여 축제를 연다. 축제는 인레호수 사람들에게 유일한 오락이다. 바라를 치면서 각 지역의 종족별로 신나는 음악에 신명을 타고 매우 정열적이며 역동적인 춤을 춘다. 조용하고 잔잔한 미소를 보내던 평소와는 전혀 다른 모습이다.

이처럼 파웅도우 사원은 인레호수 사람들의 구심점이다. 사원의 넓은 강당은 인레호수 사람들이 성스러운 부처님을 만나는 곳이다. 그리고 주변에는 사람들이 생산한 농산물을 팔고사는 시장이 열린다. 사원과 그 주변은 항상 사람들로 붐빈다. 이곳에 오면 호수에 기대어 사는 모든 사람들을 만날 수 있다.

물길 끝 탑들의 무덤 인 데인

In Dein

인 데인은 인레호수에서 가장 고풍스런 유적지이다. 호수가 내려다보이는 언덕 위에는 수많은 탑들이 숲을 이루고 있다. 마을에서 산 정상의 사원에 이르는 길 양쪽으로 수많은 탑들과 작은 사원들이 마치 바늘을 세워놓은 것처럼 가파르게 하늘로 치솟은 샨 양식으로 만들어졌다. 일정한 간격을 유지하며 탑의 숲을 이루는 이곳의 탑은 모두 1,054개에 달한다.

인 데인의 역사는 인도의 아쇼카왕 시대까지 올라간다. 냐웅쉐의 쉐얀삐에 Shwe Yan Pyay 사원에 있는 비석에는 인데인 유적과 관련된 인물들이 새겨져 있다. 인도 아쇼카왕을 비롯하여 바간 왕조의 나르빠티시투 Narpatisithu왕과 꼰바웅 왕조의 민돈왕의 이름이 보인다. 인데인 유적은 기원전 3세기경 인도의 아쇼카 왕이 미얀마에 불교 사절단을 파견하였을 때 부처님의 성유물을 봉안하기 위해 탑이 건설되었다고 전해진다. 그리고 바간 왕조의 아노라타왕에 의해 처음으로 개·보수가 이루어진 이후 나르빠티시투왕과 꼰바웅 왕조의 민돈왕 등에 의해 지속적으로 수리가 되었다는 이야기가 전해진다. 그러나 탑의 양식 등을 분석해 보면 대부분의 탑과 사원이 냐웅쉐 왕국에 의해 1864년 이후에 건축된 것으로 생각된다. 지금은 한적한 시골 마을로 변하였지만 샨족의 왕이 냐웅쉐를 통치하던 무렵 이곳은 정치의 중심지였다. 미얀마의 초대 대통령이 되었던 샨족의 왕 역시 어린 시절을 이곳에서 보냈다.

인레호수의 서쪽 산 아래에 있는 인 데인으로 가기 위해서는 산에서 호수로 흘러 내려오는 수로를 이용한다. 수로는 1년 내내 마르지 않고 흐른다. 우기에는 물이 많지만 건기에는 물의 양이 줄어든다. 이를 극복하기 위하여 산 아래

탑들이 숲을 이루고 있는
인 데인은 가장 고풍스런
유적지이다.

에 작은 댐을 만들었다. 그리고 물의 양이 적어질 때도 배가 다닐 수 있도록 대
나무와 풀을 이용하여 작은 보를 만들었다. 물을 가두어 배가 다닐 수 있도록
수위를 일정하게 유지하기 위한 방책이다. 물길을 따라 가면 수로를 가로지르
는 수많은 다리를 만난다. 다리의 크기와 모양이 모두 제각각이다. 자신에게
필요한 만큼 자신의 능력이 미칠 수 있는 범위 내에서 다리를 만들었다. 굽이
굽이 돌아가는 수로에서는 아침저녁으로 사람은 물론 소도 목욕을 한다. 수로
옆으로는 들판에 사는 사람들이 타고 다니는 배 정박지가 있다. 자가용 차고
이다.

　대나무 숲이 가득한 곳이 인 데인으로 가는 수로의 종점 선착장이다. 선착장
이 있는 마을에는 학교와 시장이 있다. 유치원과 초등학교의 운동장이 곧 장터
이다. 평소에는 길을 따라 관광객을 위한 가판대만 줄지어 있지만 5일마다 서

인 데인 유적 탑
바늘처럼 뾰족하게 하늘로 향한 탑은 전형적인 샨 양식이다.

는 장날이면 마을 전체가 사람들로 북적댄다. 특히 장날에는 시장을 보기 위해 내려온 산 너머에 사는 빠오족들을 만날 수 있다.

인 데인 유적은 여러 군데 산재해 있다. 처음으로 유적을 만날 수 있는 곳은 유치원 건물 뒤쪽이다. 무너진 탑들이 잡초와 동네 쓰레기더미 속에 방치되어 있다. 최근 바로 옆에 무너진 탑을 중심으로 하는 사원의 건립이 시작되었다. 집들 사이로 보이는 낮은 구릉에도 탑들이 남아 있다. 언덕 위에 오르면 배를 타고 지나온 수로가 보이고 넓은 들판이 수로 양쪽으로 펼쳐진 풍경을 볼 수 있다. 그리고 멀리 인레호수와 함께 이정표처럼 우뚝 솟아 있는 파웅도우 사원이 시야에 들어온다. 건너편 바위 산에도 마찬가지로 역시 몇 개의 탑들이 있다. 마을 쪽을 바라보면 멀리 인 데인 유적의 중심부가 푸른 숲 사이로 보인다.

인 데인 유적과 두 번째 만남은 다리를 건너 사원으로 올라가는 긴 주랑의 양쪽이다. 언덕 위의 사원으로 가는 길은 세 갈래 길이다. 가운데에 기부자의 보시로 만든 함석 지붕을 덮은 주랑柱廊이 있으며 왼쪽으로는 빠오족들이 사는 산으로 가는 도로가 개설되어 있다. 오른쪽으로 물길을 따라가는 대나무 숲길로 올라가면 길이 있는데 특히 이 길로 가면 유적을 놓칠 수 있다.

이 곳은 탑들의 무덤이다. 주랑을 통해 사원으로 올라가면 왼쪽 부분은 탑의 규모가 인 데인 유적 가운데 가장 크다. 오른쪽에 있는 탑들은 입구와 외부에 수많은 스투코 장식들이 있어 가장 화려하다. 그러나 무관심 속에 파괴된 채로 방치된 상태이다. 탑에서 떨어져 나온 스투코 장식, 붕괴된 벽돌들, 세월에 녹슬고 삐딱하게 서 있는 티, 목이 부러지고 훼손된 채 나뒹굴고 있는 잔해들로 인해 적막하고 을씨년스러운 분위기가 감돈다. 이처럼 탑이 파괴되는 주요 원인은 지진과 열대식물 그리고 무관심이다. 탑이 무너지면 그것은 보수하여 원형을 되찾기 전까지는 숭배의 대상이 될 수 없다. 탑은 부처님을 상징하기 때문에 무너진 탑은 더 이상 부처님이 아니며 신앙의 대상도 아니다. 벽돌로 만든 탑 형태의 부처님이 단순한 벽돌로 돌아가는 것이다. 지진 등으로 무너진 탑은

파손된 탑(위)

유적 파손의 원인은 지진, 열대식물, 그리고 무관심이다.

탑 외부 조각(아래)

불상의 파손은 숭배의 대상이 단순한 벽돌로 돌아가는 것이다.

무관심 속에 방치된 채 열대식물이 탑을 타고 올라가 파괴를 가속화시키는 것이다.

언덕 위에는 쉐인데인 사원이 있다. 새롭게 단장된 사원을 중심으로 주변에 수많은 탑들이 집중적으로 배치되어 있다. 이곳이 인 데인 유적의 중심이다. 그런데 이곳의 탑들을 어처구니 없을 정도로 이상하게 보수를 하고 있다. 무너진 벽돌 탑을 복원하고 외부에 스투코 장식을 한 다음 황금색으로 칠하였다. 그것은 새롭게 만든 탑일 뿐 더 이상 역사성을 가진 탑은 아니다. 유적을 복원하는 것이 아니라 오히려 유적을 파괴하고 있다는 인상을 받는다. 그래도 수많은 탑의 티에 달린 종들이 바람에 흔들리며 내는 소리는 어느 합주단의 연주보다도 아름답다.

탑 외부 조각
탑의 외부에는 여러 가지 스투코 장식이 있어 화려하다.

연단과 불상의 아름다움 응아 페 수도원

Nga Phe Kyaung

응아 페 수도원은 인레호수 서쪽 물가에 있다. 파웅도우 사원에서 4km, 야마 마을에서 2km 북쪽에 있는 한가로운 호숫가에 654개의 티크목 기둥을 세우고 그 위에 수도원이 건립하였다. 냐웅쉐 왕족 소마웅Saw Maung의 기부로 1840년에 건축된 응아페 수도원은 목조로 된 대부분의 수도원이 20세기 무렵 재건축되거나 보수된 것과는 달리 건축 당시의 모습을 그대로 간직하고 있다. 겉에서 보기에도 오래되어 낡아 보이는 이 수도원은 만달레이의 쉐난도 수도원처럼 화려한 문양이나 조각은 없지만 오랜 세월 수행과 명상의 도량 역할을 해왔다. 수도원의 북쪽으로부터 보트에서 내려 안으로 들어가면 걸음을 옮길 때마다 바닥에서 삐걱거리는 소리가 난다. 엄숙한 수도원의 분위기를 깨는 것 같아 더욱 조심스러워진다.

오늘날에는 응아 페라는 이름보다는 '점핑 캣Jumping Cat'이라는 이름으로 더 알려져 있다. 이것은 한 승려가 오래 전 설법 중에 잘 훈련시킨 고양이를 이용, 고리를 넘는 재주를 보여주며 설법을 한 것이 유래가 되었다. 이 고양이들 덕분에 이곳은 필수 관광 코스가 되었다. 그러나 고양이 점프는 크게 기대하지 않는 게 좋다. 고양이의 변심으로 점프하는 고양이를 보는 것은 쉽지 않다.

응아 페 수도원에서 주목되는 것은 거대한 연단과 불상이다. 연단과 불상은 19세기 후반에서 20세기 초반에 걸쳐서 제작된 것으로 생각된다. 불상들은 오랜 세월 동안 여러 개인들로부터 기부받았던 것이나 각각의 정확한 기부 날짜들은 알 수가 없다. 대부분이 냐웅쉐가 한창 전성기일 무렵에 만들어진 것으로 추정될 뿐이다.

응아 페 수도원 전경
이 수도원은 건축 당시의
모습을 그대로 간직하고
있다.

　　이 사원은 여러 번의 쇄신을 거쳤지만 사원들 중에서 전통의 연단이 가장 확실하게 남아 있는 곳이다. 불꽃 모양의 연단 위에 놓여져 있는 작은 크기의 수많은 불상들은 인레호수에 살고 있는 사람들의 모습만큼이나 다양한 스타일을 가지고 있다. 재료는 나무로 만든 목불木佛을 비롯해서 흰색의 대리석불, 일반 돌로 만든 석불石佛, 옻칠을 하여 만든 건칠불乾漆佛, 금박을 입힌 황금불 등 다양하다. 그리고 불상의 양식면에서도 샨 양식, 티벳 양식, 바간 양식의 불상들이 수집되어 있다. 그러나 수도원의 중앙에 안치한 불상들은 대부분 샨 양식이다.
　　샨 양식의 불상은 콧등이 날카로우면서도 아래로 길게 뻗었고 머리 위 육계 위에 표주박같은 장식이 유난히 뾰족하다. 나발형의 곱슬머리와 보관을 쓰고 있는 모습도 다른 지역의 불상과는 차이가 난다. 거기에 화려하게 장식한 높은 좌대와 천개 부분은 확실히 미얀마 불상과 다르다. 한쪽에는 불꽃 모양의 탑 안에 석가모니 부처와 과거불 연등불을 조각해 놓은 것이 있다. 연등불은 수미산을 상징하는 탑 안에서 내려오는 모습으로 발 아래 엎드린 석가모니 부처님을 바라보고 있다. 연등불은 아직은 수행자의 신분이었던 석가모니 부처님에게 다음 생에 부처가 될 것이라는 예언을 하였다. 그리고 석가모니 부처님은 늪지대를 다리처럼 가로질러 누워서 연등불이 자신을 밟고 지나갈 수 있도록 배려하고 있는 모습이다. 응아 페 수도원에서 수행하는 스님들이 해탈하여 부처가 되는 길이 무엇인가를 보여주는 중요한 조각 작품이다.

수도원 내부 불상
수도원에서 주목되는 것은 다양한 재료와 다양한 양식으로 만든 불상이다.

수도원 내부 불상

불상들은 호수에 살고 있는 사람들 모습만큼이나 다양한 형태를 하고 있다.

샨 양식 탑의 숲 **따웅지와 까꾸사원**

Taunggyi & Kakku

따웅지는 미얀마가 영국의 식민지로 되면서 샨주에서 가장 큰 도시가 되었으며 인구가 40만에 달한다. 남북으로 길게 이어진 보조게 아웅산 로드를 따라 도시가 형성되어 있으며 주도답게 많은 상가와 주택들이 이 도로에 밀집해 있다. 도로 주위의 대형 상가에서는 중국과 태국에서 들어온 공산품을 판매하고 주변 마을에서 생산한 농산물 등은 도시 중간 지점에 자리한 재래시장에서 거래된다. 특히 재래시장에서는 주변 산악지대 마을에서 내려온 여러 종족들을 만날 수 있다.

따웅지로 가는 길은 산길이다. 인레호수 북동쪽에 있는 따웅지는 해발 1,430m의 고산지대에 자리하고 있다. 따라서 인레호수에서 따웅지에 가기 위해서는 구름이 휘감아 도는 높은 산을 올라야 한다. 산기슭에 만들어진 비탈밭 사이 길을 지나 예따야Ayetaryar에 이르면 산꼭대기에 따웅지가 보인다. 능선을 따라 줄지어 있는 집들의 모습에서 저 너머에 대도시가 있다는 것이 상상되지 않는다. 이곳에서부터 본격적으로 산을 깎아 만든 굽이길을 올라간다. 굽이길은 골짜기에서 흘러 내리는 작은 폭포도 만나는 아름다운 숲길이다.

따웅지는 고원도시이다. 산 위에 올라서면 멀리 더 높은 산들이 도시를 감싸고 있어서 이곳이 해발 1,500m에 이르는 고산지대라는 사실을 실감할 수가 없다. 앞은 인레호수가 보이고 뒤에는 멀리 길게 산들이 병풍처럼 둘러싸고 있는 따웅지는 최적의 도시이다. 고원에 펼쳐진 쾌적한 기온과 좋은 날씨, 외적으로부터 방어하기 좋은 천연적인 요새, 끝없이 펼쳐진 기름진 들판 등 이 모든 것이 사람들을 산으로 올라오게 한 이유이다.

까꾸사원 전경

까꾸사원은 산 양식의 탑
들이 숲을 이루고 있다.

11월에 열리는 따웅지의 축제는 미얀마 최고의 축제이다. 따웅지에서 까꾸 Kakku로 가는 길목에 마련된 광활한 잔디광장이 축제의 장이다. 각기 다른 화려한 색의 옷을 차려 입은 샨족 여성들이 옷 색깔별로 집단을 이루어 보조게 아웅산 로드를 따라 축제장까지 행진한다. 축제장 주변에는 많은 임시 장터가 형성되고 축제에 참가한 샨족들로 인산인해를 이룬다. 이곳에서 펼쳐지는 불꽃 애드벌룬 축제는 최고의 장관을 연출한다.

까꾸사원은 따웅지에서 남쪽으로 42km 떨어진 까꾸에 있다. 까꾸는 2001년에 비로소 개방되었다. 그 전에는 빠오족 반군이 정부군과 대치하고 있어서 접근할 수 없는 지역이었다. 실제 까꾸는 산으로 둘러싸인 해발 1,100m의 고산지대의 평원이다. 한 곳을 막으면 외부의 침입이 힘든 지역이다. 지금은 외길이지만 아스팔트 포장길이 있고 기차도 하루에 두 번 운행을 한다.

까꾸를 방문하기 위해서는 따웅지에 있는 여행자 사무실에 신고를 해야 한다. 외국인은 까꾸 지역 방문을 신고하고 입장권을 구입한 다음 가이드와 동행해야 한다. 입장권과 빠오족 가이드 동행에 따른 수입은 까꾸 지역에 사는 빠오족의 발전을 위한 기금으로 조성된다. 이곳에는 30여 명의 빠오족 가이드가 있는데 대부분 따웅지대학 학생들이다. 나의 가이드는 따웅지대학 화학과에 다니는 낭진요우였다. 나는 그녀를 '갈매기 소녀'라고 불렀다. 진요가 갈매기라는 뜻이다.

까꾸로 가는 길은 정겹다. 따웅지에서 까꾸까지 길은 2001년에 포장되었지만 구불구불하고 도로는 폭이 좁을 뿐만 아니라 군데군데 훼손되어 차량으로 한 시간 이상 소요된다. 아기자기하게 형성된 구릉과 구릉을 따라 일군 황토색의 밭들, 그리고 간간이 나타나는 빠오족과 그들의 전통 가옥이 있는 풍경은 아름답다. 구불구불한 자연나무를 툭 잘라 만든 전봇대는 또 다른 정겨움을 더해준다.

빠오족은 담배, 콩, 밀, 참깨, 옥수수, 차, 마늘, 유채 등의 농작물을 계절별로 재배한다. 이곳에서는 여러 작물을 작은 단위로 나누어 재배하기 때문에 밭

까꾸로 가는 길 풍경
구릉과 구릉 사이에 있는 꽃들과 전통가옥, 밭이 있는 풍경은 아름답다.

농촌 풍경
밭에 심은 여러 가지 농작물의 색깔이 절묘한 대지미술을 연출한다.

모양과 그 밭을 메우고 있는 농작물의 색깔이 절묘한 대지미술을 만들어 낸다. 마늘농사는 밭을 구획하고 씨앗을 뿌려 짚을 덮는다. 그리고 밭고랑으로 흐르는 물을 바가지로 퍼서 하루에 두 번 뿌려준다. 푸른 바나나 밭에는 유채꽃을 함께 심어 초록과 노랑이 아름다운 조화를 이루고 있다. 길가에 있는 아열대 대나무는 우리의 대나무와는 달라서 굵고 한 무더기씩 자란다. 대나무는 집을 짓는 데 사용될 뿐만 아니라 울타리와 망태기를 만드는 데 사용된다. 까꾸로 가는 길은 아름다운 풍경 속으로 들어가는 길이다.

까구는 빠오족의 주거지이다. 샨주에 15,000명 정도가 살고 있는 빠오족은 그들만의 시조 탄생설화를 가지고 있다. 용이 아름다운 여인으로 변하여 숲속에 들어갔다. 마침 그곳에서 수행하고 있는 도인道人을 만났다. 도인은 여인의 아름다움에 반하여 그 여인과 결혼하였다. 어느날 도인이 약초를 구하려고 집을 떠나 깊은 산속으로 들어갔다가 집으로 돌아왔다. 그런데 자신이 사랑했던 여인이 용이 되어 집 안에 누워 있었다. 겁을 먹은 도인은 두려움에 도망치기 시작했다. 그러나 여인은 남편을 따라갈 수 없었다. 이미 임신하여 몸이 무거웠기 때문이다. 용은 출산일이 되어 두 개의 알을 낳았다. 하나는 빠오Pao족이 되고 다른 하나는 카렌Karen족이 되었다.

빠오족은 용의 후손이기 때문에 옷을 용의 비늘처럼 겹겹이 겹쳐서 다섯 가지의 옷을 입는다. 더반은 용의 머리를 의미한다. 그 아래 윗옷으로 자켓, 투닉 그리고 아랫도리인 론지, 발목에 차는 각반 모양의 래깅이 그것이다. 특히 붉은 더반은 한쪽을 열어서 용의 머리와 흡사하다. 빠오족이 사는 지역이 주로 산간 지역이기 때문에 추위를 막기 위해 다른 종족에 비

빠오족 여인
까꾸는 용의 후손이라는 전설을 가진 빠오족의 주거지이다.

해서 좀 더 많은 옷을 입고 머리에 두건을 쓴 것으로 생각된다.

까꾸 사원은 탑들의 숲이다. 남북으로 폭 150m, 동서로 길이 306m의 낮은 언덕에 줄지어 서있는 탑들은 총 2,478기이다. 까꾸 사원의 탑들은 동쪽에 자리한 가장 큰 중심탑을 시작으로 오랜 시대에 걸쳐 오늘날의 모습이 되었다. 이 지역 전설에 의하면 기원전 3세기경 인도의 아쇼카왕이 미얀마에 파견한 불교사절단이 중심탑의 위치에 탑을 건설하였다. 그리고 중앙의 남쪽에 있는 또 하나의 대형 탑은 12세기에 바간 왕조의 알라웅시투왕이 건설했다고 한다. 세월이 흐르면서 지속적으로 중심탑이 있는 동쪽에서 서쪽으로 탑들이 건설되었다. 가장 최근에 건설된 탑은 19세기 때의 것이다.

까꾸라는 이름은 '돼지가 도운 곳'이라는 의미의 와꾸Wakku가 변한 것이다. 사원의 중심탑 북쪽에 있는 작은 부속 건물에는 금을 입힌 멧돼지 조각상이 있다. 중심탑을 향해 있는 이 멧돼지는 사원의 역사와 관계가 있다.

빠오족 여인

빠오족은 옷을 용의 비늘처럼 겹겹이 겹쳐서 다섯 가지를 입는다. 붉은 더반은 용의 머리이다.

아주 옛날에 중심탑은 오랫동안 폐허 상태로 방치되어 흔적조차 찾을 수 없었다. 부처님의 성유물이 보관되었다고 전해지는 이 탑을 재건하기 위해 마을 사람들은 많은 곳을 파보았지만 그 위치를 찾을 수 없었다. 그런데 어느날 먹이를 찾아 땅을 파헤치던 멧돼지가 성유물이 든 함을 찾아냈다고 한다. 마을 사람들은 성유물함이 발견된 곳에 탑을 다시 세우고, 그 지역을 '돼지가 도운 곳'이라는 의미로 와꾸라고 불렀다. 그 뒤 시간이 흐르면서 까꾸Kakku가 되었다.

탑의 형태는 탑 양식, 탑형사원 양식, 수도원 양식으로 구분된다. 미얀마 불교 건축물은 탑과 사원, 수도원으로 구분되는데 까꾸 사원의 탑들은 이러한 형태를 모두 모아놓은 형상이다. 탑은 탑 속에 불상을 모시지 않고 단순히 탑의 형태로 되어 있는 것으로 제디라고 한다. 탑형 사원은 외형은 탑과 동일하지만 탑의 아래쪽에 공간을 만들어 불상 등을 모신 형태이다. 수도원은 스님들이 수행하는 곳으로 일반 집과 같은 모양을 하고 있다. 특히 수도원 형태의 탑은 다른 곳에서 볼 수 없는 이곳 까꾸 사원만의 특징이다. 이처럼 다양한 형태의 탑이 함께 있는 것은 탑을 조성한 시기가 각각 다르기 때문이다. 탑을 조성하면서 당시 유행하던 건축 양식을 채택하였기 때문에 시대적 특징이 그대로 반영된 것이다.

탑들은 전형적인 샨 양식이다. 탑들은 높이가 5~6m 정도로 일정하며 위로 날카롭게 올라간 홀쭉한 원추형으로 전형적인 샨 양식으로 건설되었다. 상륜부의 길고 가는 끝부분에는 우산모양의 장식인 티가 올려져 있는데 마치 가느다란 목에 헐렁한 왕관을 씌운 것 같다. 까꾸 사원 탑들의 티는 샨 양식, 미얀마 양식, 빠오 양식 세 가지로 구분된다. 샨 양식은 티의 우산 모양이 쉐지곤 탑처럼 끝이 뾰족하다. 미얀마 양식은 위가 둥근 복발형이고 빠오 양식은 원

까꾸 사원의 탑
하늘을 향해 올라간 원추형으로 전형적인 샨 양식이다.

뿔형이다. 어느 양식이든 7단으로 이루어진 티의 윗부분은 바늘처럼 뾰족하게 하늘을 향해 솟아 있다. 티에 달린 종들이 바람의 흐름에 따라 아름다운 금속성을 낸다. 하늘에서 내려오는 부처님의 맑고 잔잔한 목소리이다.

탑에는 여러 가지 조각이 있다. 탑을 지키는 수호신은 사람과 신으로 구분된다. 신상神像은 입구문을 지키는 낫 여신상이다. 사람은 여러 가지 모습으로 탑을 수호한다. 탑에 조각된 신의 형상들은 일정한 형식을 갖추고 있다. 그러나 사람들의 형상은 일정한 규칙이 없이 다양한 모습으로 조각되어 있다. 사람의 크기가 다르고, 형태가 서로 다르며, 그 표정이 제각각이다. 특히 사람들의 표정이 참 재미있다. 이것을 조각한 사람의 여유와 해학이 묻어난다. 이같은 여유로운 모습이 부처님을 만나는 엄숙하고 경직된 분위기를 부드럽게 그리고 친절하게 다가갈 수 있도록 한다. 자세히 보면 표면에 칠한 색깔도 약간의 차이가 있다. 주로 푸른색과 분홍색을 사용하였다. 18세기 작품으로 생각된다.

까꾸 사원의 입구는 서쪽이다. 입구를 들어서서 중앙통로를 통해 약간의 오르막길을 오르면 정 중앙에 흰색의 중앙탑이 있다. 이 탑은 사방에 불상을 모

까꾸 사원의 탑
탑의 형태는 탑 양식, 사원 양식, 수도원 양식으로 구분된다.

탑의 다양한 모습
까꾸사원은 2,478기의
탑이 줄지어 서 있는 탑
의 숲이다.

시고 있다. 특히 중앙탑 북쪽 감실에는 스리랑카에서 모셔온 부처님의 치아사리가 봉안되어 있다. 이 치아사리는 11월 축제기간 중에 각 마을을 순회하면서 마을의 평안과 풍년을 기원한다. 동쪽에 있는 법당의 오른쪽에 조성된 탑의 감실 입구에 붉은 옷의 도사와 푸른 옷의 용 여인상이 새겨져 있다. 빠오족의 전설을 형상화한 것이다.

중앙탑을 중심으로 동서남북으로 통로가 있다. 중앙통로를 통해 들어가는 왼쪽에 사당이 있고 좁은 문을 통해 들어가면 부처님의 열반상이 있다. 부처님께서 열반에 들게 되자 하늘의 브라흐마가 내려왔다. 이를 표현하기 위하여 계단을 만들고 꼭대기에 브라흐마 상을 만들었다. 뒤쪽에 부처님의 열반상이 있고 주변에는 부처님의 열반을 슬퍼하는 10대 제자를 비롯한 아라한이 색깔로 구분된 가사를 걸치고 있다. 그리고 옆에는 인도에서 직접 씨를 가지고 와서 심었다고 전해지는 보리수 나무가 있다.

중앙탑의 뒤쪽인 동쪽 통로에는 두 마리의 말상이 있다. 하나는 부처님께서 출가하실 때 타고 가신 말이고 하나는 도솔천에서 마야부인의 뱃속으로 들어갈 때 타고 갔던 말이다. 말은 자신이 아픈 부위를 만지면 낫게 해주는 효험이 있다고 한다. 가장 많이 만진 곳은 말의 성기부분이다. 뒤쪽 통로를 나가면 들판이 펼쳐진다. 까꾸는 서쪽 입구에서 보면 평지에 가까운 작은 구릉지에 불과하지만 반대편 동쪽에 있는 들판에서 보면 상당히 높은 언덕 위에 당당한 모습으로 자리하고 있다. 들판 한가운데는 사람들이 사원에 접근하기 좋도록 수로를 만들었다. 들판 사이로 굽이굽이 돌아오는 수로는 사원으로 올라오는 입구를 향해 왔다가 점점 멀어져 강으로 다시 돌아간다.

미얀마의 다른 유적지처럼 까꾸도 성지 참배자들에 의해 느린 속도로 복구되고 개발되었다. 까꾸 사원은 지진과 세월 속에서 파손되었다. 최근 훼손의 기록은 1973년 지진이다. 이 사원의 복원은 싱가포르에 있는 호국금탑사護國金塔寺의 시주로 2001년에 이루어졌다. 탑들은 복원된 부분과 원래의 부분을 구분함으로써 과거와 현재가 공존하면서 조화를 이루도록 배려하였다. 그것이

탑의 조각 장식

탑에 새겨진 조각은 탑을 지키는 수호신으로 사람과 낫신으로 구분된다.

오히려 탑에 대한 깊은 신앙심을 불러 일으킨다. 과거는 현재와 공존하며 미래로 나아갈 수 있다는 것을 보여주는 좋은 본보기이다.

한편 빠오족은 까꾸 사원 앞에서 3월과 11월에 축제를 한다. 3월의 축제는 빠오족의 날을 기념하기 위한 것이고 11월은 부처님께 추수에 대한 감사를 드리는 날이다. 사원 앞은 넓은 잔디광장이며 양 옆에는 거대한 보리수 나무가 줄지어 서있다. 축제가 열리는 장소가 바로 이곳이다. 3일간의 축제가 열리면 보리수 나무는 축제에 참여한 사람들이 휴식을 취하거나 부족한 숙소를 대신해서 잠잘 수 있는 집이 된다. 빠오족들이 한자리에 모여 함께 3일간 숙식을 함으로써 모두가 한 가족이 되는 것이다.

탑의 채색 장식
사람의 표정에서 여유와 해학이 묻어난다.

풍요와 아름다움의 땅   *Pindaya & Shwe U Min*

삔다야와 쉐우민 석굴

혜호 공항에서 비행기를 타고 아래를 내려다보면 삔다야와 그 주변은 몬드리
안의 그림처럼 대지예술이 펼쳐져 있다. 노란색의 유채와 해바라기, 황금색으
로 물들어가는 벼, 초록의 밀밭, 짙은 군청색의 양배추와 배추밭 그리고 새로
운 농사를 위하여 갈아놓은 붉은 흙을 드러낸 밭, 이들이 각각 묘한 작품을 연
출한다. 부드러운 능선과 그 사이를 달리는 굽은 길, 가운데 점으로 자리한 나
무들도 그림의 한 부분을 담당한다. 가지가지의 색들과 개성 있는 형태, 각자
차지하고 있는 넓이 등이 그림처럼 조화롭다.

  인레 지역 관문인 혜호 공항에서 삔다야로 가는 길은 아름다운 그림 속을 지
나가는 것 같다. 하늘에서 내려다본 그 그림 속으로 자동차는 먼지를 일으키며
달린다. 내가 그림 속에 들어가 그림의 일부가 된다. 풍경 속에 들어가 풍경의
하나가 된다. 공항에서 인레호수의 반대 방향인 서쪽으로 달리면 작은 언덕길
을 오른다. 언덕 위는 해발이 평균 1,500m에 이르는 평탄한 고원지대이다. 우
리나라의 대관령 너머처럼 고랭지 채소를 생산하는 곳이다. 양배추, 배추, 감
자, 생강, 귤, 바나나, 토마토 등 고랭지 채소를 생산하여 양곤과 만달레이 등
대도시에 공급한다.

  고원 지대의 구릉들이 부드럽고 완만하게 이어지는 느리지만 여유로운 길이
다. 길에서 만나는 사람들의 심성은 부드러운 능선을 닮았다. 미소를 띠고 있
는 사람들의 표정에서도 풍요로움과 여유가 묻어난다. 11월 수확의 계절을 맞
이하여 산벼를 타작한다. 벼는 논에 심는 물벼와 밭에 심는 산벼가 있다. 물벼
를 심은 논은 저수지 아래 좁은 골짜기에 일부 있을 뿐이며 대부분의 붉은 밭

삔다야 주변 풍경

삔다야는 풍요와 아름다움의 땅이다.

에는 벼가 심어져 있다. 마을 사람들이 우마차를 타고 와서 품앗이로 타작을 한다. 마차를 내려놓은 소들은 풀밭에서 풀을 뜯고 아이들은 들판 사이를 뛰어다니며 논다. 남자들은 자리를 깔고 타작을 하고, 여자들은 볏단을 나르고 짚단을 치운다. 수확의 기쁨이 들판 가득하다.

아웅반Aungban이라는 작은 도시에서 북쪽으로 방향을 바꾸었다. 인레 지역에서 서쪽으로 달리는 큰 길은 중국과 태국 국경에서 만달레이로 가는 길이다. 큰 길을 버리고 작은 길로 한 시간 정도를 달린다. 오르막 내리막이 반복되던 길이 아래로 떨어지는 내리막길로 바뀌면 멀리 호수가 보인다. 다누Danu족의 도시 뻰디야이다. 고산지대에 거주하는 다누족들이 호수를 중심으로 도시를 형성하였다. 큰 대접처럼 생긴 곳의 한가운데 가장 낮은 곳에 물이 고여 만들어진 폰따록Pone Ta Loke 호수의 고도는 해발 1,200m이다.

쉐우민은 천연동굴에 조성된 석굴 사원이다. 뻰디야를 병풍처럼 감싸고 있는 높은 산 중턱에 거대한 석회암 동굴이 있다. 이 동굴이 1927년 우연히 발견되었을 당시 이미 동굴 안에 1,000여 기의 불상이 있었다. 그리고 쉐우민이 알려지기 시작하면서 많은 순례자들이 불상들을 모시면서 오늘날 불상은 8,094기에 이르렀다. 거대한 동굴 안에 빈 공간을 찾을 수 없을 정도로 가득한 불상들은 미얀마 최고의 석굴 사원이라는 명성에 걸맞는 모습이다.

천연 동굴에 처음으로 불상을 모신 쉐우민 석굴 사원의 정확한 역사는 알 수가 없다. 지역민들 사이에 전해지는 이야기에 의하면 쉐우민은 바간 시대부터 시작된 것으로 추정된다. 현지인들은 입구 쪽에 있는 커다란 불상 두 기가 바간 왕조의 아노라타왕과 알라웅시투왕 때 것이라고 한다. 불교를 바탕으로 미얀마 최초로 통일 왕국을 이룩한 아노라타왕과 부처가 되기를 원할 만큼 열렬한 불교도였던 알라웅시투왕에 의해 처음으로 쉐우민 사원이 조성되었을 것으로 생각된다. 그러나 대부분이 18세기 샨 양식의 불상들이다. 이는 쉐우민 사원이 중앙정부 차원이 아닌 미얀마에서도 가장 불심이 강한 샨주 주민들에 의해 확대 발전하였다는 것을 보여주는 것이다. 쉐우민 사원은 과거를 바탕으로

타작(위)

타작을 통한 수확의 기쁨이 들판 가득하다.

호수와 동굴 원경(아래)

폰따록 호수를 둘러싼 산 중턱에 쉐우민 동굴이 보인다.

미래로 나아가는 살아 있는 사원이다.

쉐우민 사원 입구에는 왕자와 거미상이 있다. 폰따록 호수를 감아 돌아 거대한 반얀나무 숲을 지나면 산 중턱에 황금빛 지붕의 사원이 보인다. 올라가기 힘든 계단을 버리고 차로 쉽게 올라가면 입구에서 왕자와 거미상을 만난다. 왕자는 거미를 향해 활을 쏘고 거미는 긴 다리로 버티면서 왕자를 향해 공격의 자세를 취한다. 사원 및 도시의 전설과 관련된 조각이다.

냐웅쉐Nyaungshe 왕국에 활을 잘 쏘는 꿈마바야 왕자가 한 명 있었다. 왕자는 이웃 따톤 왕국의 공주가 아주 아름답고 총명하다는 소문을 들었다. 왕자는 일반 평민의 복장을 하고 소문을 확인하러 따톤 왕국으로 갔다. 왕 밑에서 일하면서 이같은 소문이 진실임을 확인하였다. 따톤왕은 이 사실을 알고 왕자를 불러 공주와 결혼시켰다. 아들을 한 명을 낳은 왕자는 아이가 너무 어려 우선 혼

왕자와 거미상
삔다야에는 왕자가 활을
쏘아 거미를 이긴 전설이
있다.

자 본국으로 돌아가기로 하였다. 그런데 산속에서 용과 가루다가 싸우는 장면을 목격하게 되었다. 왕자를 본 용이 자기를 도와줄 것을 요청하자 왕자는 활을 쏘아서 가루다를 하늘에서 떨어뜨렸다. 목숨을 잃은 가루다는 거미로 태어나 중간 동굴에 살면서 복수를 다짐하였다.

동굴 앞 호수에 하늘나라 공주 7명이 목욕하러 나왔다. 놀다가 하늘나라로 올라갈 시간을 놓쳐 돌아가지 못하고 남쪽 동굴에 들어가서 잠이 들었다. 이때 중간 동굴에 있는 거미가 사람 팔뚝만한 거미줄로 입구를 막고 이들을 공격하였다. 마침 호숫가에서 아름다운 경치를 감상하던 왕자가 동굴에서 살려달라는 소리를 듣고 동굴로 달려갔다. 왕자가 자신을 죽인 원수임을 안 거미가 공격하였지만 왕자는 또 다시 활을 쏘아 거미를 죽이고 삔구야미라고 세 번 소리쳤다. 삔구야미는 '거미를 이겼다'는 뜻으로 후일 이곳의 지명인

동굴과 폰따록 호수
3개의 동굴은 계단으로 연결되어 있으며, 멀리 폰따록 호수가 보인다.

삔따야Pindaya로 변하였다.

쉐우민 사원은 세 개의 동굴로 구성되어 있다. 가장 왼쪽에 있는 동굴이 주 동굴이다. 엘리베이터를 타고 동굴 입구까지 올라가도록 되어 있다. 그리고 중간 동굴과 가장 오른쪽 동굴은 동굴이라기보다는 커다란 감실의 형태로 약간 안으로 들어간 곳에 불상을 모시고 있는 사원이다. 이 동굴은 서로 계단으로 연결되어 있다.

주 동굴은 길이 163m에 이르는 긴 동굴이다. 동굴은 전반부와 후반부 두 부분으로 구분된다. 동굴에 들어서면 탑을 중심으로 하는 중앙 광장이 있고 주변에는 불상들이 빈틈없이 가득하다. 탑은 인도 아쇼카왕이 만들고 미얀마 바간 왕조에 수리했다는 전설이 전해지지만 실제로는 18세기경에 조성된 것으로 생각된다. 불상과 불상 사이로 미로처럼 나 있는 길을 따라 걸으면 나 자신도 불상이 된 듯한 착각에 빠진다. 이곳 불상은 크기와 양식, 재료, 표정이 모두 다르다. 우리 중생의 모습과 같다. 같은 시간 같은 공간에서 살면서 전혀 다른 모습으로 살아가는 중생처럼 부처님은 제 각각의 모습으로 자신에게 어울리는 자리를 지키고 있다.

불상의 숲을 이룬 동굴의 전반부를 지나 안으로 들어가 아래쪽으로 내려서

동굴 내 불상
163m의 동굴 안에 8,094기의 불상이 봉안되어 있다. 이들 불상은 크기와 양식, 재료, 표정이 모두 다르다.

면 후반부의 크고 긴 동굴이 이어진다. 전반부에 비해서 공간의 여유가 있으며 이곳이 석회암 동굴이라는 사실을 실감할 수 있다. 화려한 조명을 받으며 높은 천장부터 발 아래 이르기까지 다양한 모습의 불상들이 친근하게 다가온다. 한 쪽에 자리를 잡고 앉으면 나 자신이 부처를 닮아가고 있음을 느낀다.

천장에서 물방울이 떨어진다. 부처님의 자비가 똑똑 떨어지는 물방울처럼 머리 위에 떨어진다. 한 방울씩 떨어져 거대한 동굴을 만들 듯이 부처님은 전생에 한 방울 한 방울 모은 공덕으로 해탈을 이루었다. 소리없이 천장에서 떨어지는 차가운 물방울을 맞고 깜짝 놀랐다. 이것이 나를 다시 정진하도록 채찍질하는 것처럼 느껴진다.

제2동굴인 중간 동굴은 거미가 살았다고 전해지는 동굴이다. 깊지 않아서 동굴이라는 느낌이 들지 않는다. 동굴을 뒷 배경으로 중앙에 거대한 불상이 모셔져 있고 좌우에 크고 작은 불상들이 호위하듯 자리하고 있다. 눈을 크게 뜨고 있는 중앙의 불상은 모자를 쓰고 가슴에는 화려하게 장식된 X자 형태의 띠를 둘렀다. 동안이면서도 위엄이 있는 표정이다. 거미는 사라지고 대신 스님이 염주를 돌려가며 불경을 외우고 있다.

가장 오른쪽에 있는 제3의 동굴은 중간 동굴에서 북쪽으로 약 20분 정도 걸어야 하는 거리에 있다. 같은 높이에 자리하고 있지만 거리가 멀어 사람들의 발길이 뜸하다. 이 동굴은 중간 동굴보다 작은 불상을 모시고 있다. 이외에도 세 개의 동굴을 연결하는 길가에는 불상이나 탑 그리고 낫을 모시고 있는 소규모의 감실 형태의 동굴들이 있다. 특히 중간 동굴과 제3의 동굴 사이에 있는 낫당에 모신 낫은 산신령이다. 호랑이를 거느리고 있는 모습이 우리나라 산신각에 모셔진 산신령과 너무나 흡사하여 반갑고 정겹다.

동굴 내 불상

불상 사이를 거닐면 자신
도 부처님을 닮아가고 있
음을 느낀다.

참고문헌

개산스님, 『미얀마 가는 길』, 타타르, 2002

김성원, 『미얀마 왕조사』, 부산외국어대학교 출판부, 2001

김성원, 『미얀마의 종교와 사회』, 부산외국어대학교 출판부, 2005

김성원, 『미얀마의 이해』, 부산외국어대학교 출판부, 2011

김형규, 『붓다의 나라, 미얀마』, 운주사, 2005

류영수, 『Enjoy 미얀마』, 넥서스북스, 2007

서성호, 『바간 인 미얀마』, 두르가, 2006

서성호, 『황금불탑의 나라 미얀마』, 두르가, 2011

양승윤 외, 『미얀마』, 한국외국어대학교 출판부, 2005

이은구, 『버마 불교의 이해』, 세창출판사, 1996

정범래, 『미얀마 100배 즐기기』, 랜덤하우스, 2009

차장섭, 『인간이 만든 신의 나라 앙코르』, 역사공간, 2010

차장섭, 『부처를 만나 부처처럼 살다』, 역사공간, 2012

최병욱, 『동남아시아사』, 대한교과서주식회사, 2007

세가와 마사히토 저, 정금이 역, 『버마와 미얀마 사이』, 푸른길, 2007

크리스틴 조디스 저, 고영자 역, 『미얀마 산책』, 대숲바람, 2004

David I. Steinberg 저, 장준영 역, 『버마/미얀마 : 모두가 알아야 할 사실들』,
높이깊이, 2011

肥塚 隆, 『世界美術全集, 東洋編 12, 東南アジア』, 小學館, 2002

Donald M. Stadtner, 『Ancient Pagan』, River Books, 2005

Donald M. Stadtner, 『Sacred Sites of Burma』, River Books, 2011

아름다운

인연으로

만나다

미얀마

초판 1쇄 발행   2013년 8월 29일

초판 2쇄 발행   2015년 1월 20일

글 · 사 진   차 장 섭

펴 낸 이   주 혜 숙

펴 낸 곳   역사공간

　　　　　　서울시 마포구 동교로 142-11(서교동, 플러스빌딩 3층)

　　　　　　전화 : 02-725-8806~7, 02-325-8802

　　　　　　팩스 : 02-725-8801

　　　　　　e-mail : jhs8807@hanmail.net

등　　록   2003년 7월 22일 제6-510호

ISBN 978-89-98205-16-4 03910

이 도서의 국립중앙도서관 출판예정도서목록(CIP)은 서지정보유통지원시스템 홈페이지(http://seoji.nl.go.kr)와 국가자료공동목록시스템(http://www.nl.go.kr/kolisnet)에서 이용하실 수 있습니다.(CIP제어번호: CIP2015001855)

가격 24,000원